천태대사의 생애

천태대사의 생애

지은이 | 교도 지코
옮긴이 | 최기표 · 김승일
펴낸이 | 김성실
편집주간 | 김이수
편집 | 한승오 · 이종관 · 박남주
마케팅 | 이동준 · 김창규 · 강지연
디자인 · 편집 | 하람 커뮤니케이션(02-322-5405)
표지 인쇄 | 중앙 P&L(주)
본문 인쇄 | 한영문화사
제본 | 국일문화사
펴낸곳 | 시대의창
출판등록 | 제10-1756호(1999. 5. 11)

초판 1쇄 인쇄 | 2006년 2월 25일
초판 1쇄 발행 | 2006년 2월 28일

주소 | 121-816 서울시 마포구 동교동 113-81 4층
전화 | (02) 335-6121
팩스 | (02) 325-5607
홈페이지 | www.sidaew.co.kr

ISBN 89-5940-026-2 (03220)
값 15,000 원

ⓒ 시대의창, 2006, Printed in Korea.

• 잘못된 책은 바꾸어 드립니다.

이 책의 한국어판 저작권은
저자(京戶慈光)와의 독점 계약으로 시대의창이 소유합니다.
저작권법에 따라 한국 내에서 보호를 받는 저작물이므로
무단 전재와 복제를 금합니다.

天台大師

천태대사의 생애

교도 지코 지음
최기표 · 김승일 옮김

시대의창

역자 서문

남북조南北朝로 갈라진 중국이 수隋로 통일되는 혼란기에 살면서 천태종天台宗을 실질적으로 개창한 인물이 지자대사智者大師 지의智顗(538~597)다. 그가 광대한 불교의 교학과 수행 이론을 종합하여 체계를 세운 천태학은 중국 불교의 각 종파는 물론 일본·한국의 불교에도 큰 영향을 미쳤다. 근래에 들어 그 정교한 수행 이론에 주목해서인지 천태학에 관심을 갖는 이가 점차 늘고 있다. 이에 따라 그의 생애와 사상에 관한 책 발간의 필요성도 점차 커지고 있다.

천태학을 깊이 있게 이해하기 위해서는 천태대사의 생애를 이해하는 것이 선결과제이다. 천태학은 험난한 세상을 살았던 지의가 견고한 신심과 지난한 수행의 결과로 구축한 것이기 때문이다. 하지만 아직까지 그의 생애를 심도 있게 다룬 책이 없었던 것이 우리의 현실이다.

중국 천태산에서 수행과 교화생활을 오래하여 흔히 천태대사天台大師로 불리는 지의의 행적을 전해주는 자료로는 『속고승전續高僧傳』을 비롯하여 각종 불교사서가 있지만 가장 기초적인 자료는 그의 제자 장안대사章安大師 관정灌頂(561~632)이 편찬한 『수천태지자대사별전隋天台智者大師別

傳』과 『국청백록國淸百錄』이라고 할 수 있다. 『별전』은 말 그대로 지자대사의 전기만을 따로 기록한 것이고 『백록』은 대사의 가르침을 비롯하여 그가 다른 사람들과 주고받은 편지, 상소문, 왕의 조칙문, 비문 등을 모아놓은 책이다. 이 두 가지 자료는 아직 우리말 번역이 나와 있지 않아서 전문가가 아니면 참고하기 어렵다. 이 1차 자료를 참고한다 해도 당시 중국의 정치적·사회적 정황을 알지 못한다면 또한 그 생애를 상상하는 일이 쉽지 않다. 이러한 점에서 천태대사의 생애를 제대로 그려내기 위해서는 한문 독해력을 기본으로 역사적 지식, 사상적 이해 등이 고루 갖추어져야 한다.

도쿄에 있는 센소지淺草寺 승려이면서 학자인 교도 지코京戶慈光가 저술한 『천태대사의 생애天台大師の生涯』는 이러한 점을 나름대로 충족시키고 있는 책이라 할 수 있다. 앞에 열거한 1차 자료에 의거하면서 6세기 중국의 정치 상황과 천태대사의 사상을 함께 살펴서 그의 생애를 이해하기에 훌륭한 길잡이가 되고 있다. 또한 지도와 현장 사진, 각종 도표 등이 삽입되어 있어서 당시 상황을 생생히 그려내기에 큰 도움을 준다. 저자 자신은 아직 이것이 미흡하여 계속 보충하겠다는 의지를 밝히고 있으나 우리로서는 매우 반갑고 도움 되는 책이 아닐 수 없다. 도쿄의 제3문명사에서 간행하는 레구루스문고 제38책으로 출판된 이 책은 1975년에 초판을 찍은 이래 2004년에 제4쇄를 발행하였다. 이 번역본은 제4쇄를 저본으로 하였다.

번역하는 데 있어서 보다 정확성을 기하기 위하여 중국 역사 전공자인 김승일은 본문 변역을 담당했고, 불교학 전공자인 최기표는 인용된 원문 부분의 번역과 감수를 담당했다. 또한 금강대학교 불교문화연구소 양혜원 조교가 교열 작업에 도움을 주었다.

  끝으로 이 책이 번역되는 과정에서 대한불교천태종 총무원에서 재정적 지원을 해 주었고, 저자인 교도지코 선생도 사진 자료 등을 제공하여 출판에 도움을 주었음을 밝힌다. 지면으로나마 감사의 뜻을 전한다.

2006년 2월

한국어판 저자 서문

　예로부터 동양인의 마음 깊숙한 곳에는 불교사상이 흐르고 있다. 그 사상을 한 마디로 말하면 "일념삼천一念三千"이라고 할 수 있다. 21세기의 사명은 바로 이 사상을 자신 속에서 바로잡는 일일 것이다.
　일념삼천의 '일一'은 마음 깊은 곳에 들어 있는 진정한 '자신'을 말한다. 오직 하나밖에 없는 '생명'이 바로 그것이다. 즉 이 세상에 목숨을 받고 태어났는데, 그것을 '생명'이라고 한다. 그런 다음 이 '생명'의 수명이 다 된 다음에는 이 세상을 떠나게 되는 것이다. 그것들 사이에는 숙명・운명 등 여러 가지가 있는데, 이들 인생 사이에서 내게 '사명'이 있다는 것에 생각이 미치면 바로 그 순간 자신이 '하나'가 되는 것이다.
　'념念'이라고 하는 것은 바로 '지금의 마음'이라고 할 수 있다. 지금 여기에 살아 있는 자신의 마음이 그것이다. 깊이 자신의 마음을 "멈추고" 확실하게 그것을 "관조"해 보면, 확실히 자신을 볼 수가 있고, 현실을 응시한다면, 스스로 자신의 발밑을 볼 수가 있다. 한 순간 한 순간, 하루하루를 완료하는 것이다. 즉 완료라고 하는 것은 결함되어 있는 부분을 그대로 받아들인다는 말로서, 있는 그대로를 받아들여 다음에 무엇을 할 것인가를 생각하는 것이다. 따라서 완료란 '새로운 시작'이기도 한 것이다. 대나무에 마디가 있는 것처럼 강하면서도 고고하게 앞으로 앞으로 나아가는 것 바로 그것을 말한다.

'삼三'이라고 하는 것은 3개의 원리·원칙 위에서 우리가 있다는 "본질을 탐구"하는 것을 말한다. '삼'이라고 하는 것은 먼저 '인생·생명의 법칙'으로서, 이는 바로 인생은 생生→노老→병病→사死라는 과정을 지나치게 되는데, 모든 것은 이 길을 걷게 된다는 것이다. 가마쿠라鎌倉시대에는 여러 종파가 나타났는데, 에이사이榮西(임제종)와 도겐道元(조동종)은 이 법칙을 중시했다. 둘째는 '자연·우주의 법칙'으로서, 예를 들면 "태양은 동쪽에서 뜨고, 서쪽으로 진다"는 원리·원칙을 말한다. 지구는 바뀌지 않는다고 하는 자연의 시스템과 법칙에 의해서 성립되어 있다. 우리들은 납득을 하건 못하건 그것을 따르고자 하는데, 그것은 반드시 움직이게 마련이다. 또 우리는 자연의 은혜를 받아서 살아가고 있으므로, 몸과 마음을 같이 치유하지 않으면 안 된다. 이것을 중시한 것이 정토교의 호넨法然(정토종)과 신란親鸞(진종眞宗)이다. 셋째는 '인간·사회의 법칙'으로서, 사람은 혼자서는 살아갈 수가 없다는 것으로, 모든 음덕과 인연에 의해서 살아가고 있다는 것이다. 이 세상 중에는 '공생共生'이라는 것이 있다. 이것을 중시한 것이 니치렌日蓮(일연종日蓮宗)이다.

이 삼자를 융합하여 구비하고 있는 것이 천태종天台宗·진언종眞言宗이라고 생각한다. 이들 법칙이 있다고 하는 것은 우리들이 "서 있을 수 있는 장소가 있다"는 것을 의미한다. 우리들의 행동이 이 법칙 하에서 이루어진다면 "이렇게 해도 괜찮을까?" 하는 방황으로부터 자유롭게 될 수 있는 것이다.

'천千'이란 법칙을 바탕으로 해서 자신의 마음을 넓혀가고자 하는 힘을 말한다. 즉 '인간력·자신력自身力'을 말한다. 자신은 "원주가 없는 원의 중심"에 있다. 어디까지의 원주를 창조할 것인가는 그 사람이 취하는 입장에 따라서만 결정된다. 자신이 자신에게 책임을 지고 인연이 있는 사람들을 행복하게 해주며, 사회에 공헌하고, 자연과 공생하려는 것이 바로 그것이다.

21세기의 '일一'이라는 것은 "자신이 원천"이라고 하는 '일一'을 말한다. 존엄한 생명을 능력껏 사용하여 자신을 실현하는 것으로, 사명을 가지고 "매일같이 새롭게 거듭나는 것", 자신에게 대해서 다른 것을 만들고 지구에 대해서도 다른 것을 창조해야 하는 시대, 그 시대가 바로 21세기라는 말이다.

천태대사天台大師가 추구한 것도 바로 이러한 '일념삼천'의 종지宗旨를 세상에 전하려는 데 있었다. 이러한 종지를 실현시키기 위해 천태대사가 어떤 일생을 걸어왔는지를 살펴보고자 한 것이 바로 이 책이다. 이번에 한국어로 번역 출판되는 이 책이 부디 21세기를 이끌어 가려는 한국인들에게 도움이 됐으면 한다.

끝으로 이 책을 번역 출판하는 데 도움을 주신 모든 분들께 감사드린다.

2006년 2월 1일

교도 지코京戶慈光 합장

천태대사의 생애 차례

- 역자 서문 … 5
- 한국어판 저자 서문 … 8

제1장 유년시대 … 15

탄생 … 17
진씨陳氏의 조상 … 17
젊은 시절의 지의 … 20
양친의 죽음 … 28

출가와 수계受戒 … 35
출가 … 35
수계受戒 … 38
대현산大賢山에서 – 방등참법方等懺法 … 41

제2장 청년시대 … 45

그 스승에 그 제자 … 47
만남 … 47
혜사선사慧思禪師 … 48
혜문선사慧文禪師 … 52

대소산大蘇山에서 … 54
말법末法의 세상 … 54
대소산의 깨달음 – 법화삼매法華三昧 … 58
참된 공양 – 법화경 약왕품藥王品 … 51

금자金字 『대품반야경』 … 65
　법화삼매法華三昧의 전방편前方便 … 65
　금자金字 『반야경』을 대신 강의하다 … 68
　이별 … 72

제 3 장 **건강健康시대** … 75

　불교의 도시 건강 … 77
　　금릉범찰지金陵梵刹志 – 건강의 불교 … 77
　　강남의 봄 – 건강의 거리 … 86
　　건강에 도착 … 88

　와관사瓦官寺에서 … 91
　　『법화경』 개제開題를 설하다 … 91
　　『대지도론大智度論』의 강의 … 94
　　『차제선문次第禪門』 강의 … 96

　천태산으로 … 102
　　왕림王琳의 목 … 102
　　북주北周의 폐불廢佛 … 104
　　모든 것을 버리고 … 109

제 4 장 **천태산 시대** … 113

　화정봉華頂峯의 항마降魔 … 115
　　천태산의 전설 … 115
　　천태산의 가람 … 116
　　화정의 성도成道 – 일실제一實諦를 깨달음 … 120

불롱봉佛隴峰에서 … *123*
　혜사선사의 입적 … *123*
　모희의 편지 … *127*
　수선사修禪寺의 창건 … *130*

방생放生의 연못 … *132*
　방생지放生池 … *132*
　영양왕永陽王과의 만남 … *140*
　천태산을 내려오다 … *145*

제 5 장　삼대부三大部 강설 시대 … *153*

다시 건강建康으로 오다 … *155*
　옥수후정화玉樹後庭花 … *155*
　후주의 수계受戒 … *159*
　광택사光宅寺에서 … *164*

수의 천하통일 … *168*
　건강의 함락－여산廬山·장사長沙로의 여행 … *168*
　진왕 광廣의 수계受戒－양주 선중사에서 … *172*
　다시 형주로의 여행(여산→담주→형주) … *175*

옥천사玉泉寺에서 … *178*
　옥천사의 건립－형주에서 … *178*
　『법화현의法華玄義』설법 … *182*
　마하지관摩訶止觀 강의 … *186*

천태대사의 생애

제 6 장 **만년晩年 시대** ··· 191

천태산으로 돌아오다 ··· 193
양주揚州 선중사禪衆寺로 돌아오다 ··· 193
제1회 『유마경소』의 헌상 ··· 196
10년 만의 천태산-입제법立制法 ··· 199

『유마경소維摩經疏』의 헌상 ··· 205
가상사嘉祥寺의 길장吉藏 ··· 205
제2회 『유마경소』의 헌상 ··· 209
제3회 『유마경소』의 헌상 ··· 213

임종과 유언 ··· 215
『관심론觀心論』의 구수口授 ··· 215
유언 ··· 218

부록: 천태대사 지의전智顗傳 자료 ··· 222
천태대사 약년표略年表 ··· 225

■ 후기 ··· 227
■ 주해 ··· 230

제 1 장

유년시대

형주지방도

탄생

진씨陳氏의 조상

천태대사 지의智顗가 태어난 것은 양梁의 대동大同 4년(538) 7월이다. 때마침 남조는 양 무제武帝(464-549)[1]가 건강建康(남경)의 장간사長干寺[2]에서 불교에 심취해 있었고, 북조는 동서로 갈라져서 전란의 시기로 들어선 무렵이었다.

조부인 진전陳詮[3]은 일찍이 세상을 떠났지만 부친 진기조陳起祖[4]는 학문과 무략에 뛰어났으며, 화용현華容縣(호남성)에서 강릉으로 이주해 온 뒤 양나라 상동왕湘東王 소역蕭繹[5]의 빈객賓客이 될 수 있을 정도로 당시의 지식인이어서 왕명을 받아 건강 지방을 편력한 적도 있었다. 그는 온순하고 검소하며 독실한 불교 신도인 서徐[6]씨의 딸과 결혼하였고 소역의 사지절使持節 산기상시散騎常侍(천자의 시종) 익양현益陽縣(호남성) 개국후開國侯에 봉해졌다. 지의가 태어난 곳이 바로 이곳이다.

원래 진씨 가문[7]은 이 지역의 토박이가 아니라 멀리 북쪽의 영천潁川[8]이

본 고향이었다. 영천은 오늘날 하남성의 회양淮陽으로서 옛날에는 진주부陳州府라고 불렸으며 호족 진씨와 인연이 있는 땅이었다. 이 진씨 가문에서는 대를 이어 걸출한 인물이 출현하였는데 주周 나라 때 진의 호공만胡公滿이라는 인물이 그 시조이다. 주의 무왕武王[9]이 포악한 은殷의 주왕紂王을 토벌했을 때 성군으로 불리던 순제舜帝의 자손을 찾고자 하였는데, 이때 호공만을 찾아냈던 것이다. 무왕은 기뻐하며 그를 진陳(하남성 陳州 治宛邸, 회양현)의 후작에 봉하고 순제의 제사를 받들도록 하였다. 영천 진씨들은 모두 호공만을 종묘와 침실寢室에서 제일 높은 곳에 모시고 진씨의 시조로서 받들었다.

춘추 시대에는 제齊·진晉·초楚 등의 강대국 사이에 위치한 약소국으로서 고군분투하다가 기원전 534년에 초 때문에 멸망당했으며, 5년 후에 부흥하기는 했으나 기원전 478년에 다시 멸망하고 말았다. 그 후 각지에서 호족 또는 부농 계층이 형성되었는데, 이들 계층에서 학문과 문화를 받아들인 결과 두터운 지식인층이 널리 퍼지게 되었다. 이와 같은 각지의 지식인을 중심으로 2세기 중엽부터 인물에 대한 평론이 활발하게 진행되자 평판이 높은 명사가 연이어 등장하게 되었다. 그 와중에 하남성 여남군汝南郡 출신자와 영천군 출신자 가운데 어느 쪽이 더 나은지를 둘러싸고 '여·영 우열론'이 논쟁거리가 될 만큼 향토 의식도 높아져 갔다. 이처럼 각지의 세력이 제각기 번창해 감에 따라 하나의 바위처럼 굳게 단결되어 있던 진한제국秦漢帝國의 파탄을 초래하자, 지방마다 분열되어 독자적으로 자신이 갈 길을 모색하는 시기로 접어들게 되었던 것이다.[10]

더욱이 4세기가 되어 '5호16국 시대'라고 일컬어지듯이 북방과 서방의 여러 이민족들이 화북의 선진 지대를 유린하고 다양한 나라를 세운 뒤에 흥망과 혼란을 거듭하자, 이들 지역의 한인들이 계속해서 강남으로 피난해 오게 되었다.

316년, 장안長安에 있던 민제愍帝가 체포되고 진晋 나라 왕실은 "시체가 강물에 넘치고 백골은 들판을 뒤덮었다"는 비참한 지경에 이르러 황량함 속에 멸망하였다. 그러자 화북 제일의 호족인 낭야琅琊(산동성)의 왕도王導는 사촌 형제인 왕돈王敦 일행과 함께 강남의 토박이 호족 고영顧榮·하순賀楯 등과 제휴하여 진의 왕족 중 하나이며 일찍부터 이곳에 봉해졌던 사마예司馬睿를 일단 진왕으로 삼고 이듬해 317년에는 제위에 오르도록 하였다.

초기 동진東晋의 영토는 대체로 회수 이남에서부터 양쯔강 중·하류 주변을 중심으로 하여 서쪽으로는 양쯔강 상류인 사천四川, 남쪽은 광동廣東·광서廣西에 이르렀다. 이처럼 인구가 희박한 지역에 필요한 것은 산업을 개발하고 경지 면적을 확대하여 생산을 증가시키는 인적자원이었다. 화북 일대가 연이은 오랑캐의 약탈 전쟁으로 생명과 재산이 극도의 위험에 노출되자 전란을 피하여 동진을 그리며 강남으로 유입하는 화북의 한족 피난민들이 점점 늘어났다. 일반 민중뿐만 아니라 일찍이 화북의 선진 문명을 담당하고 있던 다수의 지식인층도 앞장서서 이곳으로 난을 피해 내려와 동진 왕조 아래서 전통 문화를 유지시키고 발전시켰다. 이 같은 현상은 마침내 강남의 개발을 빠른 속도로 진전시켰으며 오히려 강남을 중국 문명의 중심지로 삼겠다는 방향으로 박차를 가하게 하였다.

이러한 와중에서 진씨도 영천을 떠나 강남으로 향했다. 그리고 양쯔강과 한수漢水에 둘러싸인 화용현에 자리를 잡았던 것이다.[11]

젊은 시절의 지의

　유년 시절은 아마도 지의의 생활 중에서 가장 행복했던 시절이었을 것이다. 그러나 그것은 이 구도자를 기다리고 있던 미래와 비교했을 때의 이야기이지, 전란 속에서 두 명의 아이가 딸린 빈객의 가정 생활이 그렇게 여유가 있을 리 없었다. 아버지는 이름만은 명문 귀족이었으나 실제의 생활은 근검절약하지 않으면 안 되었던, 겨우 빈객으로서의 체면을 유지하고 있을 정도였다. 이런 점에서 지의는 이른바 문인 귀족 출신이었다고 할 수 있으며, 중국에서는 새로운 계층의 구도자였다고 말할 수 있는 것이다.

　그는 일곱 살이 될 때까지는 집을 떠난 적이 거의 없었다. 태어났을 때 눈에 두 겹의 눈동자[12]가 있어서 남의 눈에 띄지 않도록 집 안에 틀어박혀서 지냈기 때문이다. 일곱 살 때 가까운 절에 가게 되었는데, 이것이 계기가 되어 그날 이후 이곳이 그에게 배움터가 되었다. 그 절의 본당에서 승려들이 『관음경』을 낭독하는 소리를 듣고 단번에 외웠으며, 그 결과 그의 영혼은 관음보살의 깊은 자비에 감동되고 말았다. 이후부터는 부모의 만류도 듣지 않고 매일같이 절을 찾았다. 이것이 지의가 불도佛道와 처음 만나게 된 인연이었다. 당시까지 겪어야 했던 전란의 음울한 생활에서 벗어난 어린 시절의 이 감동은 후년에 이르기까지 지워지지 않았지만, 평범한 가정생활의 따뜻한 체험은 이후 다시는 그를 찾아오지 않았던 것이다.

　태청太淸 2년(548) 겨울 10월, 강남의 정세가 급박하게 돌아갔다. 갑자기 반기를 든 후경侯景[13]의 군세가 건강을 공격하면서 무제를 비롯하여 백관과 일반 백성들은 궁성에 포위되고 말았다. 후경은 화북 동부의 패자가 된 동위東魏 고환高歡[14]으로부터 하남 지방을 경략하도록 위임받은 무장이었는데, 태청 원년(547) 정월에 고환이 죽고 세자 고징高澄이 아버지의 지위를 상속하자 그 즉시 반기를 들고 양梁으로 귀순하기를 원했던 것이다. 양 무제는 후경을 지원하기 위하여 조카인 남예주南豫州 자사 정양후貞陽侯 소연명蕭淵明[15]을 대도독으로 하는 북벌군을 파견했지만 양군은 팽성彭城에서 벌어진 동위군과의 전투에서 허무하게 패하였고 소연명은 포로가 되어 진양晉陽으로 끌려갔다. 그 후 남방의 수춘壽春으로 도주했던 후경은 양 왕조로부터 남예주 자사에 임명되었다. 그 이듬해 뜻밖에도 고징으로부터 양 왕조는 화의하자는 제안을 받게 되었다. 화의가 성립되면 그 즉시 소연명을 강남으로 송환하겠다는 상대방의 말에 양 무제는 화의하자는 제안을 간단히 수락했는데, 이런 결정을 알게 된 후경은 깜짝 놀랐고 끝내 공포감에 휩싸이게 되었다. 그것은 소연명을 대신하여 자신이 북으로 송환될 것이 틀림없다고 생각했기 때문이었다. 그는 동위와 화의를 체결하는 것이 실책이라는 점을 거듭해서 역설했지만 끝내 양 무제의 마음을 바꾸지는 못했다. 결국 사정謝挺과 소역蕭繹의 진영에서 중기실참군中記室參軍으로 있는 서릉徐陵[16] 등이 국교 정상화를 전하는 사신으로서 동위의 수도 업鄴으로 파견되었다. 후경이 수춘에서 거병한 것은 태청 2년 8월이었다. 그리고 양 왕조가 미처 준비할 틈도 없이 재빨리 10월 말에 10만의 군세로 건강을 제압하고 궁성을 포위하였던 것이다.

이처럼 후경의 거병은 서릉 일행의 동위 방문과 깊은 인연이 있었는데, 이미 소연명의 송환으로 해결될 문제는 아니었다. 그리고 서릉을 비롯한 사신 일행도 신변 안전 보장이라는 구실로 동위 왕조에게 억류되고 말았다. 언젠가 이들을 써먹을 수 있는 날이 오지 않는다고 단정할 수도 없었기 때문이었다. 이와 같은 동위 왕조의 속셈에 따라 어제까지의 영예로운 사신 일행은 하루아침에 포로나 다름없는 신세로 변했던 것이다.

그 후 사력을 다하여 싸운 궁성 공방전은 5개월 뒤에 후경의 승리로 돌아갔다. 후경의 엄중한 감시 속에서 무제가 숨을 거둔 것은 다시 2개월 뒤인 태청 3년(549) 5월 2일(병진)의 일이었다. 후경은 다시 황태자 소강蕭綱, 즉 간문제簡文帝를 등극시켰다. 그러나 이것으로 후경의 위엄이 강남 전 지역에 떨칠 수 있게 된 것은 아니었다. 그의 지배가 미치는 범위는 기껏해야 건강을 중심으로 오군吳郡 이서, 남릉南陵 이북에 한하였으며, 다른 지역에는 여러 왕자들을 통령으로 하는 방진方鎭이 존재하여 후경의 지배를 완강하게 거부하였다. 즉 양 무제의 여섯째 아들인 소릉왕邵陵王 소륜蕭綸은 가황월假黃鉞 도독중외제군사都督中外諸軍事를 칭하고 무창武昌에, 일곱째 아들 상동왕湘東王 소역蕭繹은 진서장군鎭西將軍 형주荊州 자사로서 강릉江陵에, 여덟째 아들 무릉왕武陵王 소기蕭紀는 정서대장군征西大將軍 익주益州 자사로서 성도成都에, 또한 무제의 최초의 황태자이면서 요절한 소명태자邵明太子의 둘째 아들인 하동왕河東王 소예蕭譽는 남중랑장南中郎將 상주湘州 자사로서 장사長沙에, 셋째 아들 악양왕岳陽王 소찰蕭察은 서중랑장西中郎將 옹주雍州 자사로서 양양襄陽에 각기 있었다.

하지만 그들에게 일치 협력하여 후경에 대항하려는 굳은 의지가 있었던 것은 아니었다. 오히려 그들은 각자의 세력을 확장하려고 격렬히 싸웠으며 차츰차츰 혈족 상잔의 양상이 깊어져 갔다. 양 무제가 궁성에 포위되었을 때 거듭되는 요청에도 불구하고 출동을 머뭇거리고 있던 각 왕자들 간의 속셈이 무제의 죽음으로 일거에 드러났던 것이다. 싸움은 먼저 상동왕 소역과 그의 조카인 하동왕 소예 및 악양왕 형제 사이에 시작되었는데, 상동왕이 하동왕을 격파하고 연이어 하동왕에게 동조한 소릉왕 소륜마저 몰아냈으므로 장강 중류 유역을 차지하는 일대 세력으로 성장했다.

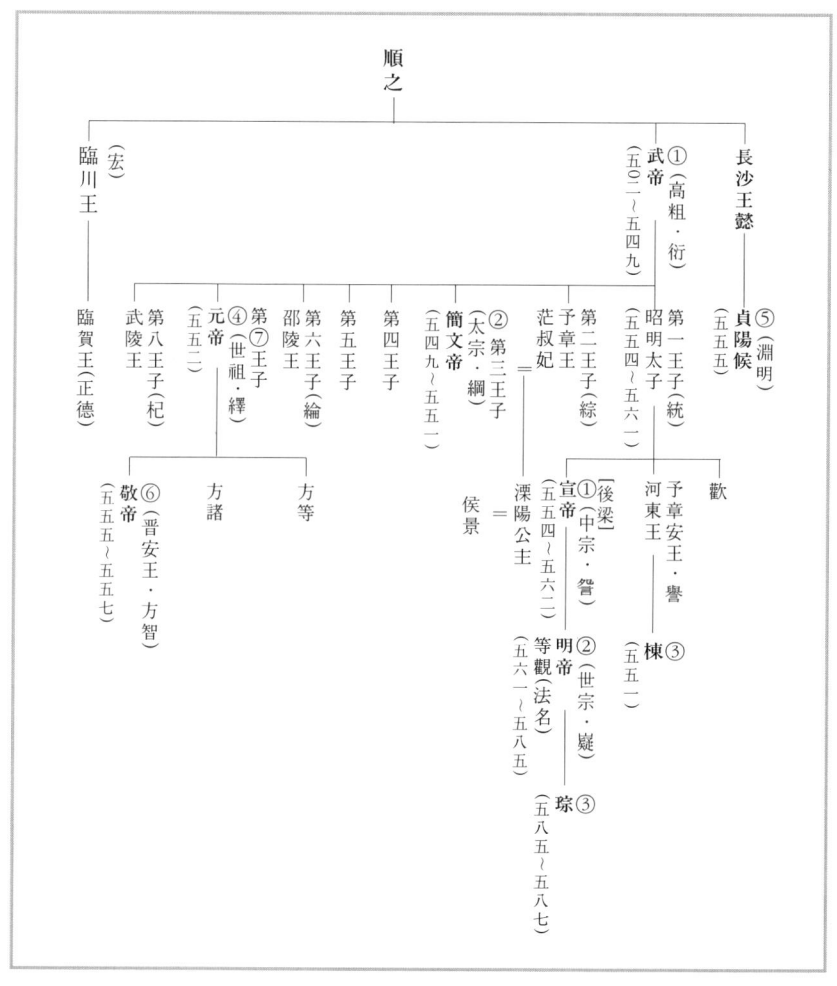

양조 소씨(蕭氏) 계보도

대청 5년(551) 여름 5월, 후경의 군대는 왕승변王僧辯[17]이 이끄는 소역의 형주군과 장강의 파릉巴陵에서 격돌했다. 후경은 몸소 진두지휘에 나섰지만 결과는 어이가 없을 정도의 참패로 끝나 건강으로 도주했다. 그 후 소역은 왕승변을 대장으로 삼아 후경 토벌군을 출병시켰는데, 때마침 광동 방면에서 북상해 온 진패선陳覇先[18]의 군대와 동맹하여 552년 4월 18일 강남의 해상에서 삭북朔北 출신의 무뢰한 후경을 보기 좋게 토벌하고 건강을 탈환했다. 왕승변이 후경 시신의 목과 팔을 잘라서 거리에 내걸었더니 얼마 지나지 않아서 흔적조차 남지 않았다고 한다. 후경에게 원한을 가진 사람들이 먹어치웠던 것이다. 그리고 두 팔은 북제北齊의 고양高洋에게, 목은 소금에 절여서 강릉의 소역에게 보내졌다.

대청 6년(552) 11월 12일[19] 비가 내리는 날, 소역은 후경에게 죽음을 당한 간문제의 뒤를 이어 강릉[20]에서 제위元帝에 올랐다. 지의의 부친인 진기조는 훈공으로 사지절 산기상시 익양현[21] 개국후가 되었다. 부친은 진침陳鍼[22]과 지의를 새로 수립된 원제 정권에서 일하도록 했다. 물론 당시 부친에게는 구도 생활 따위는 꿈에도 생각하지 않았던 일로서, 양 무제 이래 군벌 세력의 전통을 받들어 자식들이 미래의 고관이 되기를 꿈꾸었던 것은 당연한 일이었다. 다행히 자식들은 아버지의 꿈을 저버리지 않았다. 이 해에 15세(志學의 해)가 된 지의는 부친과 함께 약 2년간 양 나라 조정에서 관리로서 봉사했다.[23] 같은 해 11월 원제의 아들 방지方智가 진안군왕晋安郡王에 임명되었고 형 진침도 중병참군中兵參軍으로서 심양尋陽으로 향했다.

그러나 원제 정권은 성립 당시부터 겨울비처럼 음울한 것이었다. 북쪽에서 서위의 압력이 무겁게 짓누르고 있었기 때문이다. 호북성 양양의 군단장이던 소찰蕭察[24]은 숙부가 되는 원제와 사이가 나빴으며 숙부에게 대항하려고 북조의 서위와 손을 잡았다. 양이 대혼란에 빠진 것을 보고 남방으로 진출할 기회를 엿보고 있던 서위에게 있어서 소찰이 같은 편이 된 것은 참으로 절호의 기회가 아닐 수 없었다.

그 무렵 강릉의 원제는 날마다 백관을 용광전龍光殿으로 불러 모아놓고 스스로 높은 자리에 올라 앉아 『노자』를 강의하고 있었다. 집경執經을 맡은 상서좌복야尚書左僕射 왕포王褒가 본문을 읽으면 원제가 뜻을 풀어서 강의하는 것이었다(『강릉현지』65, 외지잡기 23 丁右). 서위군의 침입을 가장 먼저 알아챈 무녕武寧 태수 송균宋均이 이 사실을 강릉에 알렸음에도 전혀 들은 척도 하지 않는 형편이었다. 불길한 징조로 여겨지는 혜성이 나타나고 운석이 강릉성 안으로 떨어졌으며 그밖에도 여러 가지 이변이 일어났다.[25] 유언비어가 나돌고 사람들은 점점 더 불안에 떨었다.

> 양 나라 문무백관에게 고한다. 대저 나라를 일으킨 자 중 예禮와 믿음信으로써 근본을 삼지 않은 자는 없었다. 다만 이들 중 지금의 군주인 원제元帝를 떠난 후경이 역난을 일으켰다. 실은 우리 나라와 결연하여 이웃 원군으로 삼으려 했던 것인데, 이제 갑자기 그가 은덕을 배반하고 도적인 고양高洋과 한 패가 되었다. 그리고는 부하를 시켜 무리를 이끌고 쳐들어와 당우堂宇를 설치하고 우리의 왕을 업신여기며 우리 나라 변방 사람들에게 근심을 끼치고 있다. 이에 우리 황제는 하늘의 뜻을 받들어 이를 평안케 하고자 군대에 명해서 묘廟의 방침을 받들게 하였다. 무릇 무리는 10만여 명이나 되었는데, 곧 바로 강릉江陵을 향해 나아갔다.[26]

그날, 즉 서위 공제恭帝 원년 양 나라 원제 승성承聖 3년(554) 겨울 10월 13일(병인), 서위의 주국대장군柱國大將軍 우근于謹으로부터 원제의 문무백관에게 보내는 격문이 도착하자 강의는 일시에 중단되고 온 나라에 계엄령이 선포되었다. 영군장군領軍將軍 호승우胡僧祐가 도독성동성북제군사都督城東城北諸軍事에, 상서좌복야 왕포가 도독성서성남제군사都督城西城南諸軍事에 임명된 것을 시작으로 왕공 이하 각 신료들이 요충지의 수비에 임하도록 명을 받은 것은 11월 3일의 일이었다.

11월 5일에는 서위군이 신속하게 강릉성 전면에 모습을 드러냈다. 강릉 군단의 주력은 후경을 토벌하기 위하여 왕승변이 인솔하고 건강으로 간 채 아직 돌아오지 않고 있었다. 그리하여 강릉은 잠시도 견디지 못하고 포위 점령되었다. 15일에는 성 안의 한 구석에서 발화한 불이 수천 채의 민가를 불태웠으며 25채의 성루도 화재로 무너졌다. 그날 밤 원제는 궁성을 빠져나와 민가에 머물렀고 기원사祇洹寺, 장사사長沙寺, 천거사天居寺, 다시 장사사 등지로 전전하면서 거처를 바꾸었다. 그의 마음은 극도의 불안에 떨고 있었다.[27]

광주廣州 자사 왕림王琳, 신주信州 자사 서세보徐世譜, 진안왕晉安王 사마 임약司馬任約이 원군을 이끌고 급히 달려왔는데, 그 중에는 진침도 참가했을 것이다. 성을 지키던 병사들은 열심히 싸웠으나 달이 바뀌고 12월 2일이 되자 서위군의 총공격이 시작되었다. 이에 호승우는 약체의 군대를 이끌고 싸움을 독려하던 중 날아오는 화살에 맞아 전사했다. 마침내 서문으로 물밀듯이 쏟아져 들어온 서위군들은 즉시 외성外城을 제압했다.

원제는 박학다식하고 시문을 사랑했으며 도서를 수집하는 데도 열심이어서 부자가 함께 남조 문화를 대표하는 귀공자였다. 그리하여 성이 함락되자 서고에 있던 고금의 도서 14만 권에 불을 지르고 그 불 속에 몸을 던지려 했으나 좌우에서 만류하는 바람에 뜻을 이루지 못했으며, 보검으로 기둥을 내려쳐서 검을 부러뜨리고 "문무의 도가 오늘 밤 끝났도다."라고 탄식하며 위군의 포로가 되었다. 원제는 우근 곁에 앉은 조카 소찰로부터 온갖 조롱에 찬 말을 들어야 했다. 12월 3일 이래 그는 금성金城의 주의고主衣庫에 갇히는 몸이 되었고 과음과 시 짓는 일로 하루하루를 보냈는데 그곳에서 지은 시는 자연히 그의 유언시가 되었다.

> 소나무 사이로 불어오는 바람이 새벽을 가르며 슬퍼하고
> 서리 안개는 밤새도록 이에 맞춰 내리는구나
> 적적하고 고요하기만 하지만 천년 후에도
> 누군가가 두렵기만 한 저 황제黃帝의 자리에 오르겠지

원제가 처형된 것은 승성 3년이 며칠 남지 않은 12월 19일이었다. 소찰은 흙포대에 깔려 죽은 숙부의 시신을 폭 6척 6촌의 비단으로 싸고 그 위를 거적으로 만 다음 흰 띠로 묶어서 강릉성 남쪽의 진양문津陽門 밖에 매장했다.[28]

승리에 도취된 서위군은 마음껏 약탈을 자행했으며 이곳에 모여 있던 양 나라의 백관은 일반 서민들과 함께 양떼처럼 쫓겨 다녔고, 포로가 되어 서위의 근거지인 섬서성으로 끌려갔다. 그 수는 10만이 넘었으며 남은 것은 노인과 병자뿐으로 겨우 200여 가구에 불과했다고 한다.

건강은 이미 황폐해졌고 남조 문화의 제2의 거점인 강릉도 이리하여 시체만이 나뒹굴 뿐이었다. 때는 빙설이 뒤섞여 내리는 겨울날이어서 얼

어 죽은 자가 개울과 뚝방에 넘치고 있었다.

지의 일가도 나라를 잃고 강호를 유랑했다. 나라는 망하고 가정은 무너졌으며 도탄에 빠져 고통 받는 사람들을 가까이에서 보았다. 이에 지의는 발심發心했다. 젊은 지의에게 있어서 이처럼 격앙된 계기는 없었던 것이다.

양친의 죽음

소태紹泰 원년(555), 자신의 연호에 따르면 대정大定 원년 1월, 원제 이하 왕실 고관을 살해한 36세의 악양왕 소찰은 서위 왕조에 의하여 양주(梁主：宣帝)로 옹립되고 양양에서 강릉으로 입성했다. 이른바 후량後梁 왕조(꼭두각시 왕조)가 탄생하였다.[29]

선제는 아직은 양 왕조의 천자였으며 연호도 대정으로 정했고 생모 공씨龔氏는 황태후로, 부인 왕王씨는 황후로, 셋째 왕자 소규(蕭巋：明帝)[30]는 황태자로 옹립하는 등 형식은 실로 훌륭하게 갖추고 있었다. 그러나 서위 왕조에 대하여 '신臣'이라 칭했으며 또한 서위의 정삭正朔을 받들어야 했다. 그밖에도 그는 강릉 동성東城에 기거하고 서성西城에는 강릉 방주防主[31]의 지휘를 받는 서위의 '조방군助防軍'이 주둔하게 되었다. '조방'이라는 것은 "겉으로는 소찰蕭察을 도와 방어하는 것을 뜻하지만, 사실은 소찰을 막는다"는 뜻이었다.

그러나 이 황량하고 삭막한 소찰의 극단적인 성격은 불교에 대한 신앙으로 얼마든지 가라앉힐 수 있었다. 그에게는 『화엄경』『반야경』『법화경』『금광명경』의 의소義疏를 합하여 46권의 저술이 있다고 하는데, 할아버지인 무제와 아버지 소명태자昭明太子[32]로부터 물려받은 혈통은 역시 감출 수 없었다. 불교에 대한 관심은 일찍부터 있었는데, 회계會稽 시대에 이미 장편의 「7산사七山寺로 떠나는 시」를 썼으며 그가 만년에 특히 즐겨 암송했던 경전은 『법화경』이었다. 어느 날 탁지상서度支尙書 종여주宗如周[33]를 붙들고 느닷없이 "자네는 어째서 경문을 비방하는가?"라고 했는데, 무슨 일인지 영문을 모르는 상대방은 그저 허둥거리기만 할 뿐이었다. 『법화경』「수희공덕품隨喜功德品」에, 이 경문을 듣고 따라서 기뻐하는 자는 "얼굴빛이 검지도 않고, 또한 홀쭉하거나 길지도 않다."라고 되어 있는 것을 보고 얼굴이 말처럼 생긴 종여주를 놀린 이야기에 불과하지만, 그에게 있어서 『법화경』은 단지 지적 흥미의 대상으로 그치는 것이 아니었다. 그에게는 명확한 『법화경』 신앙이 있었다. 『법화경』은 일상 생활에서 마음의 지주였다. 예를 들면 소역과 내통했던 신하 견현성甄玄成[34]의 죄상이 드러났을 때 특별히 사면한 것은 그가 언제나 『법화경』을 외우고 다녔기에 그처럼 『법화경』을 암송하는 인간은 죽일 수 없다는 것이 그의 신조였기 때문이었다고 한다.[35]

당시 정치·군사·교통의 중심지였던 강릉에서 남조의 동진 이래 양쯔강 중류의 중요한 불교 중심지가 되었던 곳은 장사사[36]였다. 이 절의 내력을 보자면, 도안道安이 양양 단계사檀溪寺에 있었을 때 진晉의 장사 태수 승준(勝畯, 舍之)이 불교에 귀의하면서 강릉에 있는 집을 희사하여 절로 삼고 싶어 도안에게 승려 한 명을 보내서 절 짓는 일을 지휘해 달라고 간청하였다. 포교심이 강했던 도안은 담익曇翼을 불러서 "형초荊楚 지방의 백성들이 비로소 불교 지도자를 원하고 있다. 그대야말로 그 중임을 맡을

강릉장사사(江陵長沙寺)

僧名	時代	教學	出典
曇翼	東晉	律	梁伝 5
僧翼	〃	(十住經)	〃
法遇	〃	律	〃
曇戒	〃	兜率信仰・般若	〃
曇摩密多	東晉~宋	禪	梁伝 3(三四二c)
僧亮	〃	無量寺・律	梁伝 13
曇光	〃	神呪	法苑珠林 15(大 五三)
慧印	宋	禪・神呪	梁伝 10
慧遠	〃	禪	法苑珠林 97
曇珣	〃	禪	〃
玄暢	宋~齊	三論・華嚴禪	法苑珠林 97
法期	〃	禪(十住徑)	梁伝 8
僧業	梁		梁伝 11
道岳	〃		南齊書38・通鑑143
			法苑珠林 13
			集神州三宝感通錄
法敬	梁		集神州三宝感通錄
法京	後梁	禪	續伝 16
智遠	〃	禪	續伝 (五五六)
法籍	陳~隋		法苑珠林 13
			集神州三宝感通錄

상명사(上明寺)

僧名	時代	教學	出典
曇翼	東晉	律	梁伝 5
慧遠	〃	〃	梁伝 6
慧持	〃	〃	〃
曇徹	〃	兜率天信仰	梁伝 5
僧輔	〃	律	〃
僧濟	東晉~宋	・律	梁伝 7・曇鑒伝
成具	宋	涅槃(數論)	梁伝 11
僧妙	〃	三論	法苑珠林 35・釋氏疑年錄1
僧莊	〃		梁伝 7・僧徹伝
羅雲	後梁		續高伝 7
道顒	〃		〃

수 있다."라고 격려하며 남으로 보내어서 장사사 건립을 맡겼다. 그 후 강릉이 도적떼에게 점령되자 담익은 강을 건너 남쪽으로 가서 상명上明(松滋縣 서쪽)으로 피난했으며, 여기서도 상명사上明寺37를 세웠다. 도적 떼가 평정되고 다시 강릉으로 돌아와 장사사를 부흥시켰고, 도안 문하의 법우法遇·담징曇徵, 여산廬山의 혜원慧遠·혜지慧持·담순曇順·혜관慧觀·승철僧徹 등으로 하여금 종종 강릉 사회에 대한 선교(특히 아비달마 교학과 도솔천 미륵 신앙)를 계속하게 하였다. 태원太元 19년(394), '아육왕상阿育王像'이라고 부르는 유명한 불상을 맞아들이면서 강릉 장사사는 드디어 불교 신앙의 중심 도량이 되었다.

이후 『고승전』 중에도 비담계毘曇系 학자 34~35명, 습선자習禪者 20~21명, 율행자律行者 32~33명, 성실학자成實學者 9명, 삼론계三論系 학자 1~2명 등이 강릉 불교에 모습을 드러내고 있음을 볼 수 있다.38

집을 잃고 나라를 잃은 지의는 장사사의 불상 앞으로 가서 승려가 되겠다고 마음속으로 굳게 맹세했다. 결심과 각오가 선 그는 각지로 여행하면서 천하의 고승 대덕을 방문했으며 널리 돌아다니며 수행하고 싶다고 염원했다. 그리고 그 뜻을 어머니에게 말씀드렸다. 그러나 어머니는 "형과 아우 단 둘뿐인 남자 중에서 네가 갈 곳도 정해지지 않은 여행에 나선다면 뒤에 남은 나는 누구에게 의지해야 하느냐?"라며 체념하듯 말하는 것이었다. 양 왕조의 멸망과 진씨 가문의 몰락, 이처럼 크나큰 상처를 입은 어머니로서는 지금 사랑하는 아들의 희망을 그대로 받아들일 수 없었던 것도 무리는 아니었다. 이제는 지의와 형인 진침陳鍼의 성장을 낙으로 삼는 것 외에 어머니에게는 달리 희망이 없었기 때문이었을 것이다.

그때 지의 어머니의 호소가 단지 애정 때문만이 아니라 당시 넉넉지 못하게 된 가계 문제와도 관계가 있었던 탓이었는지, 지의가 주위에 있던 새싹을 가리키자 그 즉시 벼로 변하고 강을 가리키자 강물은 기름이 되어 흘렀다고 하는데, 지금 그런 일이 기적으로 남아 구전되고 있다. 새싹이 벼로 변했던 곳은 모수촌茅穗村[39]이라고 하며 민물이 기름으로 변한 강은 유하油河라는 이름으로 많은 사람들에게 알려져 있다. 유하는 공안현公安縣 서쪽에 해당하는데, 시주施州라고 부르는 현재의 호북성 은시현恩施縣에서 송자松滋라고 부르는 현재의 호북성 형남도荊南道를 지나 양쯔강으로 흘러들고 있다.

어머니로부터 출가를 허락받지 못한 지의는 집에서 경전을 읽거나 가끔씩 스스로 불상을 조각하면서 매일을 보내고 있었다. 『능가경楞伽經』이라는 경전에 "부모가 허락하지 않으면 출가할 수 없다"고 되어 있는데, 이 말은 석존께서 속세에 있을 때부터의 가르침이다. 그는 부처님의 말씀을 굳게 지키며 자신의 의지를 억제했던 것이다.

소태紹泰 원년(555)의 어느 날, 양친이 연달아 세상을 떴다. 대현리大賢里 서쪽 언덕 위에 어머니를 묻고 1장丈 남짓한 석탑을 세웠다. 후세의 사람들은 그것을 성모탑聖母塔이라고 불렀다. 고아가 된 지의는 그때가 18세였다.

장례식이 끝나고 상심에 차 있는 형 진침에게 다시 출가할 뜻을 밝혔다.

형이 말하기를, "하늘이 이미 우리 부모님을 데려갔는데 너는 다시 내 심장을 도려내는구나. 고아가 되었는데 이별까지 한다면 어찌 참을 수 있겠느냐?" 하고 답하였다. 이에 대사가 무릎을 꿇고는 "양 나라 형주의 백만 백성이 하루아침에 노복과 첩이 되었습니다. 이미 오랫동안 세상의 한가운데서 살았으니 더 이상 속세에 머물 수 없습니다. 부모님의 은덕을 갚고자 한다면 도 닦는 것이 제일이지 헛되이 결혼하여 무슨 도움이 있겠습니까? 뼈와 살에 새겼으니 결코 이 뜻을 바꿀 수 없습니다." 하고 비장하게 말하였다(『천태지자대사별전』, 『대정장』 50, 191중~하).

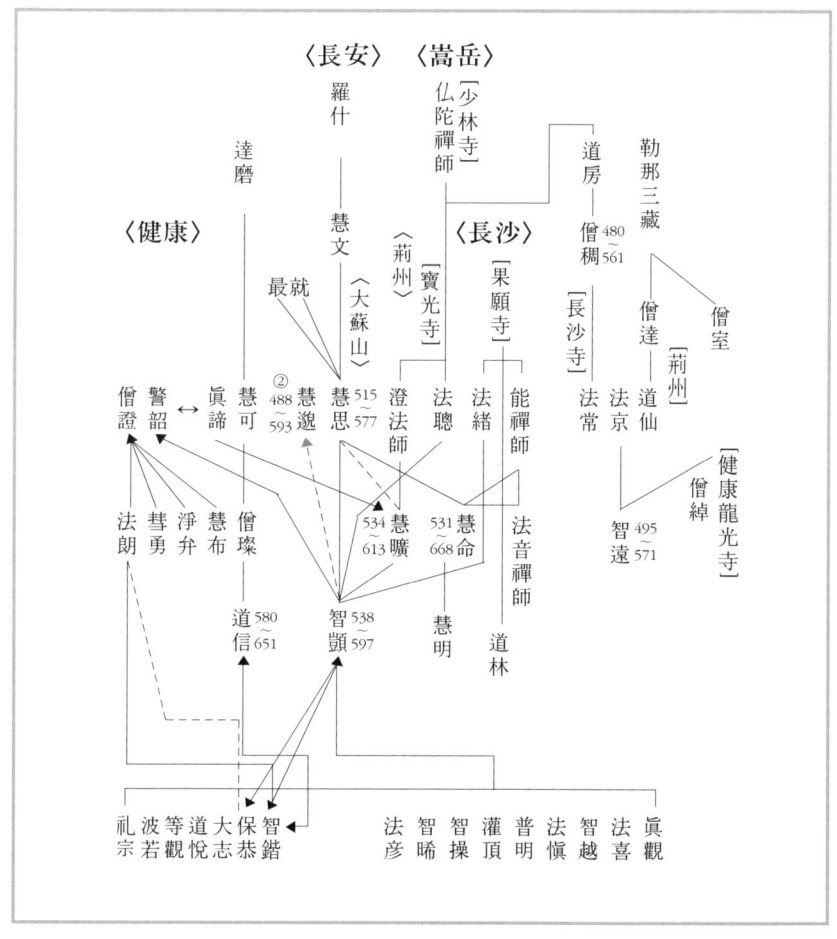

천태대사(天太大師)와 그 주변(周邊)

형도 그 뜻을 바꿀 수 없다는 것을 알고 마침내 승낙했다.

그 무렵 건강에서는 왕승변이 진패선陳覇先과 함께 이제 겨우 열세 살인 원제의 아홉 번째 아들 진안왕 소방지蕭方智를 옹립했다. 북제는 포로로 잡고 있던 양 왕실의 소연명을 양 나라 황제로 맞아들이도록 군대의 무력을 배경으로 왕승변에게 강요했다. 왕승변은 그 압력에 굴복했지만, 진패선은 연약한 외교에 반대하여 왕승변을 죽이고 소연명을 폐위시켰으며 다시 소방지를 옹립했다. 이 때 형 진침도 중병참군으로써 건강으로 향했다.

마침 그 무렵 왕림王琳[40]이라는 사람이 상주 자사(호남성 장사부의 민정장관)로 있었다. 그는 양 나라의 원제를 섬겼으며 자신의 누이와 여동생이 양 황실의 후궁으로 있는 동안 원제의 총애를 받았다. 그런 인연으로 말미암아 젊은 시절부터 황제의 좌우에 시립했고 망부인 산기상시 진기조와도 친하게 지냈다. 그래서 왕림은 지의가 출가할 뜻이 있다는 이야기를 듣고 그 비용을 부담했으며 협력을 아끼지 않았다. 그리고 죽은 어머니의 친척뻘이 되는 장사 과원사果願寺의 법서法緒[41]라는 승려의 주선으로 사미십계를 받고 속세를 떠나 불문에 몸을 던졌다. 이것이 친형제의 뜻하지 않은 이별이 되었던 것이다.

출가와 수계受戒

출가

돌아가신 어머니의 친척인 법서法緖는 장사長沙의 과원사果願寺에 머물고 있었는데, 그곳에는 지의보다 여덟 살 많은 승려 혜명慧命이 있었다. 그에 대해서는 다음과 같은 내력이 전한다.

혜명(531~568)은 상주湘州의 장사군長沙郡에서 태어났다. 그는 타고난 품성이 훌륭하고 용모가 수려하여 무리 중에서 빼어났다. 비록 나이가 어려도 많은 사람들이 그의 말에 귀를 기울였다…… 어느 때 상부湘部의 명승들이 서로 말하기를 '진珍 아사리는 그 경지를 헤아릴 수 없다. 그러나 여래의 방에 들어갈 사람은 바로 혜명일 것이다'고 하였다. 때문에 머리를 땋을 때부터 날로 지혜가 풍부해졌다. 8세(538)가 되자 시서에 능하였고, 풍모가 엄정하고 깊이가 있어 아는 사람들은 그의 그릇이 보통이 아님을 알 수 있었다…… 15세(545)에는 『법화경』을 암송하기 시작했는데, 25일 만에 모두 암기하였다. 곧이어 머리를 깎기는 하였으나 정해 놓은 스승이 없이 배웠으며, 오로지 방등方等과 보현普賢 참법 등을 수행하였다. 『화엄경』을 근거로 탐구하여 도를 밝히기에 이르렀다. 양양襄陽과 면양沔陽으로 가서 [혜혜]사思와 [혜혜]광光 등 선로先路의 2대 선사[42]가 천리 밖으로부터 와서 예의를 차리고 마음을 의탁하는 자가 많다는 것을 듣고 곧 나아가 그들을 좇았다.(『속고승전』17, 『대정장』50, 561상)

또한 혜명이 동향 사람인 법음法音(531~568)선사와 함께 한 다음과 같은 기록도 있다.

두 사람은 벗이 되어 함께 장사 과원사果願寺의 능능선사에게 나아가 심정心定을 수학했다. 채 수십 일도 지나지 않아 법문法門을 개발開發하였고, 그간 지지부진하던 의문점을 묻고 사유를 반복하여 곧 깨달음을 얻었다. 그러나 정리正理를 잃어버릴까 두려워하여 덕이 있는 사람을 찾아 나섰다. 따라서 강남으로부터 시작하여 하북에 이르기까지 다니면서 (혜)사와 (혜혜)막邈 두 스승을 만나서 비로소 막혔던 곳을 제거하게 되었다. (앞의 책)

이상에서 볼 때 그가 이 과원사에서 선관禪觀을 수행했던 것은 분명하며, 혹은 스승 법서도 선을 닦는 사문이었을 것으로 생각된다. 지의도 이곳에서 심정心定을 수학하거나 방등참법方等懺法과 보현참법普賢懺法을 수학하고, 혜사慧思선사의 학덕을 들었을 것이다.

과원사에서 18세가 되어 10계를 받고 삭발승의 끝에 드는 사미가 된 지의는 사원 생활을 어떻게 보내고 있었을까?

"천하의 사찰들은 마침내 규범을 정하고 이에 따랐다"는 기록으로 볼 때, 아마도 도안道安이 제정한 승니규범불법헌장3조僧尼規範佛法憲章三條[43]가 양양・강릉・장사 등 각지의 사원에서 청규淸規의 모델이 되었을 것이다.

僧 名	(敎 學) 毘曇	成實	三論	禪	律	卷	出典『高僧傳』『大藏經』[50]		僧 名	(敎 學) 毘曇	成實	三論	禪	律	卷	出典『高僧傳』『大藏經』[50]	
安淸	○			○	○	1	譯經上	323	慧遠	○			○	○	6	義解3	357
維祇難					○	1	〃	326	僧加提婆	○					6	〃	359
曇摩耶舍	○			○	○	1	〃	329	慧持	○			?	○	6	〃	361
卑摩羅叉					○	2	譯經中	323	曇邕				○		6	〃	362
佛陀跋陀羅	○			○	○	2	〃	334	曇順						6	〃	363
法顯	○		?	○		3	譯經下	337	法智		○				7	義解4	367
曇摩密多				○		3	〃	342	慧觀	○		?	○		7	〃	368
畺良耶舍	○			○		3	〃	343	曇鑒	○					7	〃	370
求那跋陀羅	○			○		3	〃	344	道海	○					7	〃	370
竺法崇	○			○		4	義解1	350	僧徹	○			?	○	7	〃	730
道安	○					5	義解2	351	僧莊	○					7	〃	370
支僧敦	○	○				5	〃	354	道溫	○					7	〃	372
竺僧輔	○					5	〃	355	曇斌	○					7	〃	373
曇翼			?	○		5	〃	355	曇度					○	8	義解5	375
僧衛	○					5	〃	356	玄暢	○	○		○		8	〃	377
法遇	○		?	○		5	〃	356	功德直				○		8	〃	377
曇徹	○			?		5	〃	356	僧慧	○					8	〃	378
慧基				○	○	8	義解5	378	慧猷					○	11	明律	400
智誕	○	○				8	〃	379	僧隱					○	11	明律	401
法安	○	○				8	〃	380	成具	○				○	11	〃	401
慧球(琳)					○	8	〃	381	志道					○	11	〃	401
慧安					○	10	神異下	393	智稱				○	○	11	〃	402
僧慧		○	10	〃			393		法恭					○	12	誦經	406
僧慧			?	?		10	〃	393	慧敬						12	興福	411
慧遠				○		10	〃	393	慧璩	?					13	唱導	416
慧通				?		10	〃	393	曇光	?					13	〃	416
法期	○		?	○		11	〃	399	僧導					?	13	〃	416

강릉불교의 승려

제1은 승려 내지 신자가 불당에 들어와 부처님 앞에서 어떻게 소향燒香의 예를 갖추며 좌석을 정하고, 또 어떠한 법식으로 경전을 독송하며 혹은 강의하는지를 규정한 것으로서 교단의 가장 중요한 사명인 수학선교修學宣敎에 관한 규정이다.

제2는 매일 새벽부터 시작하여 늦은 밤까지 정시 6회의 근행의례勤行儀禮를 올리는 규정, 또 음식에 관한 규정으로서 6시의 근행시와 식사 시간을 판자나 다른 것을 두드려서 알리며, 일제히 그 일을 정연하게 시작하기 위한 규정이다.

제3은 매월 정기 2회, 즉 보름마다 지난 보름 동안 스스로 저지른 잘못이 있는지 없는지 깊이 반성하고 만약 있다면 승려들 앞에서 고백 참회하는 규정이다.

죄과에 대한 엄격한 반성 참회가 종교인으로서 수행의 기본적 행위라는 것은 말할 필요도 없지만, 지의도 이와 같은 사원의 공동 생활을 승려들과 함께 행하면서 수도에 정진하고 있었을 것이다.

수계受戒

2년 동안 과원사에서 수학을 계속한 지의는, 20세가 되자 혜광율사慧曠律師(534~569)를 만나 250계의 구족계具足戒를 받아 당당히 비구가 되었다.

스승 혜광은 지의보다 겨우 네 살 많았지만 12세(545)에 출가하여 강릉 보광사寶光寺의 징澄법사를 스승으로 삼았고 가르침을 잘 지켜서 마침내 후량 왕실의 유연帷筵과도 만났으며, 그 유지幽旨를 발명發明하는 것도 탁월했다고 한다. 원래 혜광의 조부 조량종曹亮宗은 양 왕조의 급사황문시랑위위경給事黃門侍郞衛尉卿이었으며, 아버지 조애曹藹도 양의 직각장군直閣將軍이었다. 그러므로 그의 생가는 양 왕실을 받드는 관료 내지 군인으로서 제법 중요한 지위를 차지하고 있던 집안이었다. 아마 진씨 일족과도 친숙한 사이였을 테지만, 후량 왕조로 바뀌고 나서도 저궁渚宮을 출입하며 중요한 인물로 취급되고 있었다. 혜광이 "율행을 엄정하게 행하였고 교리에도 해박하였다"는 사실에 더하여, 가족을 통한 양 왕실과 깊은 인연이 있었다고 생각할 수도 있다.

혜광이 출가한 강릉의 보광사는 그의 스승 징법사와 함께 법총法聰도 살고 있는 곳이었다.

> 파협巴峽의 통치자인 진홍상동왕(晉鴻湘東王 : 蕭繹)이 측백나무를 헌상하여 침전寢殿을 만들었다. 그곳에서 빛을 발하여 열흘 동안 그치지 않자 왕은 감탄하여 옆에 부도浮圖·승방僧房·강당을 만들어 보광사寶光寺라고 하고 법총을 청하여 머물게 하였다. 왕은 반야의 이치를 말했다. 그리고 이치를 세울 때마다 침전에서 밤에는 빛이 퍼져, 그 밝기가 수 리里를 비추었으니, 이는 등촉불은 아니었다. 이에 사람들은 "반야 대 지혜의 지광유촉智光幽燭이 이른 것이다"고 하였다. 선제가 임종할 즈음에 이르러서도 이전과 마찬가지로 법총을 존경하여 도량에 들어올 때마다 반드시 눈물을 흘리며 숭모하였다. 보현普賢의 수기受記, 천화天花의 이향異香, 음악의 명발冥發을 논하곤 하였다.(『속고승전』16, 『대정장』50, 556상, 주②)

법총은 지의가 수학하던 시대에는 강릉 불교의 최고 장로였던 셈이다. 또한 법총은 26세 때, 즉 북위의 태화 15년(491)에 남양南陽을 떠나 숭악嵩岳으로 여행을 갔다. 이 땅에는 소림사를 본거지로 하는 불타佛陀선사가 있었는데, 법총의 숭악 체류가 어느 정도 장기간에 걸치는 것이었다면 적어도 선수禪數의 학學이라고 칭하는 선풍을 배웠을 것이다.

또한 그 당시 불타선사의 제자 승조僧稠가 북제에서 활동하고 있었는데 그 선풍禪風이 매우 성행하여 승조의 저작인 『지관법止觀法』 2권은 "집집마다 1권씩을 가지고 있다."고 말해질 정도였다. 아마도 북제의 천보天保 원년(550)에 국사國師가 되어 장엽潭鄴에서 명성이 자자하던 복주산覆舟山의 법상法常도 이 선법에 관하여 상당한 정도의 이해를 가지고 있던 사람 중의 하나였을 것이며, 선법을 강릉에다 전했을 것이다.

또한 같은 시기에 선수禪數를 익힌 늑나삼장勒那三藏의 제자 승실僧實이 북주의 태조 아래서 국통國統이 되었고, 태조가 양형梁荊을 평정하자 익주의 대덕 50여 명에게 전법하고 "혜심잠운慧心潛運 남북소통南北疏通"하기에 이르렀다고 한다. 후량은 북주의 꼭두각시 왕조였다는 점에서 보아도 이러한 선풍禪風은 강릉에도 전해졌을 것이다. 같은 늑나삼장의 제자 승달僧達도 촉蜀의 관구산灌口山 죽림사竹林寺의 도선道仙과 촉군蜀郡 재주梓州의 우두산牛頭山에서 접촉했다. 도선은 그의 선풍을 받아들였고 천감天監 16년(517)에는 강릉에 가까운 형주의 청계산에 머물렀는데, 양 나라 시흥왕始興王과 파양왕鄱陽王 등의 존경도 두터웠다고 하니까 북으로부터 온 선풍이 형주 지방에도 영향을 끼쳤을 것으로 생각된다.

이처럼 불타선사와 늑나삼장의 선풍이 강릉에 영향을 주었고, 젊은 지의는 북으로부터 온 이 선풍을 받아들여 학문에 정진하고 있었을 것이다.

대현산大賢山에서 — 방등참법方等懺法

구족계를 받은 승려는 스승이 기거하는 절을 떠나 각지로 스승을 구하며 수학을 위한 여행 즉 유행遊行에 나서는 것이 허용된다. 이 유행 제도야말로 승려의 견문을 넓히고 시야를 열어 주며 사상적 교양을 지닐 수 있게 해 주는 계기가 된다.

지의도 각지를 유행하며 혼자서 형주衡州(호남성 衡陽縣) 남쪽에 있는 대현산大賢山[44]에 올라갔다. 이 산에서 지의는 『법화경』·『무량의경無量義經』[45]·『보현관경普賢觀經』[46] 등 3부경을 20일에 걸쳐서 독송하고 그 깊은 뜻을 탐구했다. 독송 삼매가 끝난 뒤 삼칠일에 걸쳐서 방등참법[47]을 닦았다.

이 방등참법이라는 것은 북량北涼의 법중法衆이 영안永安 년간(402~413)에 번역한 『대방등다라니경大方等陀羅尼經』 4권에 기초하여 행하는 수행이다. 한적한 장소에 도량을 세운 뒤에 향기로운 진흙을 건물 안팎에 바르고 규정에 따라 도량을 장식하며 원단을 설치하고 오색 깃발을 내건다. 24구의 불상을 청하여 갖가지 음식을 공양하며 율사를 초청하여 7일간 매일 세 번 목욕한다. 다시 120번 행선行旋하고 한 바퀴 돌 때마다 주문을 한 번 외운다. 돌면서 외우는 것이 끝나면 10불佛·10왕자王子께 예배하고 좌선하여 명상하며 실상을 관한다. 다시 의복을 단정히 하고 행선 120바퀴와 주문陀羅尼(dhāraī), 즉 '마하단지다라니摩訶袒持陀羅尼'를 120번 외우고 좌선하여 깊이 명상하며 실상을 사유하는 수행이다.

이 참법 수행이 끝나자 꿈에 꾸짖지 않으면 안 될 가람이 나타났다. 즉 도량 등이 넓기가 그지없고 불당 앞의 장식도 장엄하고 훌륭했음에도 불구하고 불상은 난잡하게 놓이고 경전 등은 뒤섞인 채 흩어져 있었던 것이다. 이렇게 비참한 꼴을 본 지의는 『법화경』을 외우면서 자기 손으로 불상의 위치를 바로잡고 경전을 정리하는 꿈을 꾸었다고 한다.[48]

이 참법이 끝나는 날에 시방의 제불을 눈앞에 볼 수 있다고 설하고 있고 관음의 수기성불授記成佛을 설법하고 있으므로 『법화경』과 상통하는 점도 있고 이 경전에 관심을 갖는 동기가 되었는지 아니면 유년 시절의 관음보살을 향한 신앙 때문인지 과원사의 선배 승려 혜명慧命 등의 영향인지는 확실하지 않지만, 이 참법이 젊은 지의에게 상당히 큰 영향을 주었던 것만은 확실하다고 본다.

더욱이 이 참법 수행도 각지에서 행해지고 있었고 혜명이나 혜사慧思, 법순法純 등도 방등참법을 행했다는 기록이 있다. 당시 이 참법은 상당히 발달했으며 반드시 『방등다라니경』뿐 아니라 대승 및 소승 경전의 가르침을 종합한 듯하다. 나중에 지의가 건강에서 강의했던 『차제선문次第禪門』 권2[49]에서는 '제대승방등다라니행법諸大乘方等陀羅尼行法'이라든가 '제대승방등수다라諸大乘方等修多羅' 등으로 부르며 특별히 『대방등다라니경』으로만 한정하고 있지 않다. 그러나 이 경전이 지의와 당시 방등참법의 근본 경전이었다는 것은, 이것이 '방등참법'으로 불리며 이것을 수행하는 일단의 습선자가 '방등사方等師'로 불렸던 사실로 보아 명백하다. 특히 지의가 스승으로 삼아 배우게 되는 혜사慧思는 당시 방등참법에 대해서도 깊은 식견을 가졌고, 이 방면에서도 상당히 진보적인 존재였다. 그리고 제자들에게도 방등참법의 수행을 권하고 있으므로 뒷날 지의가 방등참법을 조직할 때 혜사로부터도 심대한 영향을 받았다. 하지만 혜사를 스승으로 삼기 이전부터 이 참법을 수행하고 있었던 것도 무시할 수는 없을 것

이다.⁵⁰

그 후 대현산을 내려온 지의는 다시 좋은 스승을 따라 불도의 수행을 거듭하길 희망했다.

> 구족계를 받을 때는 율장에 정통하게 되었고 숙세[의 익힌 바]가 비로소 움직여 항상 선열禪悅을 즐기게 되었으니 강동 지방에는 그가 배울 만한 사람이 없게 되었다.(『별전』, 『대정장』50, 191하)

당시 드넓은 강동 땅에는 법사 등 정혜定慧를 겸비하고 불법을 물어 가르침을 청하기에 충분한 자가 없었다. 마치 석존께서 출가한 후 성자들을 찾아다니며 생사 해탈의 법을 물었으나 그 뜻을 채우기에 족한 자가 한 명도 없음을 알고 니련선하尼連禪河의 강가를 향하여 발길을 옮기고 있을 때의 심경을 방불케 하였다.

제 2 장

청년시대

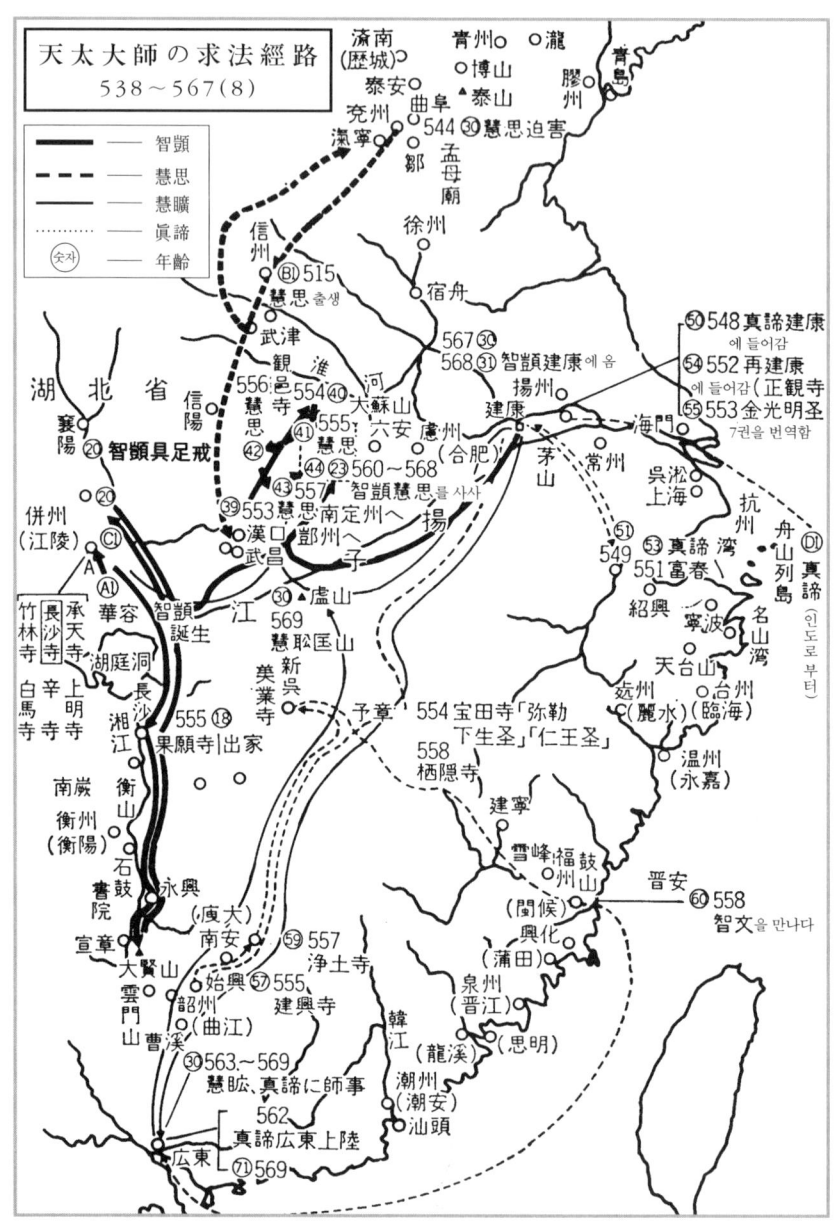

천태대사의 구법경로(求法經路)

그 스승에 그 제자

만남

그 무렵 광주 대소산大蘇山(河南省 商城縣 동남 50리)[51]에 혜사慧思선사[52]라는 사람이 있다는 것을, 과원사의 법서 아니면 혜광의 입을 통해서 알게 된 것이겠지만, 젊은 지의는 혜사의 덕풍德風을 듣고 굶주린 사람처럼 그를 찾았던 것이다.

그러나 광주光州(하남성)는 진陳과 북제北齊의 국경이 교차한 곳이라서 끊임없이 전투가 반복되었으며 일반인의 통로는 생명의 위험이 노출되어 두절된 상태였다. 그럼에도 불구하고 지의는 혜사를 만나고 싶은 일념으로 생명의 위험 따위는 생각지도 않고 진과 북제의 감시가 엄중한 국경을 단숨에 돌파하여 대소산을 올랐으며 그리하여 겨우 혜사를 만날 수 있었다. 젊은 지의의 구도심은 이처럼 강했던 것이다. 때는 지의가 스물세 살이 되던 해였다.[53]

그 최초의 만남에서 혜사는 이렇게 말했다.

지난날 영취산에서 함께 법화경을 들은 숙세의 인연을 따라 지금 다시 이곳에 오게 되었구나.(『별전』, 『대정장』50, 191하)

혜사가 이렇게 말을 하였지만 지의는 놀라지 않았다. 그것은 사실이었다. 목숨을 내놓고 오지 않을 수 없었기 때문이다. 무엇인가가 끌어당기듯이, 그리고 빨아들이듯이 왔기에 그런 정도의 인연은 있을 것이라고 지의 쪽도 생각했음이 틀림없다.

스물세 살의 청년 승려 지의는 혜사가 체득한 부분을 어떻게 이해했는지, 혜사가 체득한 것은 무엇인지, 혜사라는 인물에 관하여 약간의 설명이 필요하다고 본다.

혜사선사慧思禪師

혜사선사는 어떠한 생애를 보냈을까? 다행히 그는 『남악대선사입서원문南岳大禪師立誓願文』[54]이라는 훌륭한 자서전을 남겨 주었다. 우리는 이것을 열어 보면 되는 것이다. 원문願文의 형식을 빌려 자신이 구체적으로 맛본 지옥의 고통을 처음부터 끝까지 자세하게 서술하고 있다. 진의 영정永定 2년(558) 정월 15일부터 11월 11일까지 쓴 것인데 세월이 그의 견디기 어려웠던 박해의 추억을 부드럽게 해 준 것도 부정할 수는 없지만, 이 『원문』을 기록함으로써 조금이라도 상심을 치유할 수 있었을 것이다.

그가 태어난 것은 양 무제 천감天監 14년(515) 11월 11일이다. 때마침 정치 불안 속에서 북위 선무제宣武帝가 급사하고 겨우 다섯 살의 효명제孝明

帝가 즉위한 뒤 영태후靈太后가 섭정을 하게 된 해로서, 그 아래서 각 왕과 환관들의 싸움이 그칠 줄 모르고 계속되었으며 북위가 쇠락의 길로 들어선 무렵이다. 그는 남예주南豫州 여양군汝陽郡 무진현武津縣(하남성 汝寧府 上蔡 동쪽)[55]에서 태어났는데 어릴 때부터 청장년 시절에 이르기까지 고향에 안주할 수 없었다. 힘들더라도 산간이나 들판으로 피신하면서 살아야만 했기 때문이다. 이 곳은 갈포葛布와 차, 톱풀蓍, 산수유 따위를 채취할 수 있는 고장이었는데, 항상 양과 북위의 전란의 와중에 있으면서 약탈이 끊이지 않았고 농업 생산도 신통치 않아 기근으로 한 집안이 각지로 흩어지기 일쑤였다. 고아가 된 혜사는 무덤이나 옛 성[56]에서 이슬과 비를 피하지 않으면 안 되었다.

그가 절[57]로 들어가서 행자로 생활하게 된 것은 위나라 장제莊帝 영안 2년(529)의 일로, 열다섯 살이 되던 해였다. 그 무렵 남북조의 싸움은 점차 치열해졌고 거리는 굶주린 사람들과 시체로 넘쳐나 마치 지옥을 그린 그림과도 같았다. 거리를 배회하며 어지러운 세상을 볼 때마다 혜사의 무상감은 점점 더 높아가고 있었다. 그가 열다섯의 나이로 출가를 결심한 것도 우연은 아니었다.

이후 『법화경』을 시작으로 각종 대승경전을 차례차례 독파했던 것도 구도를 향한 깊은 번민과 뜨거운 정열 때문이었다고 생각된다. 그러나 이 무렵은 아직 인쇄술이 없던 사본寫本 시대로서 경전을 베끼는 흰 비단이나 종이도 아직은 귀한 시절이었을 것이다. 그러니까 지방의 절에는 대개 약간의 불경을 구비하고 있기는 했지만 갓 출가하여 절에 들어온 자가 마음대로 열람할 수 있는 형편도 아니었고 가난한 승려가 불경을 개인의 소지품으로 갖는 것도 쉬운 일이 아니었으며, 스승이 가지고 있는 약간의 경전을 차례로 빌려서 외우거나 베껴 쓰면서 스스로의 학습에 힘쓰던 불편한 시대였을 것이다.

스무 살이 된 혜사는 구족계를 받고 그 절을 떠나 각지로 스승을 찾아다니는 수학 여행에 나서게 되었다. 이 무렵 혜사는 『묘승정경妙勝定經』[58]을 읽을 기회를 얻었다.

> 다섯 종류의 중한 죄가 있다. 첫 번째는 아버지를 죽이고 어머니를 죽이고 아라한을 죽이고, 탑을 파괴하고 절을 부수고 승방僧房을 불태우는 것이다. 두 번째는 4중四重, 8중八重, 5중五重, 6중六重의 성계性戒를 범하는 것이다. 세 번째는 대승경전을 비방하는 것이다. 네 번째는 다른 사람의 잘못을 말하고 공경하지 않으며, 항상 교만한 것이다. 앞에서 설한 5종五種의 성죄性罪는 다만 선정을 닦으면 자연히 없어진다. 선정의 힘을 제외하면 멸할 수 있는 것이 없다.(『妙勝定經』, 『천태지관의 연구』 398쪽. 북경판 서장대장경 No. 805, 178-3. 1.2~5)

이러한 경문은 혜사의 청년 시절을 있는 그대로 정확하게 묘사했고 감수성이 풍부한 젊은 구도자의 마음을 감동시켰을 것이다. 혜사는 이 경전으로 참회의 본질을 깊이 있게 구명하고 단지 갈마羯磨에 의하는 것뿐만 아니라 선정의 힘으로 죄가 멸제滅除하며, 더욱이 선정의 힘을 제외하고 달리 죄를 멸하는 길은 없다고 결의하고 원을 세웠다.[59]

나이 20에 이르러 세상 일이 무상하여 많은 중생들이 죽는 것을 보고 곧 스스로 사유하였다. 이 몸은 무상하고 고苦이고 공空이어서 아我와 인人이 없으니 자재自在함을 얻지 못하였다. 생멸生滅을 거듭하여 썩고 무너지며 온갖 고통이 쉬지 않으니 심히 두렵다. 세상의 법은 구름과 같고 유위법은 믿기 어려우니 그것에 애착한다면 바로 번뇌의 큰 불길에 태워질 것이다. 만약 이를 없애버린다면 곧 무위열반無爲涅槃의 큰 즐거움에 이르게 될 것이다. 일체 중생들은 정도正道를 잃어버려 영영 빠져나올 마음이 없다. 나는 중생들을 위하고 내 몸이 해탈하기 위해 보리심을 발하여 대서원을 세우노니 여래의 일체 신통을 구하기를 바란다. 만일 스스로 증득하지 못한다면 어떻게 능히 사람들을 제도할 수 있겠는가? 먼저 배우고 스스로 증득한 후에야 행동하여야 할 것이다. 스스로 도과道果를 얻는 것은 시방무량十方無量의 중생을 제도하기 위한 것일 뿐이다. 시방일체 중생의 모든 번뇌를 끊게 하기 위해서, 시방무량의 중생으로 하여금 일체의 제법문에 통달하게 하기 위해서, 시방무량의 일체중생에게 보리도菩提道를 성취시키기 위해서 무상도無上道를 구하는 수능엄首楞嚴을 행해야 한다.(『입서원문立誓願文』,『대정장』46, 787상)

이러한 결의를 실천에 옮기는 것은 쉬운 일이 아니었다. 제 나라의 모든 선사를 찾아다니는 동안에 갖가지 재난을 당하고 박해를 받았다. 마침 그때 '무사독오無師獨悟'했다는 혜문慧文선사가 수백 명의 승려를 모으고 하북河北·회남淮南 땅을 돌아다녔는데, 혜사와 우연히 만나 가르침을 주게 되었다.

혜문선사慧文禪師

혜문선사[60]가 가르친 바는 『마하지관』 서문에 다음과 같이 소개되어 있다.

> 남악은 혜문선사를 사사하였다. 혜문은 고씨高氏가 통치하던 북제北齊시대에 하북과 회남 지역에서는 독보적인 존재로서 그의 법문은 천지를 뒤엎고 하늘을 덮을 정도로 높고 깊어서 그 이치를 일반인들이 능히 헤아릴 수 없을 정도였다. 혜문선사는 오로지 『대지도론』에 의거하여 용심하였다. 이 논은 용수가 설한 것으로, 즉 서천西天에서 부법付法한 제13대 조사이다. 지자는 「관심론觀心論」에서 "용수 대사에게 귀의합니다."고 기술하였다. 이로써 용수대사가 확실히 천태의 고조라는 것을 알 수 있을 것이다.(『마하지관』1상, 『대정장』46, 1중)

위에서 보듯이 혜문이 가르친 것은 『대지도론』의 공관空觀이었다. 혜문의 문하로 들어간 혜사는 밤낮을 가리지 않고 일심으로 수행에 힘썼다.

> 낮에는 승려로서의 일에 매진하고 밤에는 좌선하여 새벽에 이른다. 처음 삼칠일에 비로소 소정少靜을 발하여 일생 동안 지은 선업과 악업의 상을 보게 되면서 더욱 용맹정진하게 되었다. 그러다가 선의 장애가 홀연히 일어나 사지가 약해지고 몸은 마음대로 되지를 않았다. 즉시 관찰해 보니 지금의 내 병은 모두 업에서 생긴 것이지만 업은 마음에서 일어나는 것으로서 본래 외부의 경계는 없는 것이며 돌이켜 마음의 근원을 보면 업은 얻을

수 없음을 깨달았다. 그리하여 결국 팔촉八觸이 움직여 근본선根本禪을 발하였고 이로 인해 삼생에 도를 행한 자취를 보게 되었다. 하안거를 마치고 법랍을 받기 위해 당에 오르려 할 때에 문득 감탄하면서 말하였다. "옛날 부처님께서 세상에 계실 때는 구십 일의 안거 기간을 다 채우면 증도證道하는 이가 많았다. 그런데 나는 지금 헛되이 법랍만 받으려니 안으로 부끄러움이 심하구나.(『불조통기』6, 『대정장』49, 179상-중)

최초의 1년간 아무런 깨달음도 얻지 못했던 혜사는 다음해 여름 하안거夏安居 첫 삼칠일에 소정관少靜觀을 얻고 지금까지 자신의 선악이 교체하는 업을 보았다. 이에 놀라서 더욱 노력을 거듭하여 마침내 첫 선정의 경지에 도달했다. 하지만 선정에 들어서도 심신의 번민은 끊이지 않았으며 그 원인을 계속 추구하여 "이 병은 업에서 생기는데 업은 얻을 수 없는 것이고, 몸은 형상이 있더라도 체體는 공空이라서 구름의 그림자와 같으니 병·업·몸 모두는 그 자신이 공인 것이다."라고 깨달으니 마음이 청정해지고 고통이 그림자처럼 사라져 갔다. 이때 혜문의 가르침인 대승의 공관空觀에 의한 삼매를 얻었던 것이다. 하안거도 끝났다. 그러나 여기에도 진정으로 의지할 곳이 없다는 것을 알고는 점점 더 번민하기 시작했지만 아무리 해도 참다운 깨달음에 이를 수가 없다. 내 몸을 던져서 죽는 길밖에 없다고 생각하여 벼랑 끝에 섰을 때 활연豁然히 법화삼매法華三昧를 개오開悟할 수 있었던 것이다.

법화삼매는 공空 그 자체의 초탈超脫이었다. 공을 향한 취착取著을 버렸기 때문에 공이 유有에 대한 공이 아닌 것이 되며, 공유空有의 차별을 넘어서 공유를 포용하는 신천지가 열렸던 것이다.

대소산 大蘇山에서

말법末法의 세상

당시 하남 일대 13주의 정치·군사 장관으로서의 실력자는 후경侯景이었다. 원래는 만리장성 방위 부대에 속하는 일개 병사였지만 534년 북위가 동서로 분열하고 대혼란 속에서 무용을 떨치며 점차 출세를 거듭했고, 마침내 동위의 실질적 지배자인 고환高歡 휘하에서 하남 일대를 지배하기에 이르렀던 것이다. 그런데 547년 1월, 고환이 죽고 그의 아들 고징高澄이 통치자가 되자 군주권을 확립하려고 공신들에 대하여 억압과 통제를 강화하였는데 중앙으로부터 감시당하고 있음을 안 후경은 동위로부터 벗어나 지배지를 가지고 양 나라에 항복하여 영달을 얻으려고 하였다. 반역 장수가 된 후경은 동위의 맹렬한 공격을 받았다. 혜사가 수행하고 있던 하남 일대는 다시 전쟁터로 변했다. 547년 5월은 장사長社에서, 6월에는 혜사의 고향 근처인 현호懸狐와 영천潁川에서, 그리고는 더욱 북상하여 초성譙城, 팽성彭城 등으로 전쟁이 확산되었으며 후경은 불과 800여 명이 남은 패잔 부대의 장수로 전락하여 수춘壽春으로 내려갔다. 그 사이에 양 나라는 무제의 생질甥姪이자 남예주자사南豫州刺史 정양후貞陽侯인 소연명蕭淵明을 대장으로 삼아 동위 토벌군을 일으켰지만 대패하였고 소연명은 포로가 되어 북으로 끌려갔다.[61]

이듬해인 548년, 혜사는 난을 피하기 위하여 5악岳의 하나인 산동성 태산泰山[62]으로 수학의 장소를 찾아서 북상했고 연주兗州로 향하였다. 그러나 이곳에서 격렬한 논쟁 끝에 악덕한 비구로 인해 독을 마시게 되었다. 전신은 짓무르고 독이 오장육부까지 침범하여 생사를 헤매게 되었다. 회복 후 황하를 건너 많은 선사에게 가르침을 얻을 예정이었으나 이해하는 자가 없었으며 박해받는 것을 알고 고향을 목표로 남하하였다. 고향은 전쟁이 끝나지 않았고 많은 집들이 부서지고 전답은 폐허가 되었으며, 가축은 죽거나 약탈당하여 농민들에게 남겨진 것은 흉작과 가난뿐이었다. 그는 고향에서 가까운 신주信州[63]의 깊은 산속에서 조용히 도를 닦고 있었지만 신주 자사 육법화陸法和[64]와 수령(현의 지사)들은 그를 초청하여 전쟁의 공포에서 벗어나지 못한 소박한 백성들을 위하여 머물도록 했다.

육법화의 군대는 불교적 신앙을 토대로 결속되어 그의 부하는 그를 종교적 지도자이자 스승으로 받들었고, 육법화도 부하를 제자로 부르며 종교적인 힘을 바탕으로 통솔했다. 그는 강릉에 수왕사壽王寺를 지었고 다른 사람과 이야기할 때 자신을 빈도貧道라 칭하였으며, 상대방을 단월檀越(시주)이라고 부르는 등 당시 승려들이 사용하는 용어를 쓰고 있었다. 불교적인 유대감이 육법화의 군대를 결속하고 있었다. 혜사는 이곳에 머물면서 대승불교를 강의하는 일로 3년의 세월을 소비했다. 그동안 양주의 허창許昌에서도 초청이 왔고 552년에는 후경이 살해되었으며, 강릉에서 원제元

帝 정권이 수립되던 무렵 신주자사信州刺史가 북제의 도시 업鄴(하남성 臨漳縣)으로 돌아갈 때 동행을 원키도 했지만 혜사는 다른 승려들과 헤어져서 홀로 회남의 산속으로 들어갔다.

해가 바뀌어 양 나라 대보大寶 2년(553)에 혜사는 다시 남하하여 멀리 5악의 하나인 상주湘州의 형악衡岳을 향해 내려갔지만, 도중에 회남의 야주野州(화북성 武昌縣) 자사 유회보劉懷寶의 초청을 받고 대승불교를 강의하게 되었다. 그러나 그곳 법사들의 노여움을 샀고 5명의 악덕한 논사論師들이 찾아와서 음식 속에 생금약生金藥⁶⁵이라는 맹독을 넣었다. 남은 밥을 세 명이 나누어 먹어도 하루 만에 죽는다는 맹독이었으며, 혜사는 이레 동안 병고와 싸웠다. 일심으로 시방제불十方諸佛에게 합장 참회하고 반야바라밀을 외우며 타인의 마음을 꿰뚫는 지혜他心智를 얻지 못하면 절대로 불법을 설하지 않겠다고 맹세했다.

554년 광주(하남성)의 개악사開岳寺에서 광주 자사의 초청을 받고 『마하반야바라밀경』을 강의했는데 서위의 대군이 강릉을 공격해 왔으므로 이듬해인 555년에는 광주 부근에 있는 대소산으로 들어가서 대승불교를 강의했다. 556년에는 광주 서쪽의 광성현光城縣에 있는 관읍사觀邑寺에서 다시 대승불교를 강의했다. 이때 질투심에 불탄 다수의 악덕한 논사들이 와서 혜사를 죽이고 반야바라밀의 가르침을 파괴하려 하였다. 이에 혜사는 말법末法 시대임을 한하며 금 글씨로 『반야경』과 여러 대승경전을 베껴 써서 유리 보함寶函에 넣어두고 내세來世에 무량無量의 몸을 현현하여 시방 국토에서 이 경전을 강의하며 일체의 악덕 논사들이 신심을 얻고 진리에 눈뜨기를 서원하였다.

557년, 하북 6주와 하남 13주 일대에 메뚜기가 창궐하여 토지가 황폐해지고 사람들은 굶어죽기 직전까지 내몰렸다.[66] 이러한 때 남정주南定州(江西省 臨川縣 北雷坊) 자사의 초청을 받고 대승불교를 강의했으나 여기서도 또한 다수의 악덕 논사들이 여러 가지 사악한 계책들을 꾸미고 가난한 신자들의 공양을 모조리 방해했으며 음식도 주지 않았다. 50여 일이라는 참으로 긴 시간에 걸친 일이었다. 이처럼 혜사는 불도 생활에 있어서 갖가지 고난이 많았던 인물인데 고난을 겪을 때마다 이를 헤쳐 나가는 의지와 실천력에 의하여 불도에 대한 자각의 경지는 깊어져 갔다.

558년 정월 15일, 혜사는 대소산으로 돌아가서 금자金字『반야경』을 편찬할 것을 선언한 뒤에 동조하는 사람들을 모았다. 그후 10개월 동안 정결한 재물을 모으고 남광주光城현의 제광사齊光寺에서 경전 조성의 업에 착수하여 원을 성취할 수 있었다. 때는 11월 11일, 마침 혜사의 만 44세가 되는 생일날이었다.

혜사는 이때 스스로 붓을 들어『원문願文』을 만들어 금자『반야경』및『법화경』과 함께 땅 속에 묻었다. 이 두 경전을 보함에 넣어 두고, 말세에 미륵불이 출현하면 이 보함이 땅에서 솟아나 일체의 무량 중생을 제도하고자 염원하였으니, 대략 27개조의 서원문誓願文을 중심으로 하여 뜨거운 불을 토하는 듯한 표현으로 찬술하였다.

> 무릇 석존께서 세상에 계실 때조차 유언流言을 면하지 못했던 것이니 나와 같이 말법 세상의 박덕薄德한 사람이 이 책임을 받은 것은 당연하며 이것은 개인적인 일에 지나지 않은 것이다.(『입서원문』)

거듭되는 악덕 논사들의 박해에 대하여 혜사 자신은 언제나 이렇게 생각하고 있었다. 당시 불교계의 교우 관계를 견딜 수 없었던 그가, 또한 당시의 승려들로부터 환영받을 리도 없었다. 고독은 그가 가지고 태어난 불행한 보배였다. 그는 고독 속에서 그 초조한 자만심을 유지하는 데 지쳐 갔다. 건강은 위태로웠고 견딜 수 없는 우수는 정신을 조금씩 병들게 했다. 자신의 구도求道에 의심을 품은 혜사를 무엇이 위로할 수 있을까? 이런 상태를 극도로 의식했다는 것에 그의 비극이 있고, 이 비극에 충실했다는 것에 그의 구도심이 있었던 것이다. 전란과 박해의 무거운 짐에 눌려서 그는 자신의 장래에 대한 전망은 전혀 계산하지 못했을 것이다. 현재의 생활을 계속할 수 없다는 것은 잘 알고 있었지만 언제, 어떤 식으로 이 생활이 종말을 고할지도 짐작할 수 없었다. 아마도 그는 무엇인가가 자신에게 다가오는 것을 상상하고 있었는지도 모른다. 새로운 구도 생활을 가져다주는 어떤 사건이라기보다는 오히려 힘에 겨워 초조해 하는 마음을 한꺼번에 해결해 줄 일대 사건을 예감하고 있었는지도 모른다. 사건은 일어났다. 지의가 온 것이다. 지의와의 해후는 그냥 다가온 것이 아니었다. 그들이 운명이 걸린 해후를 희망했기에 이루어졌던 것이다.

대소산의 깨달음 — 법화삼매法華三昧

혜사는 즉시 지의에게 보현도량普賢道場을 보이고 법화경의 4안락행四安樂行에 대하여 설법했다. 보현도량이란 『법화경』 「보현보살권발품」 제28에 따라서 경전을 독송하는 유상행有相行을 말하며, 4안락행이라는 것은 『법화경』 「안락행품」 제14에 기초하여 선정을 닦는 무상행無相行을 말한다. 이것은 혜사 자신의 저서 『법화경안락행의法華經安樂行義』 중에서 설명하고 있는 것처럼 새로 온 제자에 대해서도 법화삼매法華三昧[67]의 행을 여법하게 실수實修시킨 것이었다.

『법화경』이란 대승의 돈오법문이며 스승 없이 스스로 깨달아 속히 불도를 이르는 것이니 일체의 세간世間에서는 믿기 어려운 법문이다. 무릇 새로 발심한 일체의 보살이 대승을 구하여 일체 보살을 뛰어넘고 속히 성불하기를 바란다면 모름지기 지계·인욕·정진과 선정바라밀을 열심히 닦아 전심으로 법화삼매를 익혀야 한다.(『법화경안락행의』, 『대정장』46, 697하)

법화경의 수행법을 특히 「안락행품」과 「보현권발품」에서 구했던 까닭은 이 두 품이 모두 말법을 위한 행법行法을 설하고 있기 때문이다.

후後의 악惡한 세상에서 이 『법화경』을 설하고자 하면 마땅히 네 가지 법에 안주安住해야 한다.(『법화경』 「안락행품」 제14, 『대정장』9, 37상)

여래如來가 열반한 후에 말법 중에서 이 경을 설하고자 하면 마땅히 안락행安樂行에 머물러야 한다.(동상, 『대정장』9, 37하-38상)

만일 후세의 후오백세後五百歲, 흐리고 악한 세상에서 비구·비구니·우바새·우바이 중에서 찾아 구하려는 자, 받아 지니려는 자, 읽고 외우려는 자, 옮겨 쓰려는 자가 이 법화경을 닦고 익히고자 하면 삼칠일三七日 동안에 마땅히 일심으로 정진해야 할 것이다.(『법화경』 「보현보살권발품」 제28, 『대

정장』9, 61중)

이 품들은 말세에 있어서 법화 행자가 갖추어야 할 본연의 자세를 가리 킨 것이다. 『입서원문』에서 스스로 고백하고 있듯이 두 부처님의 중간인 말법무불末法無佛의 세상에 태어났다는 비탄은 성불도成佛道를 위한 정법 正法을 구하는 마음이 깊으면 깊어지는 만큼 그 시기에 알맞은 행법을 선택하지 않을 수 없게 만들었다. 그가 말법의 자각에 서 있었던 점에 주목할 때 특히 「안락행품」과 「보현권발품」이 선택된 것은 결코 우연이 아니었다.

무상행인 안락행은 『법화경』에 따라 선정을 부지런히 닦는 것으로서 법화삼매라고도 하며, 마음의 상이 적멸寂滅하여 깊은 선정에 머물 수 있으면 제법諸法은 본래 청정하고 중생의 본성도 본래 무구無垢하다는 것을 바른 지혜로써 깨달아 얻고 번뇌를 끊음 없이 무사자연無師自然하게 부처의 경지에 들 수 있다고 혜사는 설법하였다.

이와는 반대로 유상행은 「보현보살권발품」에서 설하는 바를 중심으로 마음이 산란한 사람들이 선정을 수행하지 않아서 법화삼매를 체득할 수 없다 할지라도 법화경을 독송하고 전심으로 법화의 글귀를 생각하면 보현보살의 가피력을 입어 안근眼根이 청정해져서 석가모니불을 비롯한 7불七佛을 보고 3종의 다라니문多羅尼門과 도혜道慧·도종혜道種慧·일체종혜一切種慧의 3지三智를 체득할 수 있다고 설하는 것이다. 이 유상행은 이른바 법행法行이 아닌 신행信行의 입장에 선 것이다. 원래 『법화경』의 적문迹門에서는 지혜 제일의 사리불이라 할지라도 신심信心 없이는 개시오입開示悟入할 수 없었다고 설하는 「비유품」 이외에 믿음의 행을 강조하는 것은 많지 않다. 그러나 본문本門에 이르면 여래가 구원久遠 전에 성도成道하였다는 것을 믿어야 방대한 이익을 얻는다는 것을 거듭해서 설하고 있다. 때문에 유상행의 「보현보살권발품」이 본문에 속해 있는 것에 특히 그 의의가 깊다. 물론 무상행을 버리고 유상행만으로도 좋다는 것은 아니며 유상·무상 두 행이 서로 어울려서 법화의 행을 성취한다고 설한다.

또 『법화경』은 일승一乘을 밝히고 있는데, 일승이라는 것은 한 마음에 하나의 법을 배우고 더욱이 모든 공덕을 일시에 구족具足하는 가르침을 뜻한다고 혜사는 설한다. 즉 법화삼매의 수행만으로 단계를 거치지 않고 번뇌를 끊지도 않고 그대로 곧장 부처의 길에 부합되는 가르침, 그것이 바로 일승이라고 한다. 여기서 그는 묘법연화妙法蓮華의 경제經題 해석과 관련하여 외도外道와 이승二乘의 둔근보살鈍根菩薩을 구별하는데, 법화의 수행자인 이근보살利根菩薩만이 단계를 차례대로 거치지 않고 온갖 과보를 일시에 구족할 수 있는 원돈圓頓의 행자라고 설법한다. 그리하여 원돈불차제圓頓不次第 사상은 이론적으로는 삼승방편三乘方便 일승진실一乘眞實이라고 설하는 『법화경』에 근거를 두며 그것을 체득하려면 반야의 불가득공不可得空의 관법觀法에서 구할 수 있고, 공空을 관하여 공에 집착하지 않을 때 번뇌 즉 보리가 되어 불도佛道를 이룰 수 있다고 혜사는 설하고 있다.

참된 공양—법화경 약왕품藥王品

스승 혜사는 『법화경안락행의法華經安樂行義』 서두에서 법화삼매를 전심으로 권학하는 자의 마음가짐을 설하면서, 용맹정진하여 불도를 구하는 것은 약왕보살藥王菩薩이 고행을 행했던 것과 같으며 약왕보살은 옛날 일월정명덕불日月淨明德佛 때에 일체중생희견보살一切衆生喜見菩薩이 되어 『법화경』을 듣고 정진하여 불법을 구했으므로 일생 동안 부처의 신통력神通力을 얻었다고 훈계하였다.

혜사의 가르침에 따라 밤낮으로 법화삼매의 행법行法을 닦고 있던 지의는 삼칠일[68] 동안 『법화경』 28품을 모두 읽고 외우려고 수행에 힘썼다. 그 수행하는 모습은 측백나무를 잘라 향을 대신하고 측백나무가 다하면 밤나무를 잘라 향으로 쓰며, 하루 종일 수행하다가 밤이 되면 달빛에 의지해 힘쓰고 달이 지면 관솔에 불을 붙여서 수행을 계속하였다고 한다. 이 칠일이 지날 무렵에는 「약왕보살본사품藥王菩薩本事品」 제23을 외우고 있었다.

> 향유香油를 몸에 바르고 일월정명덕불日月淨明德佛 앞에서 하늘의 보배 옷으로 스스로 몸을 감고 모든 향유를 들어붓고 신통력의 원願으로써 스스로 몸을 태우니, 광명이 팔십억 항하사의 세계를 두루 비추었느니라. 그 가운데의 모든 부처님께서 동시에 찬탄讚歎하여 말씀하셨다. "착하고 착하다. 선남자야. 이는 참된 정진精進이라. 이를 참된 법으로써 여래를 공양한다 하리라. 만일 꽃과 향과 영락과 소향燒香, 말향抹香, 도향塗香, 천증天繒, 번개幡盖와 해차안海此岸의 전단향栴壇香, 이와 같은 갖가지 모든 물품으로써 공양할지라도 능히 미치지 못하며, 가령 국성國城과 처자로써 보시한다 할지라도 역시 미치지 못하느니라. 선남자야, 이것을 제일의 보시라고 이름하리라. 모든 보시 중에서 가장 존귀하고 가장 으뜸이니 법으로써 모든 여래를 공양하기 위함이니라." (『법화경』 「약왕품」 제23, 『대정장』 9, 53중)

「약왕품」의 "모든 부처님께서 동시에 찬탄하여 말씀하시되, '이것이 참된 정진이고 이것을 이름하여 참된 법으로써 여래를 공양하는 것'이라 하였다"는 구절에 이르렀을 때 갑자기 심신이 활연豁然해지면서 정定에 들었다.

이 품의 요지는 약왕보살의 전신인 일체중생희견보살이 일월정명덕불로부터 『법화경』을 듣고 정진하여 불법을 구한 결과 현일체색신삼매現一切色身三昧라는 삼매를 얻었으며, 이 은혜에 보답하기 위하여 삼매의 힘으로 꽃과 향을 내리게 하여 부처님을 공양했지만 삼매력으로 공양하는 것은 몸으로 공양하는 것에 미치지 못함을 알고 마침내 스스로 부처님 앞에서 몸을 태워 공양하였다. 그러자 그때 모든 부처님께서 한 목소리로 이를 칭찬하면서 이것이야말로 참된 정진이며 참된 법공양이라고 했다는 것이다.

살아 있으면서 스스로 몸을 태워 부처님을 공양한다는 것은 원래 지극히 비장한 고행으로서 보통 사람은 엄두도 내지 못한다. 이 비장한 고행에 감동했기 때문이기도 하겠지만 자신을 태워서 부처님께 바치는 일이 어찌하여 참된 법공양이 될 수 있을까? 그 이유가 의문이 되었던 것은 아닐까? 몸은 사람에게 가장 소중한 것이니 육신을 버려서 공양하는 것이 참된 정진이라는 점은 이해할 수 있다. 하지만 그것이 참된 법공양이라는 의미는 알 수 없다. 그 의미를 구명하고 싶다는 절절한 염원이 마침내 지의로 하여금 입정入定하게 했을 것이다.

뒷날 지의 자신이 그 체험을 『법화문구法華文句』에서 언급하고 있다.

참다운 법공양이란 바로 이 안에서 지혜의 관觀을 운용하여 번뇌의 인과를 관하고, 공空의 지혜로써 이를 씻어버리는 것이다. 그러므로 이를 '진법眞法'이라 부르는 것이다. 또한 몸이나 불, 능공能供과 소공所供이 모두 다 실상이니 누가 태우고 누가 불사르는 것인가? 능공과 소공은 모두가 얻을 수 없는 것이라고 관하므로 '진법'이라 부르는 것이다.(『법화문구』10하, 『대정장』34, 143중)

소신燒身이 참다운 법공양이라고 하는 것은 번뇌와 그 과果인 자신의 몸에 대하여 지智로써 관觀하고 그것들을 일체공一切空으로 보는 것이다. 이리하여 공혜空慧로써 이 몸에 대한 애착을 떨쳐 버린 다음에 비로소 소신공양燒身供養[69]이 행해지는 것이기 때문에 몸을 태우는 것 그 자체에 의미가 있는 것이 아니라 공혜空慧를 성취하여 아집애착我執愛着을 탕진하는 것, 거기에 진법眞法다운 의미가 있는 것이다. 또한 몸을 태워 부처님을 공양하는 이상, 그곳에 태워지는 몸과 타는 불이 구분되고 공양하는 나와 공양 받는 부처님이 구별되는데, 이것은 방관하는 범인凡人의 입장으로서 이 행자의 마음속에서는 태워지는 몸이 실상實相이라면 타는 불도 실상이며, 공양하는 나도 공양 받는 부처님도 함께 공불가득空不可得이라고 보는 것과 다를 바 없는 것이다. 그러니까 모든 부처님이 그와 같은 일을 칭찬하고 이것을 참다운 법공양이라고 했던 것이다.[70]

금자金字 『대품반야경』

법화삼매法華三昧의 전방편前方便

지의는 이 입정入定에 의하여 『법화경』에 일관하는 깊은 깨달음을 얻었고 인생에 있어서 새로운 시야를 발견하기 시작했다.

(「약왕품」의) 이 구절을 독송하는 데 이르렀을 때였다. 돌연 심신이 탁 트이면서 고요히 삼매에 들어가 삼매력으로 인하여 총지總持가 발현하니, 마치 높이 뜬 해가 깊은 계곡을 비추듯이 『법화경』이 환히 알아지고 큰바람이 허공을 다니듯 모든 법상法相에 거침없이 통달하게 되었다. 이렇게 증득한 것을 스승에게 고하니 혜사는 다시 법을 설하여 법의 조목이 두루 완비된 가르침을 크게 펼쳤다. 저녁부터 상세히 질문하여 아침까지 이르니 자신이 깨달은 것과 스승으로부터 받은 가르침으로 4일 밤을 정진한 공덕이 백 년의 공덕보다 많았다. 하나를 물으면 열 가지를 아니 무엇으로 능히 비유할 수 있겠는가? 관혜觀慧에 걸림이 없고 선문禪門에 막힘이 없으니

숙세에 익힌 것이 개발되어 마치 꽃봉오리가 활짝 핀 것처럼 환해졌다.(『별전』,『대정장』50, 191하-192상)

혜사는 이때 지의를 크게 칭찬했다.

그대가 아니면 증득할 수 없었고 내가 아니면 알아볼 수 없으리라. 그대가 들어간 선정은 법화삼매의 전방편前方便이고 발현한 총지는 초선다라니初旋陀羅尼이다. 가령 학식이 높은 사람이 천 명이나 만 명이 온다 할지라도 그대가 분별하여 설한 법을 다 궁구하지 못하리니, 그대는 법을 설하는 사람 가운데 제일이 될 것이다. (앞의 책)

지의가 깨달은 경지內觀는 혜사가 아니면 증명할 수가 없고, 또한 혜사가 아니면 그것을 알지 못했을 것이라고 크게 기뻐하며 칭찬했다. 그러나 지의가 들어간 선정의 세계는 아직 최고의 경지가 아니라 굳이 말하자면 법화삼매의 전방편前方便의 경지이고, 그가 발한 바 총지摠持는 초선다라니初旋陀羅尼라고 했다.

법화삼매의 전방편이란 어떤 의미일까? 전방편이라고 했으니 그것은 법화삼매에 이르기 전단계이지 법화삼매 그 자체는 아니었다. 혜사의 지도 아래 속히 성불하는 행법인 법화삼매의 유상행과 무상행을 닦았지만 그 깨달음은 여전히 전 단계에 머물고 아직 법화삼매의 근본의根本義에는 도달하지 않았던 것이다.

여기서 말하는 초선다라니라는 것은 『법화경』의 「보현권발품」에서 설하는 선다라니旋陀羅尼, 백천만억선다라니百千萬億旋陀羅尼, 법음방편다라니法音方便陀羅尼의 세 다라니 중에서 첫 번째 것이다. 경전에 의하면 부처님 입멸入滅후 오백세五百歲의 흐리고 악한 세상에서 만일 『법화경』을 읽고 외우고 생각하는 자가 있다면 보현보살은 흰 코끼리를 타고 그 사람 앞에 나타난다. 수행자는 보현의 몸을 보는 까닭에 즉시 삼매와 다라니를 얻는다고 한다. 이에 대하여 혜사는 『법화경안락행의』에서 직접 해설하고 있다.

> 삼종다라니문三種陀羅尼門의 첫 번째 총지다라니總持陀羅尼=旋陀羅尼는 육안肉眼·천안天眼이라 할 수 있고 이는 보살의 도혜道慧에 해당한다. 두 번째 백천만억선다라니百千万億旋陀羅尼는 보살의 도종혜道種慧에 해당하고, 이는 바로 법안청정法眼淸淨이다. 세 번째의 법음방편다라니法音方便陀羅尼는 보살의 일체종혜一切種慧에 해당하고 불안청정佛眼淸淨이다. 『법화경』을 암송하여 일심으로 법화의 내용을 오로지 염하는 자는 보현을 보고 업장을 멸하게 될 것이며 석가 및 칠불·시방삼세 제불을 보고 지극한 마음으로 참회할 때 삼종 다라니문을 얻을 수 있으며, 이때 바로 즉시 일체 삼세의 불법을 구족할 수 있게 된다. 빠른 자는 일생 동안 수행하여 구족함을 얻을 수 있으나 지극히 늦은 자는 세 번 태어나야 구족함을 얻을 수 있다.(『법화경안락행의』, 『대정장』46, 700중)

혜사는 삼종다라니를 얻은 때가 수행이 완성되는 성불成佛이며, 첫 번째 다라니를 얻었을 뿐이면 보살의 도혜道慧에 해당하는 정도로서 아직 완전하다고 말 할 수는 없다고 하였다. 뒷날 지의는 이 체득을 『법화문구』 10권에서 서술하고 있다.

[선]다라니는 가를 선회하여 공에 들어가는 것旋假入空이고, 백천선다라니 百千旋陀羅尼라는 것은 공을 선회하여 가로 나오는 것旋空出假이며, 법음방편다라니라는 것은 이들 둘을 방편도方便道로 해서 중도제일의제中道第一義諦에 들어가게 되는 것이다.(『법화문구』10하, 『대정장』34, 148하)

지의가 발득發得했던 초선다라니는 선가입공旋假入空의 공관空觀을 증득하는 것을 의미하며 그것은 법화의 중도실상관中道實相觀의 전제이기 때문에 법화삼매의 전방편이라고 했던 것이다.

일찍이 혜사도 혜문 밑에서 공空을 닦았던 것에서부터 법화삼매를 개발했다. 따라서 혜사의 말처럼 공의 깨달음은 법화삼매의 전방편임이 틀림없다. 지의도 자신이 체득한 공혜空慧를 통하여 중도실상의 묘법妙法에 들어갈 수 있는 문에 서 있었던 것이며 마침내 (그 자체가 중도실상인) 원돈圓頓의 묘법을 깨닫는 경지로 들어갔던 것이다.

금자金字 『반야경』을 대신 강의하다

그후 지의는 희주熙州의 백사산白沙山으로 들어가서 수행을 거듭했다. 그때 혜막慧邈선사라는 사람이 근처에 있었는데 상당한 인물인 듯이 보이며 한 문중을 거느리고 있었지만 스스로 덕행을 자랑하면서 궤변으로 시류를 어지럽히는 인물이었다. 어느 때 그의 제자에게 다음과 같이 자랑하였다.

내가 설법하는 바는 정말로 사자의 우렁찬 울부짖음과 같다. 다른 사람의 설법은 여우가 우는 소리에 불과하다.

일찍부터 지의의 말솜씨는 부근에 잘 알려져 있었을 테니까 혜막도 이를 들었지만 지의의 진가를 알지는 못했던 것 같다. 다만 자신의 위신이 떨어질 것을 염려하여 경솔하게 비방했던 탓에 큰 논쟁이 벌어지고 말았다.[71] 그러나 승패는 뻔한 것이었다. 지의는 널리 예를 인용하고 두루 중거를 보여서 논했고 논점의 핵심을 하나하나 잡아서 반격하여 끝내 그의 입을 다물게 했다. 이때의 정경을 『별전』은 교묘하게 평하고 있다.

지혜의 바람을 타고 키 안의 쌀을 까부르니 쭉정이와 겨가 바로 구별되고 선정의 물로 일어내니 모래와 자갈이 쉽게 밝혀졌다.(『별전』, 『대정장』50, 192상)

이 일을 스승 혜사에게 가서 자세히 이야기했더니 혜사는 자신의 체험을 떠올리듯이 말했다.

그대는 『마하반야바라밀경』의 「불퇴품不退品」에 몇 종류의 수행과 부류와 형상이 있는지 보라. 『구십육도경九十六道經』에 이르기를 '사람이 법을 설하면 신이 도와서 그를 무섭게 한다'고 하였는데, 그대는 낮에 이미 교만한 선사를 꺾었고 밤에는 악도를 몰아낸 것이다. 삿된 것이 바른 것을 간섭할 수 없는 것은 법이 응당 그러한 것이다.(『별전』, 앞의 곳)

어느 때 혜사는 금자金字로 쓴 『대품반야경』을 만들고 몸소 경전의 참 뜻을 설법했는데, 글귀를 따라서 경전을 해석하는 것은 지의에게 대신 강의하도록 명했다. 그러자 지의는 정연한 논리로 강의를 하여 스승의 신임에 보답했다. 다만 삼삼매三三昧와 삼관지三觀智만을 스승에게 물었으며 나머지는 모두 자기의 판단으로 처리했다. 삼삼매라는 것은 공空·무상無相·무원無願의 세 가지 삼매를 말하며 삼관지는 일체지一切智·도종지道種智·일체종지一切種智의 삼지三智를 말하는 것인데, 『대품반야경』23 「일념품一念品」에는 다음과 같이 설해져 있다.

> 보살마하살이 도혜道慧를 구족하려면 반야바라밀을 습행習行해야 한다. 도혜로써 도종혜道種慧를 구족하려면 반야바라밀을 습행해야 한다. 도종혜로써 일체지一切智를 구족하려면 반야바라밀을 습행해야 한다. 일체지로써 일체종지一切種智를 구족하려면 반야바라밀을 습행해야 한다. 일체종지로써 번뇌의 습기를 끊으려면 반야바라밀을 습행해야 한다.(『대품반야경』23, 『대정장』8, 386하)

이 「일념품」에 이르러서 지의는 의문에 부딪혔다. 「일념품」에는 보살이 반야바라밀을 습행할 때 일념 속에 육바라밀, 사선四禪, 사정근四正勤, 사무량심四無量心, 사무색정四無色定 내지 팔십수형호八十隨形好를 구비하는 것으로 설법하고 있다. 용수는 『대지도론』87(『대정장』25, 670중)에서 『대품반야경』의 「일념품」을 「일심구만행품一心具萬行品」으로 불렀는데, 지의는 이 「일심구만행품」 부분에 이르러서 왜 일심一心에 만행을 구비하는가에 대하여 의문을 품었다. 「일심구만행품」 직전에 있는 것이 「차제학품次第

學品」으로서, 건혜지乾慧地 등의 십지十地를 차례로 행하고 차례로 배우는 차제도次第道가 설명되어 있는데도 그 뒤에 일심일념에 만행을 구비한다고 설하는 것에 의문을 품었던 것이다. 이에 대하여 혜사는 대품반야에 일심구만행이라고 되어 있어도 그것은 어디까지나 대품차제大品次第의 뜻으로 해석해야 하며 법화원돈法華圓頓의 취지는 아니라고 명쾌한 단정을 내렸다. 그리고 『법화경안락행의』[72]에서 『대지도론』을 인용하여 중생신衆生身은 여래신如來身이며 범종凡種과 성종聖種은 무일무이無一無二라고 설법했다. 그리고 법화를 배우는 보살은 일지一地에서 일지一地에 이르는 차제행次第行을 행하지 않고 번뇌를 끊지 않으며, 청정과 부정不淨의 분별없이 제법諸法은 본래 청정하며 중생은 성무구性無垢라는 것을 깨달으면 대치행對治行을 수행하지 않고서도 자연히 모든 부처님과 동일하게 된다고 했다. 이러한 견지에 서서 묘법연화라는 것은 중생법衆生法의 오묘함이 연화와 같다는 의미라고 논하고 있다. 혜사의 이러한 견해는 지금 삼지三智를 일심一心 가운데서 얻는다는 뜻을 설명하는 『대지도론』의 주장, 즉 용수가 『대품경』에서 삼지三智를 차제차별次第差別하여 설명하는 이유를 설명하면서, 실상實相에서 보자면 삼지三智는 실제로 일지一智이며 일심중一心中에서 얻을 수 있는 것이라고 설명하는 것과 합치하는 것이다. 따라서 지의가 『대품경』을 경전의 글귀에 따라 차제次第의 뜻만으로 해석했던 것은 부득이한 일이었을 것이다.

그 자리에는 혜광慧曠도 초청받아서 열심히 듣고 있었다고 한다. 그는 지의에게 구족계具足戒를 주고 후량의 천보 1·2년(562·3)에 명제明帝의 저궁渚宮에서 물러난 다음부터 왕기王坼에게 도를 묻기도 하고 혹은 율행사律行寺에 머물면서 팽성사彭城寺의 강의를 듣는 등 구도 생활을 계속했다. 다시 563년에는 광동의 진제삼장眞諦三藏(499~569)[73]의 문하로 들어가서 『섭대승론攝大乘論』『유식론唯識論』『금광명경金光明經』 등의 가르침을 청하였고, 도중에 제자 지의의 면학 상태를 알아보려고 대소산을 찾았을 것이다.

일찍이 구족계를 받았던 청년은 불과 2, 3년이 지났는데 놀랄 만큼 성장해 있었다. 혜사는 여의如意를 손에 들고 좌석을 향하여 "법을 법신法臣에게 부촉하니 법왕法王은 할 일이 없구나." 하고 칭찬하였다. 그리고 혜광을 돌아보며 "나는 그대의 제자에게 법을 들을 뿐입니다."고 말하니 혜광은 "그 현자는 선사께서 가르치신 사람이지 저는 아닙니다." 하고 답하였다. 혜사는 "당치 않습니다. 나의 힘이 미치는 바가 아닙니다. 이는 모두 법화경의 힘이라고 할 수 있습니다." 하고 말하였다.[74] 혜사가 얼마나 주목하고 있는지 알 수 있는 대목이다.

이별

그 무렵 대소산 주변은 갑자기 불안해졌다. 진陳 왕실의 폐제廢帝가 서쪽 국경 방어를 맡겼던 안서장군安西將軍 상주 자사湘州刺史 화교華皎가 별안간 후량의 명제蕭巋에게 은밀히 내통할 것을 요청해 왔다.[75] 때는 천보 6년(567) 4월의 일이다. 진 왕조는 이보다 10년 전인 557년에 북제가 세운 소연명을 폐하고 소방지蕭方智(敬帝)를 세웠다. 그래서 북제가 군사를 일으켜 양을 공격하자 회남·강북 땅에 전운이 감돌았다. 진패선은 북제를 물리쳐 훈공을 세우고 종국에는 경제를 폐하고 스스로 제위에 올랐다. 장강

하류를 본거지로 하여 탄생했던 진의 무제武帝(557~559)가 바로 그였다. 때는 지의가 스무 살이 되어 구족계를 받았던 영정永定 원년(557) 10월 10일이었다. 그후 문제文帝(559~566), 폐제廢帝(566~568)로 이어져 여기에 이르렀다.

명제는 '신하'로서의 임무를 게을리함이 없이 그 사실을 즉시 북주에 보고했다. 북주 무제는 화교華皎를 응원하기로 결정하고 강릉 총독 권경선權景宣에게 수군을 거느리고 양쯔강을 내려가도록 명하였다. 그 외에도 주국柱國 육통陸通, 대장군 홍전弘田과 왕조王操에게 수군 2만을 주어 화교와 파릉巴陵에서 합류했다. 그러나 한구漢口 부근의 둔구沌口 전투에서 진군陳軍에게 크게 패하였으며 화교와 우문직宇文直은 강릉으로 도주했다. 패전의 책임은 권경선이 져야 했으나 형주 총독에서 해임되는 것으로 그쳤고 후량의 주국 은량殷亮 한 사람에게 죄를 덮어씌웠다. 명제는 이의를 제기하지도 못하고 눈물을 머금고 은량의 목을 베지 않을 수 없었다.

이듬해인 천보 7년(568)에 진군은 승세를 몰아서 강릉을 압박하였고 양쯔강 물을 이용하여 수공水攻에 나섰다. 이 때문에 명제는 강릉 부총독 고림高琳과 왕조에게 방어를 맡긴 다음, 권경선을 대신하여 강릉 총독이 된 홍전과 함께 강릉성에서 북으로 10여 리 남짓한 기남성紀南城으로 피신했다. 전장은 북으로 옮겨갔고 형주 남악으로의 길이 열렸다.

그러던 어느 날 혜사는 지의를 가까이 불러서 말하였다.

전부터 항상 말했듯이 나는 형산에 은거할 생각을 가지고 있었는데 이제 그 시기가 왔다. 나는 이 같은 희망을 가지고 있으면서도 미루고 있었는데 사실은 후사를 부탁하기에 족한 제자가 눈에 띄지 않았기 때문이다. 승려로서 법을 맡길 제자가 없다는 것은 필경 불명부덕不明不德하다고 말하지 않을 수 없다. 하지만 그대를 얻어서 나는 편안하게 형산으로 은퇴할 수 있다.

뜻밖의 말이었다. 지의로서는 좀 더 곁에 있으면서 가르침을 받고 싶었지만 혜사의 결심을 살펴보니 만류할 수가 없었다.

그대는 나의 법을 전하여 적어도 불교의 싹을 시들게 하거나 뿌리를 자르는 사람은 아니기를 바란다.

그리고 이에 덧붙여서 "그대는 진 나라와 깊은 인연이 있어서 도시로 나가면 반드시 이익이 있을 것이다."라는 말을 남기며 혜사는 40여 명의 승려를 거느리고 남악으로 떠났다. 때마침 혜성이 드넓은 봄 하늘에 흘러가는 것을 보았다. 그곳에 도착한 것은 진의 광대光大 2년(568) 6월 22일이라고 한다.

제 3 장

건강健康시대

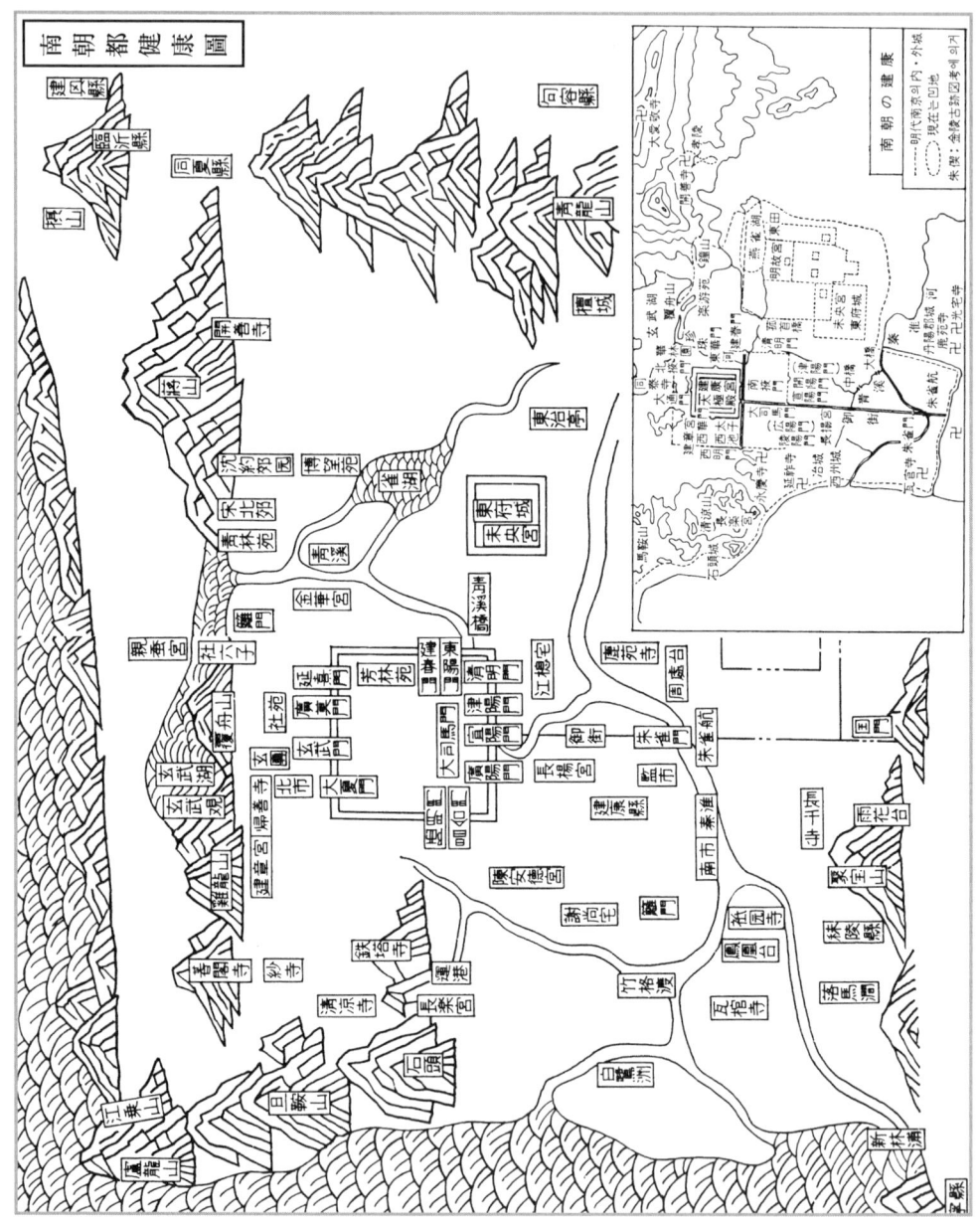

남조의 도읍 건강(健康) 지도

불교의 도시 건강

금릉범찰지金陵梵刹志 — 건강의 불교

지의가 태어나기 전 해인 대동 3년(537) 9월 5일, 양 나라의 건강(남경)에서는 성대한 법회가 거행되고 있었다. 궁성의 정문인 대사마문大司馬門에서 정남正南으로 뻗어 있고 도성의 남쪽 정문인 선양문宣陽門을 지나 주작문朱雀門에 이르는 어도御道 양쪽은 밀려드는 인파로 가득 차 있었다. 길 좌우로는 홰나무와 버드나무 가로수가 심어져 있었고 아름다운 수로가 죽 이어져 있었다. 이곳은 원래 관청가인데 그 사이로 부자들의 저택도 빈틈없이 들어서 있었다. 주작문을 나서면 건강의 거리를 동서로 관통하며 흐르는 진회하秦淮河에 이르게 된다. 이곳에는 배를 나란히 연결하여 부교浮橋로 만든 특이한 선착장이 있는데 주작대항朱雀大航으로 불렀다. 상인의 왕래도 빈번하며 특히 떠들썩한 장소였다. 법회로 몰려드는 군중의 행렬은 이 선착장을 넘어서 남쪽 언덕에 세워진 장간사長干寺로 이어졌다. 여기까지 오면 늘어선 집들의 모습도 일변했다. 그곳은 장간리長干里

라는 지명을 가지고 있는 곳인데 서민들이 뒤엉켜 사는 빈민촌다운 느낌을 주고 있었다. 장간사는 인도의 아쇼카왕이 보냈다고 전하는 아육왕탑을 가지고 있어 아육왕사阿育王寺라고도 불리는 건강 굴지의 고찰이었다. 대동 3년 8월은 숭불황제崇佛皇帝를 자인하는 양 무제가 이 탑의 개조를 발심發心하여, 탑의 하단에서 발견된 불사리와 손톱, 머리카락을 궁성으로 맞아들여 공양하려는 무차대회無遮大會가 열리는 날이었다. 뒷날 당나라 시인 두목杜牧(803~852)은 '강남의 봄'이라는 7언절구 시에서 다음과 같이 읊었다.

붉은 꽃 푸른 숲에 꾀꼬리 우는 천리千里 임야
산촌 수곽水廓 술집 표식 바람에 나부낀다
남조 지방 사백팔십 사찰마다
크고 작은 누각 안개비에 잠겨 있네

(松浦友久, 『중국시선』3 · 당시(唐詩), 社會思想社, 121쪽)

이 시는 양 무제 치하에서 현란하기 그지없는 도시 건강의 사찰을 생각하면서 읊은 것으로 전해지고 있다. 사실 건강에는 양 초기에 이미 500곳 남짓한 사원이 있었는데 이윽고 700군데가 넘을 정도로 불어났다. 국가의 보호가 불교를 융성하게 한 것은 물론 나무랄 데 없는 조건을 가진 이상 수도가 불교의 중심지가 되는 것은 지극히 당연한 일이다. 더욱이 역대 황제로부터 보호를 받고 엄중하게 탄압을 받은 적도 없는 불교 왕국 남조에서 동란의 270년 동안 남조의 수도로서 계속 존재했던 건강이 그 중심지가 된 것은 조금도 이상한 일이 아니었다.

원래 불교와 국가의 관계는 북방의 위魏보다 남방의 오吳 쪽이 차라리 밀접했다. 한漢 말의 동란기에 북방의 낙양洛陽과 장안長安에서 오의 수도 건업建業(동진 이후부터 건강으로 개칭했다)으로 피신한 사람 중에, 역경승 지루가참支婁迦讖의 손제자孫弟子가 되는 대월지국大月氏國의 지겸支謙이 있었다. 그는 사문이 아니라 우바새였는데, 오의 손권에게 재능을 인정받아 박사博士 대우를 받았으며 황태자의 교육을 담당함과 더불어 불교 경전을 번역하는 일에 전념했다. 6개 국어에 능통했던 그는 222년부터 약 30년 동안 『무량수경』 『유마경』 『법구경』 등의 49경을 완역했다. 그리고 인도의 「찬불게讚佛偈」라는 불교 찬가를 중국식으로 편곡한 「찬보리연구범패贊菩提連句梵唄」를 지었다. 이는 지금도 법요法要 등에서 사용되고 있으며 그후 불교를 민중 속으로 포교하는 데 큰 역할을 하였다.

교지交趾(북베트남)에서 온 강거국康居國(서아시아) 출신의 사문 강승회康僧會는 손권의 귀의歸依를 얻어 건강의 한 모퉁이에 건초사建初寺라는 사탑寺塔을 세울 수 있었다. 그 이름이 시사하는 것처럼 강남 사찰의 건립은 여기서부터 시작한다. 그 절의 주변이 불타리佛陀里로 이름을 바꾼 것 외에, 절의 문 앞에 손권이 큰 시장을 세웠으므로 대시사大市寺라는 별칭이 있고 진회하秦淮河와 그리 멀지 않으며 건강 남부(남서부)의 번화한 지역에 세워졌다.

오 나라가 멸망하고 영가永嘉의 난을 거쳐 동진東晉 시대가 찾아오자 북방에서 이주해 온 진 왕실을 비롯하여 많은 귀족들은 이미 불교에 대하여 상당한 이해를 보이기 시작하였다. 만일 여기에 덕망 있는 승려가 등장하게 된다면 온 나라가 불교에 기울게 되는 것은 의심의 여지가 없었다. 무대가 귀족의 시대인 이상, 승려에게도 그에 상응하는 품위와 교양이 요구

된다. 가장 먼저 전란의 땅 화북을 피하여 건강으로 건너온 백시리밀다라(帛尸梨密多羅 : 吉友)는 여기에 안성맞춤인 인물이었다. 당시 정계의 실력자였던 왕도王導와 유량庾亮 조차도 적극적으로 그와 친분을 두터이 하였다. 주작문 밖의 석자강石子岡이라고 부르는 언덕 위에 세워진 고좌사高座寺는 그들이 진력하여 완성한 사찰이다.

이어서 진류陳留(하남성 개봉부)의 관씨關氏 일족인 지둔支遁(道林)이 등장한다. 그가 도시로 나와 『반야경』을 강의하고 담론 풍조를 퍼뜨리자 도시의 모든 명사들은 다투어서 교제하기를 원했다. 백시리밀다라와 지둔으로 대표되는 사문들은 그들의 보호자인 귀족들의 청담淸談 상대로서 칭송을 받았으며, 불교는 이리하여 청담과 함께 동진의 귀족 사회에 보급되어 갔다.

이 무렵 귀족들은 자신들의 저택을 제공하여 사찰로 개조하고 가지고 있던 장원을 기부하여 건물과 부속 토지 및 과수원 등을 모조리 사찰 토지로 만들었다. 실제로 청의 유세형劉世珩이 쓴 『남조사고南朝寺考』에 기록된 38곳의 사원은 거의 모두 귀족의 저택이 몰려 있는 진회하 부근에 집중되어 있었다. 사문은 귀족이 대주는 돈으로 생활하는 형편이었고 귀족의 거주 구역이 변천함에 따라 차츰 확대되고 있었다. 진회하 연안은 전부 사원촌寺院村으로 바뀌었다. 이처럼 도시의 생활에 비하여 자유로운 공기가 인정된 건강에서 사원은 서민들에게도 경제 활동의 장소를 제공했다. 즉 교통이 편리한 절의 문 앞에서 열리던 시장이 그것이다. 남조에서는 이미 큰 시장 외에 10여 곳의 작은 시장이 있었다. 더욱이 이들 시장은 동진 무렵에 세워진 사원 앞에서 발달했고, 그 중에서도 투장시鬪場市(鬪場寺 앞), 사시紗市(耆闍寺 앞), 북시北市(歸善寺 앞) 등이 알려져 있다.

동진 말엽이 되자 남해와의 교통이 급속하게 열리고 서역화 내지 중국화하지 않은 인도 불교가 속속 들어왔다. 또 열렬한 구법심에 그냥 있을 수가 없어서 몸을 던져 아득한 인도로, 그 감격적인 대장정을 감행했던 법현法顯도 건강으로 들어와서 역경을 시작했다. 이리하여 건강 불교계에는 새로운 파문이 일어났다. 인도가 아니면 잠시도 지낼 수 없을 만큼 인도에 열중했고 승려들 사이에서는 인도 열풍이 불었다. 그러나 너무 지나치면 때로는 심각한 일이 일어나게 마련이다. 기원사祇洹寺에서는 식사까지도 중국식 예법을 버리고 한쪽 무릎을 세운 채 직접 손으로 집어먹게 되었던 것이다. 이런 일에는 불교에 심취해 있던 귀족들마저도 눈살을 찌푸렸다. 이런 예법은 역시 법현이 가져온 인도『마하승기율摩訶僧祇律(승려의 생활규정)』의 영향이 컸다.

법현과 지법령支法領이 가져온 『화엄경』과 『열반경』 등이 도량사道場寺(鬪場寺)에서 번역되었다. 특히 어떤 악인이라도 성불할 수 있다는 열반경의 가르침은 건강의 불교계에 대단한 반향을 일으켰다. 그리하여 열반경학涅槃經學은 북량北涼의 담무참曇無讖이 한역한『대반열반경大般涅槃經』의 유포에 따라 한층 더 높아졌던 것이다.

한편, 고개지顧愷之의 유마상維摩像으로 알려져 있는 와관사瓦官寺에서는 구마라집鳩摩羅什의 직계이며 장안 불교계의 거물이었던 승도僧導가 강좌를 열고 있었다. 승도는 그 옛날 '한실漢室의 후예'라는 표어를 내건 유유劉裕가 화북 탈환의 야망에 불타 장안으로 쳐들어왔던 이래로 송 왕조와 인연이 깊은 인물이었다. 그는 무엇보다도『유마경』을 자주 강의했다. 동진은 물론 송에서도 귀족들의 흥미를 끌었던 것은『유마경』 강론이었다. 때문에 그는 우선 이 경전으로 귀족들의 관심을 모으려고 했던 것이다. 그러나 승도의 특질은 스승 구마라집이 번역한 경전에 새로이 해석을 가한 것에 있다. 특히 심혈을 기울인 것은 『성실론成實論』의 연구였다. 그의 『성실론』은 그후 6세기의 양梁·진陳 시대 때 성행하게 되었으며 양의 3대 법사로 이름을 날렸던 광택사光宅寺의 법운法雲, 개선사開善寺의 지장智藏, 장엄사莊嚴寺의 승민僧旻 등은 모두 승도의 계파를 이어받았다.

이 무렵의 건강에는 서역을 거쳐 들어온 대승불교, 남해를 거쳐 들어온 소승불교 등 다양한 교파의 불경이 모두 석가세존의 동일한 가르침을 칭하며 반입되고 있었다. 이리하여 백가쟁명의 대논쟁이 벌어지고 갖가지 의혹이 생겨났다. 하지만 이런 일들은 불교의 변신을 위한 진통이라고 할 수도 있는 일이며 이윽고 중국인의 입장에 따라 이들 불경을 종합하고 체계화하는 학문, 즉 교상판석학敎相判釋學이 탄생하게 되었다.

원가元嘉의 치세를 정점으로 하여 송 왕조가 쇠퇴하고 남제南齊의 시대로 바뀌는데, 남제는 불과 24년으로 불교 문화사의 입장에서 보자면 송에 연속하는 시기에 지나지 않는다. 이 시기에 자란 승려와 귀족들이 양 무제 아래서 실현된 불교 황금 시대의 담당자가 된다.[76]

양 무제가 많은 불교 성전과 그 교의敎義에 관하여 즉위 이전부터 상당히 넓고 깊은 교양을 가지고 있었다는 사실은 의심할 바 없다. 그러나 이런 점은 도교와 그리고 유교에 대해서도 마찬가지였으며, 즉위 당시의 황제는 반드시 불교만의 선포자도 아니었고 후기에 보이는 것처럼 열성적인 봉불행奉佛行의 실천자도 아니었으며 하물며 광적인 신자는 더욱 아니었다. 무제는 유학에도 열심이었고 자신이 직접 유교 경전을 강의하기도 했으며, 주석을 저술하고 특히 국가 통치의 기본이 유교에 있다는 것을 천하에 선포하고 유학을 장려했다. 그러나 그는 노자·장자의 학문에도 또한 열심이어서 강의도 써서 남기고 있다. 무제는 도사道師 도홍경陶弘景을 남달리 존경하고 신뢰하여 국가의 대사에 관해서는 언제나 그에게 가르침을 받는 것을 잊지 않았다.

하지만 무제가 86세의 고령에 이르기까지, 나이를 먹어감에 따라 불교신앙에 대한 열의를 더해 갔다는 것은 확실하다. 50이 지나서부터 황제는 여색도 끊고 엄숙한 채식주의자가 되었다. 의식주 모두 지극히 검소한 생활에 만족해했고 국사를 돌보는 일에도 근면했다. 그리고 국왕이란, 불경에도 있듯이, 석가모니불로부터 불교를 보호하고 흥륭시켜야 할 유촉을 받은 사람이라는 신념에 가득 차서 양 나라 불교계의 정화를 기대하며 전 승려에 대하여 고기와 술을 끊도록 요청하고 서약시켰다. 불살생계不殺生戒를 지키기 위하여 중국의 전통적인 제사에서 희생물을 바치는 것마저 폐지하고 십무진장十無盡藏을 설치하여 인자구제仁慈救濟의 사업을 위한 재원을 튼튼히 하였다. 무진장이라는 것은 간직하고 있는 자금을 융통하여 이식을 도모하고 그 이익금을 사회구제사업에 이용하는 기금基金을 말한다.

무제가 환갑을 넘어서부터의 일이다. 그는 궁성의 북쪽, 도로 건너에 동태사同泰寺를 짓고 궁 뒤에 다시 대통문을 열어서 절의 남문과 마주보게 했다. 무제는 이 문으로 궁정과 절을 왕래했던 것이다. 이곳은 옛날 오 나라의 후원터인데 산을 등지고 있는 명당이다. 대전大殿이 여섯 채, 소전小殿과 당堂이 열 채, 산림 속에는 동서 반야대般若臺가 있었다. 각기 3층 건물로서 좌선수도坐禪修道의 도량이다. 선기전璇璣殿을 중심으로 물로 돌리는 개천의蓋天儀를 설치하여 천문관측 설비까지 갖추고 있었다. 9층 대탑은 이 광대하고 별장 같은 사원의 중심이다. 시인은 "받침盤은 구름 위의 이슬을 받고, 방울鈴은 천상의 바람에 흔들린다"고 노래했다.

527년 춘삼월, 예순네 살의 무제는 궁성의 대통문을 열고 동태사로 들어가서 유명한 제1회 '사신捨身'을 거행하였다. 아마도 이 무렵에 동태사가 낙성된 듯한데, 이날 이후부터 무제는 그야말로 불교 신앙 일변도의 황제가 된다. 사신捨身은 자신을 동태사 교단에 희사하는 것, 즉 자신을 불·법·승 삼보에 기부하고 교단의 노역에 종사하는 하인이 되는 것을 말한다. 하인은 이미 절의 소유물이다. 천자를 잃은 왕실과 신하들은 절에서 천자를 다시 사 오지 않으면 안 된다. 천자를 다시 사 오기 위하여 거둬들인 막대한 재물이 동태사로 운반된다. 이때 무제는 사흘 뒤에 궁정으로 돌아왔고 연호를 대통大通으로 바꾸었다. 절의 하인에서 다시 세속의 천자로 복귀한 것이니까 연호를 바꾸는 것도 당연한 일이었을 것이다. 새로 지은 동태사는 막대한 희사 재물로 점점 더 장엄함을 갖추었을 것이다.

529년 6월에는 도시에 악질이 유행했으므로 황제는 백성들을 위하여 궁정에서 대법요大法要를 엄숙히 열었고, 9월에는 다시 동태사에서 사신을 거행했다. 군신들은 1만 전을 각출하여 황제를 다시 사왔으며, 이어서 10월에는 중대통中大通으로 연호를 고쳤다.

546년 4월에 황제는 또 동태사로 행차하여 사신했다. 황태자 이하가 황제를 다시 사 오고 중대동中大同으로 연호를 바꾸었다. 이듬해 547년 3월에도 황제는 또다시 동태사에서 대공양의 법요를 행하고 사신했다. 4월, 군신은 1억만 전을 내어 황제를 다시 사오기를 원했다. 황제는 신하들이 세 번을 간청하고 나서야 제관帝冠으로 갈아입고 환궁했으며 태청太淸으로 연호를 고쳤던 것이다.

여기서 예로 든 것은 사신뿐이지만 그 사이에 황제는 매년 동태사로 행차하여 불경을 강의하거나 법요를 봉행했다. 그런데 아이러니컬하게도, 오로지 봉불奉佛에만 열성을 기울이고 있는 이 노황제를 유폐하여 아사시키려는 북방의 천민 출신 장군이 건강을 향하여 칼을 겨누고 처들어왔다.

남조 문화의 태양과 같았던 무제는 건강에서 비운의 죽음을 맞이했고, 태양의 뒤를 잇는 달과도 같았던 강릉의 원제도 10만 권의 책과 함께 사라졌다. 남조 문화는 하루아침에 북방 무인에게 유린당하여 사라지게 되었다. 건강에서는 후경 토벌에 전공을 올리고 세력을 확장했던 진패선이 경쟁 군벌을 쓰러뜨리고 경제敬帝를 제위에 오르게 했으며, 이윽고 전례에 따라 선양禪讓의 형식으로 경제에게 양위를 받아서 남조 최후의 왕조 진陳의 건국자 무제武帝가 되었다(557년).

무제는 즉위 후 닷새째 되는 날 사방으로 칙사를 파견하여 자신은 천명을 어길 수 없어서 부득이 즉위했는데 이 혁명은 천명에 따른 정당한 것이었다고 선포했다. 그 다음날 그가 남몰래 간직하고 있던 우전于闐에서 전해진 불타의 유골을 백성들이 존경하는 두모杜姥의 옛집으로 보내고 널리 승속의 남녀를 공양하는 대법요를 거행했으며, 황제 스스로 이곳으로 와서 불아佛牙(불타의 遺齒)에 참배했다. 불타를 받드는 백성들에게 혁명은 불타의 뜻에도 부합하는 것이었다는 점을 선포했던 것이다. 양 무제가 했던 것처럼 진 무제도 대장엄사에 사신을 했다.

양 나라의 뒤를 이은 진도 황폐해진 건강을 불과 30년 동안에 다시 300곳 이상의 대사찰이 즐비한 불교 도시로 부흥시키고 장식하였다.[77]

강남의 봄―건강의 거리

대소산에 머물기 7년, 지의가 법희法禧 등 27명과 함께 양쯔강을 내려가서 진陳의 수도 건강으로 간 것은 폐제廢帝(臨海王 伯宗)의 광대光大 2년(568)이었다. 지의는 서른한 살의 장년이었다. 그가 대소산을 내려왔다는 것은 그 나이가 시사하는 것처럼 장년의 활동적인 정신과 육체 때문이겠지만, 그로서는 하산하여 현실 사회 속으로 뛰어들 자신이 생겼다고도 할 수 있다.

지의는 교학 방면으로는 혜사로부터 보증을 받았을 정도로 뛰어났다. 뿐만 아니라 실천적인 면으로는 점차漸次·부정不定·원돈圓頓의 3종 지관止觀을 전수받았다. 이제는 습득한 지식과 행동 규범으로 일반 대중을 교화할 때가 왔다고 생각했다. 종교인은 자신이 획득한 신앙이 옳으면 옳을수록 그것을 전도하지 않으면 안 된다. 지의는 그 의무를 다하기 위하여 건강으로 향했던 것이다.

지의가 본 건강은 제齊의 사조謝朓가 다음과 같이 묘사하였듯이 아름다운 도시였다.

아름답고 화려한 강남의 땅
금릉金陵 제왕의 나라
구불구불 푸른 물이 에워싸고
높디높은 붉은 누각들이 여기저기에 솟아있네

또한 당나라 이백李白은 다음과 같이 육조 귀족이 영화를 누리던 꿈의 도시라고 회고하고 있다.

> 세상을 품는 듯한 금릉의 위세
> 성을 에워싸며 강물은 흐르고
> 길을 좁히려는 듯 붉은 누각들이 솟아 있네
> 나라는 망했어도 봄풀은 돋아나는데
> 왕궁 터의 옛 언덕은 보이지를 않는구나
> 빈터 뒤편에 있는 호숫가에 걸린 달만이
> 잔물결 위에서 영주瀛洲를 마주하고 있네

이들 시에서도 노래하고 있듯이, 건강은 위대하고 영원한 물줄기인 양쯔강을 북으로 하면서 산과 물이 풍족한 도시이다. 당시의 도시는 대체로 현재 남경南京 시가지의 북쪽이었다.

서북쪽의 종산鐘山은 가장 높은 산인데 장산蔣山·자금산紫金山이라는 이름으로도 알려져 있다. 또한 은둔 생활을 하는 선비가 즐겨 찾던 곳이다. 송의 문인 뇌차종雷次宗은 서쪽 기슭에 초은관招隱館을 짓고 살았다. 주옹周顒도 은신처로 삼았다. 석법지釋法誌는 사문이기는 했지만 머리를 길게 기르고 흡사 도교의 도사와 같은 모습으로 이 산에서 숨어 살았다. 양 무제의 대애경사大愛敬寺는 이 산 아래 지어졌고 1000명의 승려를 공양하는 광대하고 화려한 사찰이었다.

성 북쪽에는 복주산(覆舟山, 龍舟山) 서쪽으로는 계롱산鷄籠山이 있다. 제나라 영명永明의 치세에는 경릉왕竟陵王 소자량蕭子良(460~494)의 저택이 있었는데, 심약沈約과 사조謝朓, 원진苑縝 등 소자량의 여덟 친구八友로 불리던 문인 귀족들이 모이는 살롱이 되었다. 무제도 이 멤버에 가담하여 독실한 불교도였던 소자량 일행과 격렬한 논쟁을 벌였다고 한다.

성 남쪽에는 진秦의 시황제가 만들었다고 전하는 진회하秦淮河가 있으며 서북쪽으로 흘러서 양쯔강으로 들어간다. 진회하 남쪽에는 주작문朱雀門이 있고 문 정면으로는 도성의 남쪽 정문인 선양문宣陽門에 이르는 큰 길이 나 있으며 홰나무와 버드나무 가로수가 심어져 있다. 큰길 좌우로는 여러 관청이 들어서 있다. 선양문을 나서서 북쪽으로 가면 대사마문大司馬門이 있다. 문 안쪽은 궁성 또는 대성台城이라고도 부르는데 천자가 거주하는 궁전이 있는 곳이다. 성 북쪽으로는 푸른 물이 넘실대는 현무호玄武湖가 펼쳐져 있다. 청계수淸溪水는 종산에서 발원하는데 소택지라고 부르는 연작호燕雀湖 서쪽에서부터 남으로 흘러 진회하로 들어간다. 현무호와 청계수 사이에는 오 나라 때 개척한 수로가 뻗어 있는데 조구潮溝라고 부르고 있다.

건강에 도착

지의가 인구 백만을 충분히 돌파하는 이 대도시에서 최초로 만난 상대는 법제法濟[78]라는 인물이었다. 그는 선학禪學을 수업했으며 문답으로 상대의 입을 막는 것으로 유명한 선사였다. 지의는 법제의 소문을 듣고 재빨리 찾아갔다. 건강에서 누구도 대답할 수 없는 공안公案을 내걸고 상대를 굴복시키는 것으로 유명하다 보니 누구라도 한 번쯤 찾아보려고 생각하는 것은 어찌 보면 당연하였다. 만났더니 법제는 자만심이 지나쳐서 무례하게도 긴 의자에 누운 채 이 낯선 청년 승려에게 갑자기 "나는 건강에서 7리나 떨어진 섭산攝山의 움직임을 알고 승전僧詮선사[79]처럼 36관문을 정복했는데 이것은 어떤 선禪인가?"라고 하며 위압적인 태도로 질문을 던졌다. 섭산은 강소성江蘇省에 있는 산인데, 약초가 많이 나는 산이라는 의미에서 섭산이라는 이름이 붙었다.

법제는 자기도 승전처럼 무상無常을 연마했다고 주장하고 있었다. 이처럼 기묘한 질문을 함으로써 그는 보이는 세계와 보이지 않는 세계를 마음대로 드나들 수 있으며 진陳부터 수隋 시대까지 살았다는 말이 전해질 정도의 인물이었다. 지의는 태연하게 다음과 같이 답했다.

> 그것은 심원한 것이 아니라 초선初禪의 초입으로서 이른바 편선片禪에 지나지 않습니다. 당신은 대단한 선사처럼 행세하지만 유감스럽게도 귀선鬼禪의 마경魔境을 방황하고 있는 것입니다. 그런 선정 따위는 올바른 선과 부딪히면 순식간에 무너져 버릴 것입니다.(『별전』, 『대정장』50, 192중)

이러한 답변을 듣다 법제는 벌떡 일어나서 공손히 무릎을 꿇고 말하였다.

> 저는 이 나이가 되도록 선정에 노닐면서 아직까지 패한 적이 없습니다. 종산에 있는 도칙道則법사[80]조차도 대답하지 못하여 자만에 빠지고 말았습니다. 제가 선마禪魔에게 홀린 것을 간파한 당신은 참으로 보통 사람이 아닙니다. 죄송합니다.

당시 홀연히 눈이 뜨인 모양이었다. 이 소문은 바람처럼 건강에 퍼져 수많은 사람들이 가르침을 청하러 왔으며 그의 명성은 단숨에 높아졌다. 지의는 장간사長干寺[81]의 혜변慧辯[82]에 의하여 송희사宋熙寺[83]로 초빙되었고, 또 천궁사天宮寺[84]의 승황僧晃[85]은 지의를 우수산牛首山[86]의 불굴사佛窟寺[87]로 청하여 강講을 버리고 선禪을 배웠다고 하였다.

승속의 많은 사람들 중에서 모희毛喜[88]라는 사람이 찾아왔다. 그는 27인의 제자 중에서 60을 넘긴 법희法喜라는 승려를 보자 "당신의 스승은 서른 살의 젊은이인데 제자인 당신이 60이라니 어찌된 일입니까?"라고 비웃었다. 그러자 법희는 "나는 스승의 덕을 받들고 있는 것이지 나이를 받들고 있는 것이 아니오."라고 대답하였다. "그렇다면 스승의 덕은 어떠한 덕입니까?" 하고 다시 물으니 다음과 같이 답했다고 한다.

> 부처님의 제자로 설법을 가장 잘 하는 부루나富樓那존자와 같은 분이시며, 또한 중인도의 우바국다優波鞠多존자처럼 외도外道마저 타파하시니, 이 세상에서 비교할 자가 없소.[89]

이렇게 해서 지의라는 이름은 본인이 원하지 않아도 기회가 있을 때마다 확장의 범위를 넓혀 갔고 조정이나 일반 민중 속에서 숭배자의 수가 늘어 갔던 것이다.

와관사瓦官寺에서

『법화경』개제開題를 설하다

태건太建 원년(569) 춘정월, 안성왕安成王 욱頊이 즉위하여 선제宣帝가 되었다.[90] 연호를 태건으로 정하고 천황태후를 다시 황태후로 하였다. 또한 황태후를 문황후文皇后로, 부인 유씨柳氏를 황후로, 세자 숙보叔寶(뒷날 後主)를 황태자로 세우고, 황자皇子 숙릉叔陵을 시흥왕始興王으로 봉하여 형식을 갖추었다.

4월에는 건강 교외의 종산에서 보건普建·보성普成 두 아들과 함께 전원생활을 즐기며 불도에 정진하고 있던 당시의 최고 장로인 72세의 동양대사東陽大士 부흡傅翕[91]이 죽었다. 그는 양진梁陳 시대 때 건강의 종교계에서 명성이 높았다. 일찍이 양 무제가 수광전에서 보지寶誌에게 『금강반야경』을 강의하도록 하였을때 보지는 "나는 할 수 없다"고 하면서 부대사를 추천했다고 한다.

5월에는 서릉徐陵이 우복야右僕射로 승진하고 이부상서吏部尚書 심군리

沈君理[92]는 딸을 황태자 숙보에게 출가시켰다. 예전의 양 왕실의 고관들이 다시 조정의 중요한 지위를 차지하게 되었다. 아마도 이 해에 심군리는 지의로부터 보살계菩薩戒를 받았을 것이다. 그리고 와관사로 오시어 『법화경』의 제목을 강의해 줄 것을 희망하는 한 통의 초청장을 보내고 있다.

> 보살계의 제자, 오흥吳興의 심군리沈君理는 인사드립니다. 삼가 들건대 대승大乘은 보살이 타는 수레로서 높고 넓으며 두루 태워서 곧장 도량으로 인도한다고 합니다. 또한 사의四依가 되어 육도六道를 두루 돌아다닌다고 하였습니다. 오직 바라옵건대 덕이 많으신 선사께서는 경문을 깊이 이해하고 계시오니, 다섯 가지 서원 중 먼저 법화의 제목을 주제로 설법하여 주시옵소서. 그러면 하안거 기간 중에 모두 이해할 수 있으리라 믿습니다. 저희 도속들은 이처럼 선사의 훌륭한 설법을 기다리고 있습니다. 자비로써 중생에게 이익을 주는 것이니 본래의 서원에 어긋나지 않을 것입니다. 삼가 인사드립니다.(『국청백록』2 「진의동공심군리청소陳儀同公沈君理請疏」 제18 『대정장』46, 801상)

이 개강일에는 선제의 조칙으로 하루 동안 정무를 쉬었으며 우복야 서릉을 비롯하여 금자광록金紫光祿 왕고王固[93], 시중 공환孔煥[94], 상서 모희, 복야 주홍정周弘正[95] 등 진 나라 조정의 군신들이 모두 참석했다고 하니 건강 조야의 사람들이 크게 관심을 가졌던 듯하다. 여기에 참석했던 고관들은 모두 강릉과 관계를 가지고 있었기 때문에 그들은 지의가 원제 아래서 동료였던 진기조의 아들이라는 사실에 무엇이라 말할 수 없는 그리움을 느끼고, 지의의 교화 활동을 여러 가지로 도와주었다. 그것이 건강에서의 종교 활동을 성공적으로 이끌었던 원인 중 하나였다고 생각한다. 일찍이 지의가 건강으로 떠날 때 혜사가 "너는 진 나라와 인연이 있다. 가면 반드시 이익이 있다"고 한 것은 이러한 사정을 말해 주는 것이 아닐까. 원래 그것은 지의의 비범한 학식과 탁월한 재능에 의한 것이기도 하였지만, 그가 대소산에서 혜사로부터 전승한 법문과 수선修禪을 중심으로 한 북지불교北地佛敎의 실천적인 학풍이, 경전의 강학만을 중요시하는 건강의 불교적 학풍에서 자란 사람들의 관심을 끌었고 신선한 느낌을 주었기 때문일 것이다. 다만 유감스럽게도 이 때의 강록講錄이 전혀 남아 있지 않기 때문에 그 설법의 내용을 엿볼 수는 없지만, 지의가 대소산으로 들어갔던 당초에 법화삼매의 전방편을 발득發得하고 그로부터 7, 8년에 걸친 대소산에서의 수행 기간에 혜사의 마음속에 담긴 법화경관法華經觀을 모조리 배웠을 것으로 추측된다. 따라서 강사가 먼저 경전의 문구를 한 구절씩 강의하며 뜻을 풀이하고, 청중이 의심이 나는 것을 들어서 논의하는 건강 불교의 설법과는 판이하게 다른 형식의 설법이었다. 그것은 '묘법연화경'이라는 다섯 글자의 경제經題 해석을 중심으로 경전의 대강大綱을 파악해 보려는 석풍釋風과, 법화삼매의 직접 체험을 토대로 하나하나의 경문을 음미하는 관심석觀心釋이었을 것이다. 건강 사람들에게 지의의 설법은 매력적이었으며 그의 명성을 한층 더 높였을 것으로 생각된다. 즉 『별전』에는 이 같은 『법화경』의 제목에 대한 설법 기록에 이어서, 소장엄사小莊嚴寺[96]의 혜영慧榮[97]은 큰 질문을 쌍으로 엮었고, 흥황사興皇寺[98]의 법랑法朗[99]은 수제자를 파견하여 여러 달에 걸쳐 질문을 구축하였으며, 건초사建初寺[100]의 보경寶瓊[101]은 길을 양보하여 제휴하기를 원했고, 백마사白馬寺[102]의 경소警韶[103], 정림사定林寺[104]의 법세法歲[105], 선중사禪衆寺[106]의 지령智令[107],

봉성사奉誠寺[108]의 법안法安[109] 등 건강의 고승들은 가르치는 자로서의 자리를 버리고 제자된 자로서의 예에 따랐다고 전하고 있다. 이러한 일들이 『법화경』 경제의 설법에 따른 직접적인 영향이라고 할 수는 없지만 이 설법은 건강의 불교계에 상당히 큰 파문을 일으킨 모양이었다.

『대지도론大智度論』의 강의

와관사瓦官寺[110]에서 계속 강의한 것은 『대지도론』이었다. 북제의 혜문은 『대지도론』을 심요心要로 삼았던 선사이며 그 문하인 혜사도 『석론현釋論玄』과 『삼지관문三智觀門』이라는 저술이 있어 『대지도론』으로써 선을 수행했던 사실을 알 수 있으며, 지의도 또한 혜사 밑에서 『대지도론』에 깊은 관심을 가지고 있었다. 그가 대소산에서 금자金字 『대품반야경』을 대신 강의하도록 지시를 받았을 때 삼삼매三三昧와 삼관지三觀智에 대하여 의문을 품었다는 『별전』의 기록이나 '일심구만행처一心具萬行處'에 이르러 의문을 가졌다고 하는 『속고승전』의 기사도 결국은 『대지도론』과 관련된 의문이었다. 따라서 와관사에서 행한 『대지도론』 강의도 이와 같은 혜문과 혜사의 전승에 의한 것이었다.

그런데 그 무렵 건강에서는 지의와 논쟁했던 흥황사의 법랑法朗, 선중사의 혜용慧勇[111], 일엄도량日嚴道場의 명순明舜[112] 등의 삼론학자들이 강의를 하고 있었다.

법랑(507~581)은 서주 패군패沛郡沛(강소성 沛縣) 출신인데, 스무살 때 청주青州(산동성 臨淄縣)에서 불도에 들었고 양도揚都에서 공부했으며 대명사의 보지선사로부터 선법을 전수받았다. 또 이 절의 (보)단율사寶彖律師에게서 율에 대한 강의를 들었으며, 다시 남간사南澗寺의 선사仙師에게 『성실론』을, 죽간사竹澗寺의 단공端公에게 비담毘曇을 배웠다. 뒷날 섭산 지관사의 승전僧詮법사에게서 『대지도론』 『중론』 『백론百論』 『십이문론』 등의 용수계 불교의 제론과 『화엄경』 『대품반야경』 등의 여러 경전을 배웠다. 진의 영정 2년(558)에는 칙령을 받고 도시로 나가 홍황사에 머물면서 자주 불전을 강의했다. 그 중에서도 25년 동안 여러 경론과 『대지도론』 강의를 각각 25회 정도 행했다고 한다.

혜용(515~583)은 오군吳郡 오현吳縣(강소성 오현) 사람인데, 처음에 수도 건강으로 가서 영요사靈曜寺의 칙법사則法師에게 의지했고, 20세 때 정중사靜衆寺의 봉율사蜂律師에게서 『십송률十誦律』을 배웠다. 당시 용광사龍光寺의 승작僧綽과 건원사建元寺의 법총法寵이 건강의 불교계에서 명성을 쌓았고 그도 『성실론』 연구에 전념했다. 진의 천가天嘉 5년(564)에 문제에게 초빙되어 태극전太極殿에서 불전을 강의했다. 그 강의에 수많은 사람들이 모인 이래로 아주 유명해졌다고 한다. 다시 30세(544)부터 69세로 죽을 때까지 약 40년 가까이 수도 건강에서 『화엄경』 『열반경』 『대집경大集經』 『대품반야경』을 각 20회씩, 『법화경』 『사익경思益經』 등의 여러 대승경전을 강의함과 아울러서 『대지도론』 『중론』 『백론』 『십이문론』 강의를 각기 35회나 행했다고 한다. 사람들에게 크나큰 영향을 주었음은 물론이다.

이들 삼론학자는 삼론과 아울러서 『대지도론』을 강의했는데, 삼론은 통신론通申論, 『대지도론』은 별신론別申論으로 구별하고 모두 무상개공無相皆空의 이치를 말하는 것으로 보고 있기 때문에 지의가 『지도론』을 강의하는 것뿐이라면 건강 불교와 별로 다를 것이 없다. 그러나 혜문이 『대지도론』을 중시했던 것은 이와 같은 삼론학자의 지도론관智道論觀과는 내용을 달리하고 있다. 오히려 『지도론』으로써 선법 지도指導의 지침을 삼은 것이었다. "혜문선사의 용심用心은 첫째로 석론釋論(『대지도론』)에 의한다"라고 한 것도 삼지일심중득三智一心中得의 글귀를 심요心要로 하고, 『지도론』에서 말하는 선법으로써 불도 실천의 용심用心으로 삼았던 것이며, 또한 혜사의 『제법무쟁삼매법문諸法無諍三昧法門』과 관계된 선법도 거의 모두 『지도론』과 관련을 갖고 있다는 것을 함께 생각하면, 지의에 의한 『지도론』 강의가 어떤 내용이었는지 대체로 추측할 수 있다. 아마도 뒷날 설법하는 『차제선문次第禪門』의 토대가 되었을 것이다.

『차제선문次第禪門』 강의

『별전』에 "사방의 만 리 밖에서 찾아오는 사람들은 재물이 없는 자신의 몸을 아까워하지 않고 법문 한 구절에서 얻는 이익을 바랐다. 지극한 가르침을 엎드려 받았고 오묘한 도에 응하여 따랐다. 오직 참선과 지혜를 추구하며 잠자는 것, 먹는 것을 잊었다. 대사는 대중들을 각자의 소질에 알맞게 잘 이끌면서 와관사에 8년을 머물렀다. 그동안 『대지도론』을 강의하고 『차제선문』을 설하였다."라고 되어 있듯이, 와관사에서의 세 번째 강론으로 꼽을 수 있는 것은 『차제선문』, 즉 『선문수증禪門修證』[113]이었다. 일찍이 지의가 대소산에서 스승 혜사로부터 점차·부정·원돈의 삼종지관을 전수받았으며, 점차지관은 『차제선문』으로, 부정지관은 상서尚書 모희毛喜를 위하여 천태산에서 설법한 『육묘문六妙門』으로, 원돈지관은 후일

『마하지관』으로 기록되어 남겨졌다.

이『차제선문』은 제1장 대의大意, 제2장 석명釋名, 제3장 명문明門, 제4장 전차詮次, 제5장 간법심簡法心이라고 부르는 전5장前五章으로서 먼저 선禪의 수증修證에 관한 개요를 설명하고, 제6장 방편장方便章은 방편을 외방편外方便과 내방편內方便으로 나누고 있다. 25방편을 외방편으로 부르는데『마하지관』과 전적으로 동일하다. 더욱이 그 속에서 자주 "상세한 것은 차제선문과 같다"라고 하여, 구체적인 설명을『차제선문』으로 미루고 있듯이, 25방편의 설명은 이『차제선문』에서 상세하다. 〈표 참조〉

25방편은 각 법마다 구오연具五緣, 가오욕呵五欲, 기오개棄五蓋, 조오사調五事, 행오법行五法으로 부르고 있는 5항이며, 특히 좌선을 수행하기 위한 준비라고 지의는 설하고 있다.

어떠한 수행이라 할지라도 그 수행에 들어가기 전에 필요한 자연資緣은 미리 구비해 두지 않으면 안 된다. 그 자연資緣의 준비 5개조 중 첫째가 '구오연具五緣'이다. 구오연의 첫 번째는 지계청정持戒淸淨이며, 구체적으로는 참회를 수행하는 것이다. 법화참법法華懺法, 미타참법彌陀懺法, 관음참법觀音懺法, 방등참법方等懺法 등 어느 것을 써도 좋다. 또한 특별히 그와 같은 특정의 참법을 쓰지 않아도 좋다. 중요한 것은 자신의 종래의 행위를 반성하고 참회하여, 도법道法을 수행하려는 자기의 몸과 마음을 먼저 깨끗이 하고 청정하게 해 두는 것이다. 두 번째는 의식구족衣食具足인데, 복장과 식사에 관한 준비에 소홀함이 없도록 한다. 세 번째는 한거정처閑居靜處이며, 거주 장소와 도량의 선택에 관한 주의이다. 의식주의 세 가지 조건이 제아무리 구비되어도 자기 자신이 그것에 전념할 수 있는 상황이 아니라면 효과는 오르지 않는다. 네 번째는 식제연무息諸緣務로서, 사종삼매

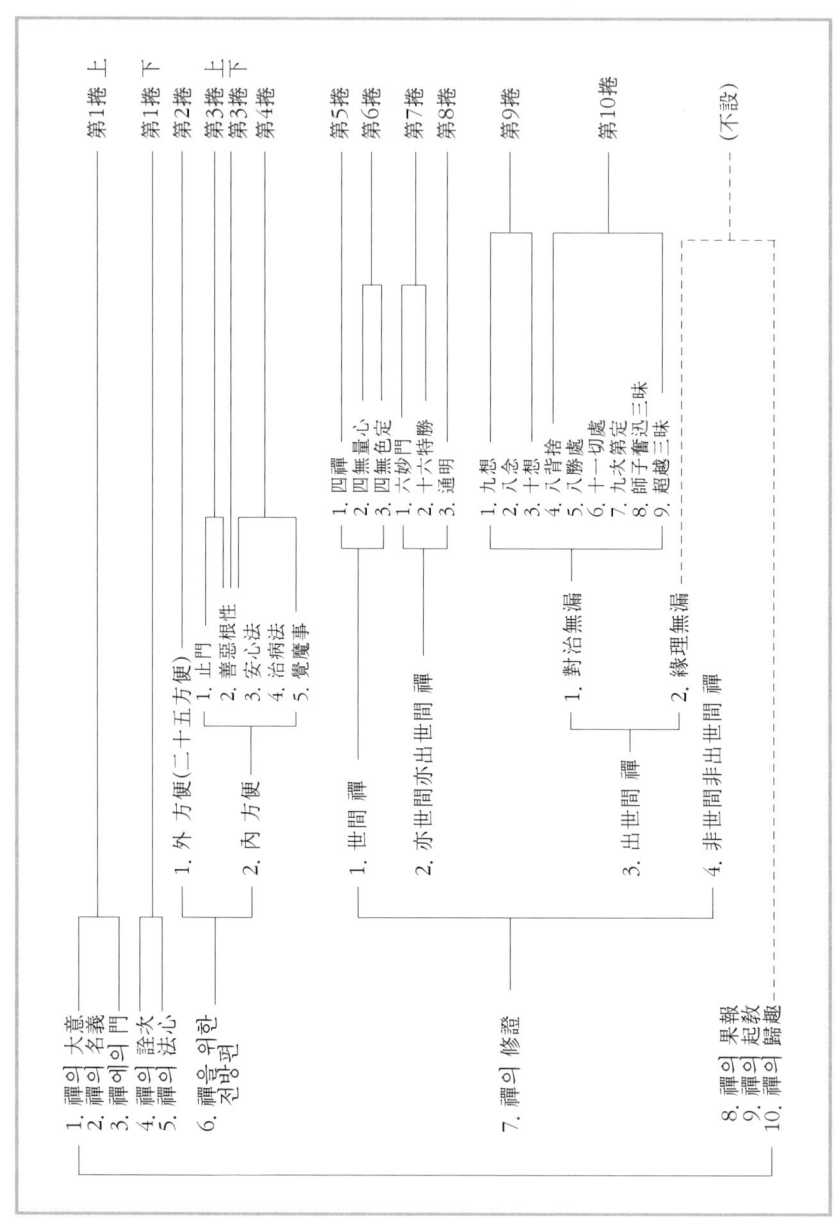

次第禪門

四種三昧의 어느 행법에 든다 할지라도 생활·인사人事·기능·학문에 관한 잡무는 될 수 있는 대로 피하고, 마음을 한 곳에 머물도록 하라는 내용이다. 다섯 번째는 득선지식得善知識인데, 선지식善知識은 우리의 수행을 돕는 사람이라는 의미이며 여기에는 세 가지 형태가 있다. 하나는 외호外護선지식으로, 외부에서 도움을 주어 자신의 진보를 도와주는 사람이다. 둘은 동행선지식으로 같이 배우고 함께 수행하며, 서로 격려하고 절차탁마하여 함께 진보하는 동료이다. 셋은 교수선지식으로, 각종 의문을 풀어주고 진퇴를 지도해 주는 인도자이다. 『열반경』에도 "선지식은 득도의 모든 인연이 된다."고 한 것처럼 스승을 선택하는 일은 가장 긴요하다.

다음으로, 수행의 환경에 대해서도 우리의 오욕五欲을 자극할 만한 조건을 배제해 두어야 한다. 이것을 '가오욕呵五欲'이라고 한다. 이성의 아름다운 용모 또는 물건의 아름다운 색채나 형태 등을 말하는 색色과 이성의 소리 또는 유행가, 악기 소리 등의 성聲, 이성의 체취 또는 음식물의 냄새 등이 포함되는 향香, 각종 음식물의 맛 등인 미味, 그리고 이성의 피부 감촉 또는 기타의 쾌감 등을 말하는 촉觸 등 우리의 욕망을 야기시키는 유혹이 되는 것도 미리 주의하여 피해 두는 것이다.

그러한 외적인 조건들 때문에 마음을 어지럽히는 일이 없도록 주의해야 할 뿐만 아니라, 오히려 자신의 내부에서 수행에 방해가 되는 것을 버리지 않으면 안 된다. 이것이 '기오개棄五蓋'이다. 즉 색성향미촉 등에 대하여 자신의 마음을 움직이게 하는 것이 스스로 자기 마음을 덮어서 선심善心의 생장을 저해하는 것을 반성하고, 그 탐욕의 마음에 따라 나의 마음을 덮는 것은 성내는[瞋恚] 마음이며, 게으름[惰眠]을 탐하는 경향이다. 또 유희[遊戱]와 노래·논쟁·문예·재능 등을 즐기고, 게다가 그런 것들을 원인으로 하여 후회하고 스스로 번민하는 일이 많은 것이다[掉悔]. 보다 더 우리의 수도를 방해하는 것은 의심인데, 특히 자신의 능력을 의심하고 스승을 의심하고 법을 의심하는 것이다. 이런 것들을 버리려고 노력하지 않으면 안 된다.

이렇게 하여 내외의 악조건을 제거해도 여전히 수행이 진전되지 않는 경우가 있다. 그것은 무언가 조화되지 않는 것이 있기 때문이다. 즉 식사・수면・자세・호흡・정신의 다섯 가지[五事]를 잘 조화시켜 두도록 노력하지 않으면 안 된다[調五事].

이것들이 조화된 다음에 법문을 진정으로 원하고 기뻐하는 열의인 욕欲과 정진의 노력, 그리고 흐트러지지 않는 인식인 염念, 그것들을 정확하게 판단하는 교혜巧慧와 일심결학一心決學하는 수행, 이들 다섯 가지 조건을 독려하면 비로소 참다운 구도와 수행의 세계로 들어갈 수 있다.[114]

다음으로, 일곱 번째 수증修證의 장에는 좌선 수증하는 방법이 자세히 설명되어 있다. 제7장의 중간 이후 제8 과보果報, 제9 기교起敎, 제10 귀취歸趣의 3장에는 설명이 없는데, 모든 불법을 다만 선禪 한 글자로 통섭統攝하여 얕고 깊은 순서로 배열하고 있다. 이 구상은 『대품반야경』의 「차제행품」에서 말하는 차제행次第行・차제학次第學・차제도次第道의 설명을 근거로 한 것이다. 『대지도론』 권87에는 "먼저 거칠게[麤] 다음에 자세하게[細], 먼저 쉽게[易] 다음에 어렵게[難] 차츰 차츰 학습하는 것이 차제행"(『대정장』25, 670상~)이라고 설명하고 있는데, 지의는 용수의 『지도론』을 가장 유력한 지침서로 삼아 그가 설명하는 것도 어느 정도 받아들이면서 모든 선법을 세간世間의 선, 역세간역출세간亦世間亦出世間의 선, 출세간出世間의 선, 비세간비출세간非世間非出世間의 선 등 4단계로 세워서 차제행의 체계를 상세하게 설명하고 있다. 일찍이 혜사가 "일체 불법을 배우고자 원하면 먼저 정계(淨戒)를 지니고 선정에 정진하라"(『제법무쟁삼매법문』, 『대정장』 46, 627하)고 하였는데, 『대품반야』와 『지도론』에서 제 행법을 열거하고 그것을 선禪이라는 한 글자로 통괄했던 의도를 추측하여 지의 스스로 차제행의 체계를 수립하기에 이르렀다.

뒷날 이 『차제선문』 설법을 대장엄사의 법신法愼이 기록하고 있다.

(대사께서는) 항상 법좌에 앉으실 때 다음과 같이 말하시곤 하였다. "만일 차제선문을 설하면 1년에 한 차례 설할 수 있고, 장소章疏를 지으면 족히 50권은 될 것이다. 또 법화현의와 원돈지관을 설하면 반 년에 각각 한 차례씩 설할 수 있고 장소를 지으면 각각 30권 분량이 될 것이다." 이 세 법문은 모두 글이 없고 강의로써 전해 주셨을 뿐이다. 그런데 대장엄사大莊嚴寺의 법신法愼이 『차제선문』을 개인적으로 기록하여 30권 분량의 초고草稿를 얻었는데 미처 다듬지 못하고 입적하고 말았다.[115]

본서가 웅대한 구상 아래 설법되었다는 것을 알 수 있음과 동시에, 아직 정리되지 못한 상태에서 법신이 입적했다는 것을 전하고 있다.

천태산으로

왕림王琳의 목

이 무렵 지의의 마음을 아프게 자극했다고 생각되는 사건이 일어났다.

태건太建 5년(573) 9월 20일(계미), 지의를 깊이 존경하고 『법화경』 경제의 강의를 솔선하여 간청했던 심군리沈君理가 49세의 나이로 죽었다.[116] 심군리의 아버지 순소巡素는 강릉의 원제를 섬기며 소부경少府卿이 된 사람으로서 지의의 부친과 원제 아래서 동료였는데, 심군리는 지의에게 말할 수 없는 친밀감을 느껴서 지의의 교화 활동에 여러 가지 편의를 주고 있었다.

또한 진陳의 고관으로 아낌없이 조력했던 사람이 한 명 더 있다. 우복야右僕射 주홍정周弘正인데, 그도 이듬해인 태건 6년(574) 6월에 79세의 고령으로 죽었다.[117] 그 역시 강릉이 함락될 때까지 원제를 섬기고 나중에 경제敬帝를 섬겼으며, 진 나라로 바뀌고 나서도 시중侍中, 국자좨주國子祭酒가 되어 장안을 왕래하며 활약하였다. 그는 말재주가 뛰어났고 불교 경전에도 밝았으며 항상 학문을 가까이 했던 듯하다. 저술에 『주역강소周易講疏』 16권, 『논어소論語疏』 11권, 『장자소莊子疏』 8권, 『노자소老子疏』 5권, 『효경소孝經疏』 2권 등 다수가 있다.

태건 5년(573)에는 또 하나 지의를 슬프게 하는 사건이 일어났다. 영락한 지의가 출가할 무렵 도와주었던 왕림王琳의 목이 건강의 거리에 내걸린 일이다.

이 해 3월 13일(기묘), 선제宣帝는 북제 토벌의 조칙을 내렸다. 고관들은 여러 가지 이의를 제기했지만, 황제는 "짐의 뜻은 이미 결정되었다"고 하며 한 마디로 잘랐다. 측근인 상서 좌복야 서릉徐陵은 "오명철吳明徹은 집이 회좌淮左(秦郡)에 있어 그곳의 풍속을 잘 알고 있습니다. 또한 지략이 있는 장수로서 현재 그를 능가하는 인재는 없습니다." 라고 추천하였다.[118]

16일(임오), 군에 명령이 하달되었다. 오명철을 토벌군 총대장으로 하고 군사軍事는 배기裴忌에게 맡겼으며, 10만의 진 나라 군사는 북제를 목표로 진군하였다. 한편 북제는 왕림에게 모든 것을 맡겼는데, 3, 4만의 군대를 거느리고 진 나라 군대를 맞이하였다. 하지만 10월이 되어 진의 총대장 오명철은 수양성壽陽城을 함락시키고 북제의 장수 왕림을 체포하여 건강으로 보내니 진 나라 군사 중에 옛날 왕림에게 은혜를 입은 자들이 다투어 구명을 청하였다. 변고가 일어날 위험마저 느껴졌으므로 오명철은 그를 죽여서 목을 보냈다.[119]

11월, 왕림의 목이 건강 남쪽 교외의 주작항朱雀航에 내걸렸는데, 양梁의 유신 이부상서 주창朱瑒은 상서 우복야·국자좨주 서릉을 중재자로 세워 목의 반환을 간청하였다.

12월에는 주창의 청이 받아들여져 왕림의 목을 장사 지내게 되었다. 왕림과 의로써 맺어진 옛 친구들 가운데 장례에 참가한 자가 수천에 달했으며 장례를 마친 주창은 샛길을 타고 북제로 도주했다. 왕림의 운구運柩도 수양에서 제의 수도로 몰래 이송되어 성대한 장례식이 치러졌고 북제의 황제는 왕림에게 충무왕忠武王이라는 시호를 내렸다.

제와 진의 싸움은 여전히 계속되었으므로 진은 왕림의 옛 친구들에 대한 의혹과 경계를 늦추지 않았을 것이고, 옛 친구의 하나인 지의와 그 교단도 리스트에 오른 뒤 감시의 눈초리가 번득이고 있었지만 눈앞에서 벌어진 왕림의 비극에 지의도 무관심하게 지낼 수는 없었을 것이다.

북주北周의 폐불廢佛[120]

장안에서 혁명으로 서위西魏를 무너뜨리고 건국한 북주에서는 황제를 대신하여 숙부인 우문호宇文護가 실권을 장악하고 있었다. 그는 호족胡族의 군장이면서도 기묘한 건국 이념을 공표하고 있었다. 먼 옛날 주공周公의 정치, 요컨대 한민족이 이상으로 여기는 유교 국가의 부흥을 표방하면서 '주周'라는 국호를 내걸었던 것이다. 제1대를 재위 1년 만에, 2대는 3년이 채 안 되어서 죽여 황제의 목을 차례로 바꾼 우문호는 560년에 약관 18세의 무제武帝를 제3대 황제에 오르게 하였다.[121] 무제는 현명했다. 먼저 즉위했던 두 명의 형을 차례대로 죽인 숙부 우문호의 칼날은 머지않아 자기에게도 다가올 것이라고 경계했으며, 처음부터 정치와 군사는 모두 숙부에게 양보하고 자신은 제사만을 주관하겠다고 선포했다. 그리하여 그는 건국의 국시國是에 따라서, 먼저 존경받고 있는 대유학자를 초청하여 '예

禮'를 강의하도록 하고 유교 고전에 따른 의식 제전 등의 부흥에 힘썼다. 오로지 평화적인 문화 사업에 전념하는 태도를 취한 황제는 다시 불교와 도교 학자를 초빙하여 유·불·도 3교의 동이同異를 토론하였다. 3자를 협조하는 방향으로 돌리려고 노력했지만, 도사와 승려들은 서로 적대시하여 말꼬리를 잡고 험담을 늘어놓았으며, 조금도 협조하는 태도를 볼 수가 없었다. 젊은 무제는 서로 으르렁거리는 불교와 도교 두 교단을 불쾌하게 생각하고 있었다. 이러한 때 도시에서도 명성을 얻으려는 야심에 가득 차서 촉으로부터 빠져나와 장안으로 온 위원숭衛元嵩이라는 승려가 뜻하지 않은 폭탄 발언을 하였다.

현재의 수많은 절과 승려를 모두 폐지하는 것이 부처님의 본뜻에 합치하는 일이다. 지금의 절이나 승려는 모두 부처님의 진정한 기르침을 사도邪道로 떨어뜨리고 사리사욕을 탐하는 소승小乘 승려이며, 잘못된 사원曲見伽藍이다. 부처님이 설법하신 평등의 자비를 실현하는 진정한 대승불교를 홍륭興隆시키기 위해서는 지금의 사찰과 승려를 모두 폐지하고 하나의 평연대사平延大寺를 세우는 것이 좋다. 평연대사는 토목 건축을 일으키는 것이 아니다. 여러 해에 걸쳐서 막대한 재물과 인명을 손상시키며 짓는 사찰은 백성을 해치고 나라를 좀먹는 것이며, 부처님의 대자비大慈悲에 반하는 것이다. 참된 사찰이라는 것은 국가 그 자체를 평연대사로 하여 사해四海 만 백성을 수용하는 것이다. 불상佛像도 필요 없다. 백성 전체의 복리를 꾀하는 황제야말로 현재의 부처와 다를 바 없기 때문이다. 도시와 촌락이 승방僧房이다. 화합하고 있는 부부가 성중聖衆이다. 인지仁智로써 뽑힌 대신大臣과 용략勇略이 뛰어난 장군이 평연대사를 지도 감독하는 대덕大德이며, 가정을 갖고 생산에 힘쓰는 선량한 백성이 그대로 승중僧衆이다. 우리 주 나라가 건국의 이상으로 삼고 있는 옛 성인 요堯·순舜·주공周公의 시대에는 절도 중도 없이 나라가 번창했고, 가까이 양의 무제는 불사를 성하게 하여 나라를 망친 것이 아닌가. 지금과 같은 사찰과 승려를 폐지하는 것은 참된 부처님의 뜻에 따르는 것임과 동시에, 우리 주 나라의 건국의 근본 방침과도 합치하며 국운 번창을 이루기 위한 것이다.

젊은 무제는 종교 문제에 지대한 관심이 있었던 것은 아니다. 그가 마음속 깊이 결심하고 있던 것은 강대한 군사력, 그것을 몸소 이끌고 숙적 북제를 일거에 병합하여 먼저 중원의 북쪽에 군림하고 나아가서는 천하를 통일하여 중화의 성천자聖天子가 되는 꿈을 실현시키는 것이었다. 그러나 불교와 도교의 대립에 불쾌한 생각을 품었고 민심의 강고한 통일을 바라고 있던 무제에게 위의 내용은 참으로 마음이 끌리는 혁신적인 발언이었다. 그렇다 해도 숙부 우문호에게서 정치·군사의 실권을 되찾아오지 않으면 아무 것도 할 수 없는 형편이었다.

오랫동안 참고 따르던 무제에게 때가 왔다. 572년, 30세가 된 무제는 우문호를 궁정에서 살해하고 그 일족과 도당을 질풍처럼 쓸어버렸다. 이어서 건덕建德으로 연호를 바꾸고 대사면을 단행하였으며, 정치를 일신하고 부국강병을 위한 정책을 과감하게 실행에 옮겼다.[122]

황제 자신부터 일체의 사치를 추방하고 질박 검소한 내핍 생활을 하여 스스로 모범을 보이면서 국민의 협력을 요청했다. 비단옷을 폐지하고 모든 장식에서 금은보석을 치장하지 못하게 하였으며, 호화로운 궁전은 모두 부수도록 했다. 화려한 궁전을 불태우라는 엄중한 조치마저 내렸다.

후궁도 열 명 정도만 남겼다. 그리고 군대에 스파르타식 강훈련을 시키고 황제 스스로 솔선하여 강과 계곡을 뛰어다녔으며, 심신을 단련하고 부국강병의 실현을 향하여 전진했다. 또한 노비를 해방하여 일반 백성으로 만들고 식량 생산의 증강에 참가시켰다. 남자 15세와 여자 13세 이상, 독신자, 병사들에게도 결혼을 장려하여 다산多産 정책을 폈다. 건덕 2년 (573) 8월, 장안 지방에 메뚜기가 발생하여 흉년이 든 것을 기화로 이듬해 574년 정월에 "공사 도속道俗을 불문하고 무릇 축적하고 있는 쌀은 모두 공출하라. 국고에서 사들인다"고 조칙을 내렸다.[123]

여기에서 무제 이하 북주 정권이 생각해 낸 것이 있었다. 여기까지 오로지 부국강병을 추진해 오면 당연히 성대한 불교 교단이 정책의 대상으로 클로즈업된다. 불교 사원이야말로 금은보석과 온갖 화려한 장식품이 모여 있는 곳이며 구리와 철 등의 중요한 금속 재료도 많다. 광대한 농장과 농노화된 다수의 소작인 및 노예를 소유하고 있으며, 승단의 관리 아래 풍부한 곡식이 축적되어 있는 곳이다. 더욱이 상당한 소비 계층으로서 독신의 비구와 비구니가 있다. 거국적으로 전력화에 매진하고 있던 황제는 만일 이러한 것들을 모두 황제가 관할하는 전력과 생산력으로 바꿀 수 있다면 좋지 않겠는가 하고 생각하던 차에 떠오른 것이 전에 위원숭이라는 승려가 제출했던 불교 교단의 전폐안全廢案이었다.

건덕 3년(574) 5월 17일, 비상시에 임하는 무제의 과감한 결단이 다음과 같이 내려졌다.

불교, 도교 두 교단을 폐지한다. 경전이나 불상은 모두 부수며 사문과 도사는 모두 환속하라. 유교 고전에 실려 있지 않은 모든 신묘神廟도 아울러

서 제거하라.[124]

그러나 같은 달 29일 예배 도량과 예배상, 그리고 출가한 종교인을 부인하면서도 장안에 관립 연구소通道觀를 두고, 승려와 도사 중에서 오로지 교리 연수에 전념하고 싶은 자를 관비연구생通道觀學士으로 선임하여 관리로서 불교와 도교 두 교단을 다스리는 것을 보장하였다. 황제가 불·도 양교를 폐지한 것은 단지 각자의 교조教祖의 가르침을 배반하고 타락해 있는 당시의 교단을 폐지했던 것뿐이며, 석존이나 노자의 가르침 그 자체를 부정한 것은 아니었다. 이 비극은 마침내 남행하는 승려에 의하여 다소 부풀려서 건강에도 전해졌다. 그 중에 폐불廢佛 사건을 직접 체험한 뒤 난을 피해서 건강으로 와 지의의 제자가 되었고 천태산까지 지의를 모셨던 청년승 법언法彦이 있었다.

> 그때 천태산에는 또한 법언이라는 승려가 있었는데, 성은 장張씨이고 청하淸河 사람이다. 주 나라가 불교를 폐할 때 난을 피하여 진陳으로 왔고 금릉에서 지의를 만나 섬겼다. 태건 7년에 지의를 배종陪從하여 천태산으로 들어갔다. 엎드려 업業을 청하니 선나禪那에 힘쓰도록 가르침을 받았다.(『속고승전』17 지월전智越傳『대정장』50, 571상)

법언에게서 북주 폐불의 참상을 전해들은 지의는 그것을 그대로 자신의 문제로 받아들이고, 자기 반성의 자량資糧으로 삼았을 것이다.

모든 것을 버리고

지의는 황제가 있는 도시 건강에 있으면 있을수록 사대부의 불교, 특히 지식을 귀하게 여긴 나머지 선禪을 무시하는 경향이 많은 불교에 점점 불만을 느꼈다.

비록 어묵동정이 도에 합치하지만 능히 결점을 드러내고 보물은 감추었다. 그의 은덕은 모든 사람이 입었어도 나와 남의 구별이 없었다. 불타발타라의 현고玄高는 선정과 지혜를 함께 폈는데 그 후에는 이를 잃어버리고 선정이나 지혜 가운데 한 가지만 고집할 뿐이었다. 그러다가 남악 혜사 스님이 출현하여 이 전통을 되살렸고 대사에 이르러 성행하게 된 것이다(『별전』,『대정장』50, 192하).

즉 북인도에서 장안으로 왔지만 나중에 장안에서 쫓겨나 여산廬山에서 입적한 불타발타라(Buddhabhadra, 覺賢)와 장안의 승려 현고玄高(402~444) 두 사람이 모두 선지禪智를 구비하고 수도했는데, 지의와 동시대의 학승들은 귀족의 비위를 맞추려 했는지 선을 가볍게 여기고 있는 것은 승인할 수 없다는 것이다. 계속해서 『별전』에 다음과 같은 말이 있다.

진의 시흥왕始興王이 동정호洞庭湖에 진무하러 나가게 되자 공경대부들이 그를 전송하고는 모두 수레를 돌려 와관사로 향했다. 공양물이 산처럼 쌓이고 예배드리는 것이 지극히 정성스러웠다. 이를 보고 대사가 "어젯밤에 강도를 만나는 꿈을 꾸었는데 이제 보니 부드러운 적軟賊이 머리털로 뼈를 자르려는 것을 나타낸 것이로구나" 하며 한탄하고는 대중들 속에서 살 것을 생각하게 되었다. 이에 제자를 시켜 공양물을 정중히 돌려보내며 말하였다. "내가 듣기에 '어두운데서 활을 쏠 때는 (과녁에 의지하지 않고) 활시위에 의지하여야 한다'고 하였다. 무명은 어둠이고 입술과 혀(말재간)는 활이다. 마음으로 사려하는 것은 활시위와 같고 음성은 화살과 같다. 긴 밤 동안 헛되이 화살을 쏘면서도 깨닫지 못하였구나. 만일 한 명을 이익되게 한다면 마음의 시위가 응할 것이다. 또 법문은 거울과 같고 네모지고 둥근 것은 형상과 같다. 만일 연緣이 마음을 당긴다면 무한하게 돌아갈 것이고 연이 마음을 막는다면 저절로 막힐 것이다. 옛날 남악선사의 휘하에 있을 때나 처음 강을 건너 동쪽(금릉)으로 왔을 때는 법의 거울이 자주 밝고 마음의 시위가 거듭 응하였다. 처음 와관사에 머물면서 법을 설할 때는 법좌에 참석한 40명 가운데 20명이 법을 얻었고 다음해에는 100여 명이 참석하여 20명이 법을 얻었다. 그 다음해는 200명이 참석하였지만 법을 얻은 자는 10명으로 줄었고, 그 후에는 대중들이 점차 많아졌지만 법을 얻는 사람은 점차 줄어들었다. 나의 수행을 방해한다면 교화도 제대로 되지 않음은 말할 나위도 없다. 그대들은 각자 좋은 대로 하라. 나는 내 뜻을 따르겠노라. 장산蔣山은 (도심에서) 너무 가까워서 시끄러움을 피할 수 있는 곳이 아니다. 듣자니 천태지기天台地記에 그곳에는 선궁仙宮이 있다고 찬탄하였는데 백도유白道猷의 소견은 믿을 만하다. 「천태산부天台山賦」에서 이 산을 봉래산蓬萊山에 비유한 손흥공孫興公의 표현은 참으로 합당한 것이다. 만일 여러 인연을 쉬고 이 산에 머물면서 산나물을 먹고 계곡 물을 마신다면 평생의 원을 펼 수 있을 것이다."(『별전』, 『대정장』50, 192하~193상)

지의의 간절한 소망에도 불구하고 진의 선제로부터 도시에 있도록 하라는 칙령이 내렸다.

수도에서 스님들이 가르침을 펴고 있지만 모두가 하나의 방법에 편중되어 있어, (敎와 觀을) 겸비하고 있는 이가 적습니다. 짐이 듣기에 와관사는 대중이 많고 장엄한 사찰로서 마음을 편히 할 수 있는 곳이라고 합니다. 이곳에 머물며 대중을 가르치는 것이 마땅하다고 생각합니다. 어찌 자신만의 수행을 서두르십니까? 조의曹義를 보내 일일이 구두로 말하게 하는 것이니, 짐의 뜻하는 바를 잘 살펴주길 바랍니다. 4월 1일 신臣 (蔡) 경력景歷.(『국청백록』1 「진선제칙류불허입천태陳宣帝勅留不許入天台」제8, 『대정장』46, 799상)

이렇듯 지의가 천태산에서 은거하겠다는 결심을 넌지시 비추자마자 선제는 태건 7년(575) 4월 1일자로 칙령을 내려서 만류했고, 복야 서릉도 눈물을 흘리며 머물 것을 간청하였다. 지의는 입산을 3개월 연기했지만 결심은 굳었고 마침내 태건 7년 9월에 천태산으로 들어갔던 것이다.

〈별주別註〉

攝山(繖山・棲霞山・蔣山)
　棲霞寺(488) (止觀寺, 功德寺, 隱君棲霞寺, 妙因寺, 普雲寺, 棲霞禪寺, 嚴因崇報禪寺, 景德棲霞寺, 虎穴寺) 齊代의 法度, 僧朗, 僧詮, 慧布 등 三論學의 名僧들이 머뭄.
　天開巖 (袁了凡[明代]이 雲谷선사를 배알하고 가르침을 받은 곳)

鐘山(金陵山, 神烈山, 紫金山, 聖遊山, 北山, 鍾山)
　靈谷寺(514) - (開善寺, 開善道場, 鍾山寺, 太平興國寺) 梁武帝가 寶誌화상을 추도하여 탑을 세웠고, 智藏이 開基.
　玩珠峰 - 寶誌화상을 매장한 곳이라고 전함.
　始興寺 - 覺賢의 제자 智嚴이 주석.
　定林上寺 - 曇摩密多가 건립하고 입적한 곳.

定林下寺-傳大士, 曇摩密多가 주석한 곳. 僧祐·法達이 배운 곳.
枳園寺-宋武帝가 建立, 智嚴 (覺賢嗣) 開基
祇園寺(420)-(祇洹寺) 范泰가 建立, 慧義開基, 僧苞講經, 求那跋摩 (法華, 十地開講), 曇摩
密多 (譯經), 僧筌, 道照, 慧明, 僧睿. 齊代에는 僧志, 慧志가 주석.
鷄籠山(牛頭法融의 매장지라고 전함)
鷄鳴寺-(同奉寺) 梁武帝가 四部無庶大會를 행했던 舊跡, 鐘山 靈谷寺에서 寶誌의 사리함
을 옮겨 묻었다고 전함.
上元
莊嚴寺(348)-(興寧寺) 東晋대에 謝尙이 창건. 僧瑾가 戒律을 펴고, 道慧·僧達 (成實論을
강의) 梁代의 僧旻이 주석, 唐代 牛頭慧忠이 주석, 慧沙가 배알함.
淸凉山(石頭山 한 봉우리)
淸凉寺-(淸凉道場, 興敎寺, 廣慧禪寺) 五代 때 文益이 주석, 法眼宗의 發祥地.
雨花台〈梁代 法雲이 講經할 때 꽃비가 내렸다고 전함〉(梅岡, 石子岡)
高座寺(312)-雨花台寺, 甘露寺, 永寧寺) 尸黎密이 묻힌 곳, 寶誌 주석
〈**建康**〉
白馬寺(319)-東晋代=創建, 宋代=法平, 僧饒, 曇憑, 梁代=僧旻, 陳代=警韶, 智嚴, 智聰 주석
道場寺-(謝司空寺, 興嚴寺) 東晋시대 司空 謝石이 건립. 東晋末 인도승 覺賢(華嚴·大方
等如來藏經·僧祇比丘戒本), 覺賢·法顯과 함께 摩訶僧祇律·大般泥洹經), 覺賢·寶雲과
함께 (新無量壽經), 法顯 (雜阿昆曇心經·文殊師利發願經) 譯場〈本寺所在는 揚州인지 江
寧인지 不明〉
中興寺-曇摩密多所在, 陳代=法顯, 求那跋陀羅, 宋代=慧定, 道溫, 僧嵩, 智斌, 僧度, 慧攬,
法安陀羅
光宅寺(502)-梁代 法雲이 건립. 曇瑗, 智顗 주석.
上瓦官寺(鳳遊寺)(吳興寺, 昇元寺, 崇勝戒壇院) 晋代=竺法汰, 陳代=智顗 주석
下瓦官寺(364) (集慶庵)
道林寺〈僧儉 주석, 寶誌가 참선한 곳〉
聚寶山〈府城西門外〉
大報恩寺(247)-(建初寺, 阿育王寺, 報恩寺, 慈恩族忠寺) 交趾의 康僧會가 건립. 晋代=西域
帛尸黎密多羅 (孔雀王經) 譯場, 司空 謝石이 再建, 支曇籥, 曇爽, 曇藥 주석, 梁代=僧範, 僧
祐, 明徹 주석
阿育王塔-八萬四千塔
長干寺(372)-(天禧寺) 晋代 劉薩阿가 건립, 孝武帝가 증축, 元暢, 慧辨 주석
鳳山〈府城南門外〉
天界寺-(龍翔集慶寺) 博山毅, 覺浪盛 주석
牛山〈府城東七支里, 鐘山까지의 중간에 있기 때문에 붙은 이름〉
報寧寺-(牛山寺) 王安石이 집을 희사하여 건립, 潭克文이 開基.
愛敬寺〈牛山의 북쪽〉-(大愛敬寺) 梁 武帝가 건립

제 4 장

천태산 시대

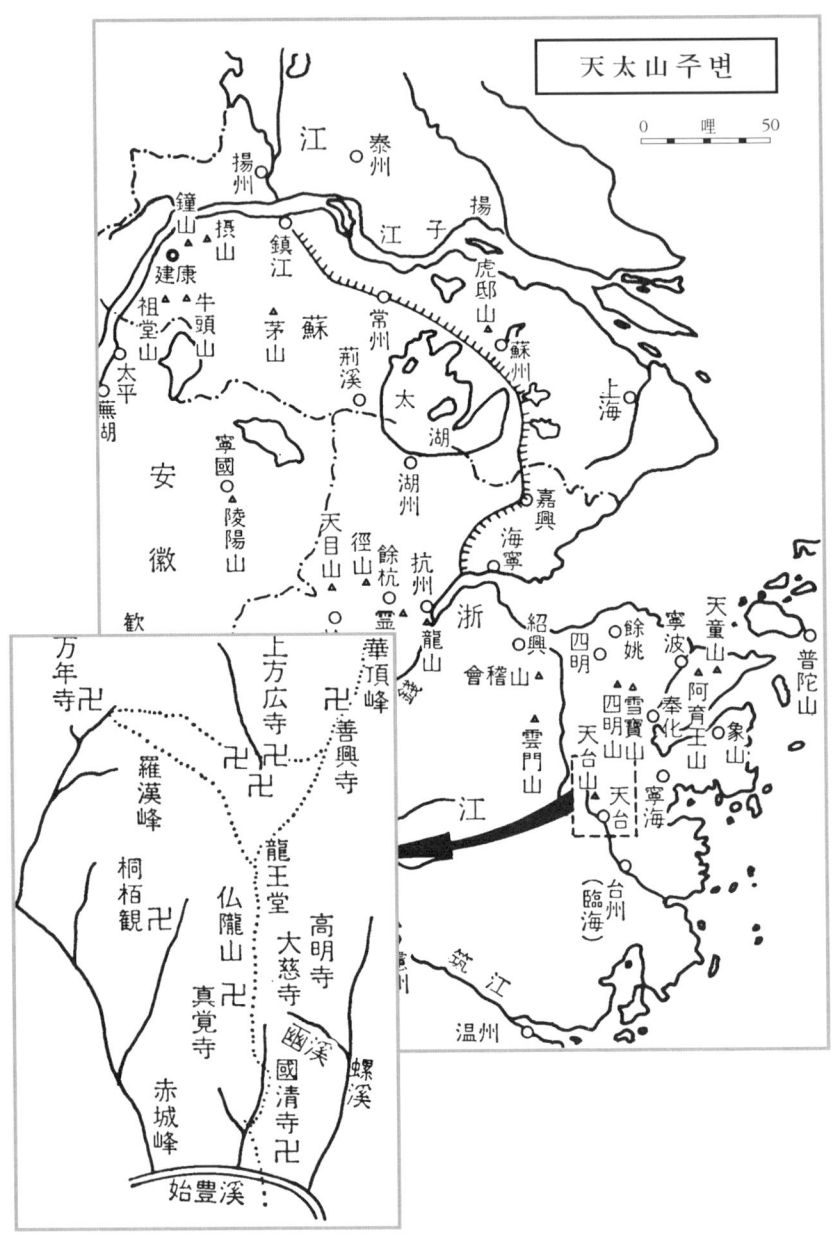

천태산도(天台山圖)

화정봉華頂峯의 항마降魔

천태산의 전설

절강성浙江省 태주부台州府의 천태산[125]은 높이가 1만 8000장丈, 넓이가 800여 리라고 한다. 층층이 여덟 겹으로 높이 솟았고 동서남북 4면은 모두 동일하며 상태上台·중태中台·하태下台의 삼태성 별자리를 닮았기 때문에 천태산이라는 이름을 얻었다. 여덟 겹 중에서 가장 높은 곳은 화정봉華頂峰이라고 하고 이를 동백桐柏·적성赤城·폭포瀑布·불롱佛隴·향로香爐·나한羅漢·동창東蒼 등 빼어난 일곱 봉우리가 둘러싸고 있다. 다시 꾸불대며 계속 뻗어나가서 동중국해의 해변에 이어지고 있다. 참으로 옷자락을 끌고 있는 듯한 광경이다. 북으로는 석교石橋라는 명소가 있으며 깊은 계곡에는 수십 길이나 되는 폭포가 떨어진다. 피처럼 붉은 적성산은 천태의 남문으로 불려지고 있다. 끝없는 전설과 풍부한 유적을 가진 성스러운 산이다. 『속제해기續齊諧記』[126]에 「유완천태劉阮天台」라는 이야기가 있다. "먼 옛날, 한 나라 때 유완이라는 사람이 약초를 캐러 천태산으로 들어가서 두 명의 선녀를 만났다. 반 년쯤 지내고 하산하여 자기 집으로 돌아와 보니 벌써 7대째 손자가 사는 시대가 되었고 아는 사람은 아무도 없었다." 서양에도 어빙W. Irving의 『스케치북The Sketch Book』 속에 덴마크의 전설로서 「리프 반 빙클Rip Van Winkle」이라는 제목의 비슷한 이야기가 있으니까, 동서고금을 막론하고 불로불사의 신선의 세계에 관한 이야기가 있는 모양이다.

천태산의 가람

천태산은 주 나라 영왕靈王의 태자 왕자진王子晉이 우필진인右弼眞人으로서 동백산에 산다고 신앙되고 있으며 옛날부터 도가道家[127]에서 명산으로 여겼다. 오吳의 갈현葛玄[128]이 옛날에 적성산에서 살았고 허매許邁 역시 적성산에서 살았다는 기록이 있지만 근거는 없다. 유송劉宋의 도사인 고환顧歡[129]은 섬剡에서 살았는데 천태산에도 개관開館하여 가르치고 있었다. 시대를 내려가서 당唐대에 이르러 섭법선葉法善은 동백관에서 살았고 오균吳筠은 아산牙山에서 도를 배운 후 멀리 천태산을 유력했으며 섬剡에서 거주했다. 두광정杜光庭[130]도 역시 이곳을 여행했고, 특히 사마승정司馬承禎은 천태도사로서 동백관에서 살아서 천태산은 도교 사상가들에게 있어서 중요한 지위를 차지하기에 이르렀다. 오대의 여동빈呂洞賓,[131] 송의 장자양張紫陽, 백옥섬白玉蟾[132]도 여기서 살았다. 천태산에 신선이 산다는 세간의 믿음은 일찍부터 있었는데, 지식인 사이에 명성을 누리기에 이르렀던 것은 진晉대부터 명승들이 멀리 이곳을 왕래했고 특히 진陳대에 이르러 지의가 선을 수업하고 입적했던 것에 기인한다. 도교에 의하여 열리고 불교에 의하여 명성이 높아졌던 것이다. 불교는 진晉대의 담유曇猷[133]가 북방에서 들어와 만년사萬年寺를 세우고 석교를 거쳐 적성산으로 들어간 것이 시초이다. 그는 이 산에 은거하면서 선을 수행하는 데 진력하여 명성이 사방에 알려졌으며 왕희지王羲之[134]가 멀리서 찾아와 예를 올렸다고 한다. 지금도 국청사國淸寺에 '아鵝'자가 있고 선흥사善興寺에 왕희지의 세필지洗筆池라는 연못이 있는 까닭은, 그가 적성산에 와서 담유에게 예를 올린 사적史蹟에 근거를 둔 것이다. 그는 태원太元 말엽에 적성산의 석실石室에서 입적했는데 그 형상이 부패하지 않고 그대로 있다고 한다. 담유의 뒤를 따라서 태원 말에 지담란支曇蘭[135]이 적성산으로 들어왔다. 그후 섬 땅에는 축잠竺潛과 같은 학자가 살았고 가까이에 지도림支道林 같은 문학가도 살았다. 섬 땅은 불교의 한 중심이 되었고 후세에 불교의 씨앗을 퍼뜨렸다. 천태산이 한층 더 유명해진 것은 진晉 나라 때 손작孫綽[136]이 지은 「천태산부天台山賦」(『全晉文』61, 1806상~중) 때문이다.

적성에 노을이 들어 표標를 세우고
폭포가 날아 흘러 경계를 이루누나
왕교王喬에 높이 날고 있는 학이 하늘 가운데 있고
오백 나한은 석단을 날아 허공을 거니누나

오백나한五百羅漢의 신앙은 멀리 이 부賦로 거슬러 올라간다 할 수 있다. 『서역기西域記』 속에서도 석교石橋 방광사方廣寺에 오백나한이 있었다는 것을 말하고 있다. 『천태산지』 서문에는 "오백나한이 이 산에 행화行化하여, 방광사에서 유무有無의 아득한 사이에 머물렀는데 지역 사람들이 그 때 범패梵唄 소리를 들었다. 그러다가 은밀히 땅 속으로 들어가 나오지 않았으니 석양방石梁旁이 그 구적舊蹟이다."라고 하여, 천태산과 오백나한의 인연은 오래된 것이라고 하였다.

유송劉宋의 승종僧從이 폭포산에 은거하면서 은사隱士 저백옥褚佰玉과 교제했던 것은 천태산과 불교의 두 번째 관계일 것이다. 제의 혜명은 건원 연간에 적성산의 석실로 올라가서 담유의 시신이 여전히 그 모습을 간직하고 있는 것을 보고 이곳에 불상을 조각한 다음에 와불사臥佛寺를 세웠다. 나중에 그는 문선왕의 초빙을 받고 꼭 한 번 출경했지만 다시 산으로 돌아와서 건무建武 말에 입적하였다.

수탑隋塔(국청사 창건을 기념하여 세운 탑)

지의가 이 산으로 들어왔을 때는 양 나라 대동大同 초에 불롱산佛隴山에 은거하여 산에 머문 지 30년이 된 정광定光선사가 초암을 엮고 있었다. 정광은 선지식이 올 날이 머지않았다는 것을 예언했는데 나중에 지의가 산으로 왔다. 입산하던 날 저녁에는 정광의 암자에서 묵었다. 예전에 정광과 꿈에서 만났던 그대로의 광경에 지의의 감격은 한층 더했을 것이다. 정광의 지도에 따라 태주台州의 목수에게 기둥과 대들보를 부탁하고 좌선하는 도량을 세웠는데, 부근에 소나무를 심기도 하고 맑은 물을 끌어들이기도 해서 이럭저럭 이슬과 비를 피할 만한 작은 암자를 지었다. 이 암자가 바로 천태산에 세워진 최초의 가람이며 나중에 선림사禪林寺라고 불리게 되는 사원이다. 와관사 같은 절과는 비교도 할 수 없는 사방 한 길方丈의 암실庵室이었는데, 이 작은 암자에서 시작하여 천태산은 수많은 당탑堂塔과 가람이 즐비하게 세워졌으며 천태교학의 연원이 되었던 것이다.

일본에서는 헤이안平安 시대 초기에 전교대사傳敎大師 사이초最澄가 어려운 여정을 답파하여 천태산에 올랐고, 도수道邃와 행만行滿으로부터 천태교학을 배웠다. 귀국 후 히에이比叡산에 연력사延曆寺를 창건했으며 일본 불교는 이곳에서 파생되었다.

또한 혜사선사가 일본에서 환생하여 성덕태자聖德太子가 되었다는 전설과 마찬가지로 지의가 천태산에서 선을 수행하기 위하여 처음으로 암자를 지었을 때 목수가 만든 대들보가 나중에 환생하여 송의 명승 덕소德韶국사[137]가 되었다고 한다. 이것은 아마 수많은 전란으로 지의가 남긴 중요한 글들이 흩어진 것을 일부러 고려로부터 수집하여 천태의 교문이 완비된 공을 기리고 마치 천태를 창건한 도목수의 공과 마찬가지라는 의미에서 이 같은 전설이 생겼으며, 이름도 없는 대들보에 대하여 감사의 뜻을 표한 것이라고 생각한다.

화정의 성도成道 — 일실제一實諦를 깨달음

천태산에 올라 최초로 마련한 암자의 북쪽에 화정봉華頂峰이라고 부르는 최고봉이 있었다. 어느 날 지의는 두타頭陀를 행하려고 대중을 떠나 혼자서 화정봉으로 올라갔다. 초목이 무성하고 도저히 인간세상이라 생각할 수 없는 인적이 끊어진 비경에서 매일같이 참선에 힘쓰고 있었다. 이때의 모습은 불타의 항마성도降魔成道를 닮았다고 전한다.

어느 날 깊은 밤에 홀연히 큰바람이 불어 나무가 뽑히고 천둥이 산을 울리면서 온갖 형상의 귀신 한 떼가 일제히 나타났다. 그 모양이 머리에 용이나 독사를 이고 있거나 입에서 불꽃을 내뿜으며, 검은 구름 같은 형체에 벼락 같은 소리를 내면서 이루 셀 수 없는 모양으로 천변만화하는 것이었다. 대개 그림으로 그린 항마降魔 변상도와 같이 작은 것들뿐이지만 훨씬 무섭게 생겼다. 그러나 대사는 능히 마음을 편히 하여 담담하고 고요히 있으니 핍박하던 그 경계가 자연히 흩어졌다. 다음에는 부모님과 스승의 형체로 나타나 잠깐 가로막고 잠깐 껴안기도 하며 슬피 눈물을 흘리는 것이었다. 이번에도 대사는 다만 깊이 제법의 실상實相을 생각하며 본래 없는 것임을 통달하니 슬프고 괴로운 상이 잠시 뒤에 사라졌다. 이렇듯 강하고 부드러운 두 가지 경계가 모두 그를 동요시키지 못하였다.(『별전』,『대정장』50, 193중)

이렇게 해서 안팎에서 일어나는 마성魔性에도 흔들리지 않도록 유지하니 서쪽 하늘이 밝아지면서 별이 보이고 신승神僧 한 명이 나타나서 "적을 제압하고 원수를 이겼으니 용감하기 그지없다. 이러한 어려움을 그대같이 능히 이겨내는 사람은 없었다."고 지의의 용기를 칭찬한 뒤에 설법을 하였다. 그 설법의 내용은 뜻으로써 얻은 것이어서 문자로는 나타낼 수 없는 것인데 지의는 그 말을 듣고 즉시 큰 깨달음을 얻을 수 있었고 마음이 훤하게 터지는 경지에 이르렀다. 그래서 그는 물었다.

이것은 어떤 법입니까? 이것을 배우려면 어떤 방법을 따르며 이것을 넓히려면 어떠한 도道를 행해야 합니까?

신승이 대답하였다.

이것은 일실제一實諦라는 법이니, 이것을 배우려면 반야般若를 행하고 이것을 넓히려면 대자비를 행해야 한다. 이후 나는 항상 그대의 곁에 있을 것이다.[138]

이렇게 답변을 마치고 신승은 사라져 버렸다. 이것이 유명한 화정봉의 항마 이야기이다. 항마성도를 본떠서 지의의 두타를 이야기하고 신승의 경지를 전수했던 것인데 이 화정봉의 두타야말로 지의에게 있어서 사상의 분수령이라고 볼 수도 있는 것이다. 원래 이 체험의 경지는 "뜻으로써 얻어야 하며 글을 가지고 나타낼 수 없다"는 것으로서 신승이 지적한 가르침이 일실제一實諦였다는 것은, 이전에 대소산의 혜사 밑에서 법화원돈

法華圓頓 일실중도一實中道의 깨달음이 지적인 이해였던 것에 비해 사유思惟와 단절된 철저한 깨달음을 완전히 체득했던 것이 화정봉의 깨달음이었다. 대소산의 깨달음이 용을 그린 것이라면[畵龍] 화정봉에서의 깨달음은 용의 눈동자를 그려 넣은[點睛] 것이었다.

불롱봉佛隴峰에서

혜사선사의 입적

화정봉에서 두타를 마친 지의는 불롱으로 거처를 옮겼다. 수행의 지도를 희망하는 제자들도 차츰 모여들었지만 아무래도 심산유곡이라서 배나 수레가 들어올 수 없는 데다 기근마저 들어 식량도 부족한 형편이었다.

태건 9년(577) 2월에 선제가 지의에게 보낸 편지 한 통이 도착하였다.

지의선사는 불법에 있어서 영웅호걸이고 이 시대의 사표이다. 가르침이 도속道俗 양방에 미치고 있으므로 나라가 가르침 받기를 바라야 하는 분이다. 시풍현始豊縣[139]의 조조를 나누어 승려들의 유지 경비로 쓰게 하고, 두 채의 민가는 관역官役으로부터 제외시켜 땔나무와 물을 공급하도록 명한다. 시풍현의 역소役所는 이 조칙에 따라 실시하도록 하라. 신 경력.(『국청백록』1,「태건구년선세칙시물太建九年宣帝勅施物」제9,『대정장』46, 799상)

시풍현始豊縣의 세금을 할애하여 승려들의 생활비에 충당하고, 양호兩戶의 백성들을 이용하여 땔감과 식수를 대도록 하라는 칙서였다.

지의는 남악 형산에 은거하고 있는 스승 혜사를 항상 생각하고 있었다. 스승과 헤어진 지 9년, 연세도 예순셋이 되셨을 것이고 어떻게 지내고 계시는지……. 그런 생각에 잠겨 있던 어느 여름날, 지의가 천태산에 은거한 이후에도 교제를 계속하고 있던 모희로부터 한 통의 편지가 도착하였다.

오래도록 따르려는 마음을 어찌 쉽게 표현할 수가 있겠습니까? 금년 여름에는 석상石像[140]에서 행도行道한다는 소식을 들으니 기쁘기 그지없습니다. 또한 천태산에 도량을 조성한다고 들었는데 틀림없이 안거가 끝날 즈음에는 원근에서 귀의하는 학도들이 많아 성황을 이룰 것입니다. 마음을 임야林野에 안치하고 법희法喜를 스스로 즐거워 하니 선을 설법하는 일은 끊이지 않고 계속되겠지요? 「사십이자문四十二字門」을 받고 충분히 시간을 내어서 다 읽었습니다만, 이해하기가 어려운 곳을 문의드릴 수 없으니 대단히 유감스러울 뿐입니다. 남악南嶽[141]에도 신조信照선사가 계시어 중도들은 (혜사)대사가 세상에 계셨을 때와 똑같다고 하고 있습니다. 신조대사께서는 남악에서 『대지도론』을 설법하시고 있으나 그분도 제 마음처럼 당신께서 이전과 같이 제도帝都에서 대법을 가르쳐 주시기를 바라며 안타까워하고 있습니다. 반드시 종령鍾嶺[142]이나 섭산攝山으로 돌아가시겠지요? 그래야 마음을 편히 할 수 있을 것이라고 생각합니다. 어찌하여 반드시 먼 곳에 있는 도량이 아니면 안 되는 것입니까? 부디 성도에 살고 있는 저희들을 잊지 마시기 바랍니다. 변방 사람들에게 마음을 기울여 한 순간이라도 잊지 않으려는 심정은 이해하고 있습니다. 아직은 뵙기가 어려움을 알고 동쪽 하늘만 쳐다보고 한숨 쉬면서 그 덕을 경외하고 있을 뿐입니다. 신인信人(사신)은 이제 돌아갑니다. 제자 모희 엎드려 인사드립니다.(『국청백록』2,「진이부상서모희서陳吏部尙書毛喜書」제20,『대정장』46, 801중)

지의가 천태산 석상에서 하안거夏安居에 들어갔다는 것을 들은 모희는 무사함을 기뻐하고, 또한 천태산에 도량을 짓는다는 말을 들었지만 여름이 끝나도 학도學徒들이 각지에서 모여들어 반드시 선강禪講이 끝나지 않을 것이라고 하였다. 아마도 이때 스승 혜사가 입적하였다는 사실을 상세하게 들었을 것이다.

혜사가 임종할 때 사미승 운변(雲辯, 靈辯)이 혜사가 숨이 끊어지는 것을 보고 통곡하자 혜사는 눈을 뜨고 "너는 악마다. 내가 정말로 가려고 하여 많은 성자들이 마중을 나와서 수생처受生處를 의논하고 있는데 어째서 나를 방해하느냐?"라고 꾸짖었다. 그 어리석은 사미승이 나가자 혜사는 마음을 가다듬고 정좌하여 숨을 거두었다고 한다. 이와 같은 임종 광경이나 생애에 여러 가지 박해를 받았던 것으로 보아 혜사는 아마도 원만한 인격을 가진 사람은 아니었을 것이다. 기세가 날카로운 격정적인 사람이었다고 상상할 수 있다.[143]

혜사가 입적한 뒤에는 제자 중에서 고행선정苦行禪定이 제일이라는 신조信照가 뒤를 이어 남악 형산의 승려들을 끌어모았고, 혜사가 살았을 때와 조금도 달라짐이 없이 그 산에서 『대지도론』의 강의가 행해졌다고 모희는 남악의 모습을 전하고 있다.

또한 모희는 남악 혜사의 저작인 『사십이자문四十二字門』[144]을 받아서 읽었지만 의미를 알 수 없는 것이 있었다고 한다.

이 책은 『대품반야경』과 『대지도론』을 근거로 삼고 범자실담梵字悉曇의 42자(四十二字陀羅尼門)에 붙여 각각 그 의문義門을 논하고 『영락경瓔珞經』의 42설에 맞추어 해설한 것이다.

> 남악의 42자문에서 다음과 같이 말하였다. "경전에 42지地를 적멸인寂滅忍이라 부른다고 설하고 내지 이 법계해法界海를 설한다. 팔만 명의 때 묻지 않은 보살이 있어 순식간에 대각大覺의 현신現身을 깨달아 불출세간佛出世間의 과果를 얻었다."고 하였다. 이것은 그 팔만 명의 때 묻지 않은 보살을 묘각불妙覺佛에 속한다고 판명한 것이다. 그러므로 돈해대각頓解大覺이라 한다.(證眞, 『지관사기(止觀私記)』, 『佛全』1009중)

즉 이 책은 돈해대각의 사상을 강조하여, 『법화경안락행의法華經安樂行義』와 『제법무쟁삼매법문諸法無諍三昧法門』에서 법화경은 대승돈각大乘頓覺의 법문, 일승돈중一乘頓中의 극돈極頓이라고 말하는 것과 동일한 내용을 설하는 것이다.

그리고 편지는 여러 가지를 언급한 뒤에 마지막으로, 섭산은 마음을 붙일만한 장소로서 먼 천태산보다 도회지에 가까우니 반드시 섭산으로 돌아오길 바란다고 맺고 있다.

모희의 편지

건강은 변함없이 전장으로의 출동으로 소란스러웠고 모희의 신변도 변화가 심해짐에 따라 자신의 동생들과 아이들의 동정을 지의에게 알렸다.

제자와 동생들 및 아이들은 모두가 덕분에 평안합니다. 차남은 파양군鄱陽郡에 임명되었고 3남은 예장왕豫章王의 사마司馬가 되었으며 4남은 대정경大廷卿, 5남은 합합에 들어가 탁지랑度支郎이 되었습니다. 장남은 동궁東宮에 있으며 중서사인中書舍人이 되었습니다. 부디 대선지식의 대동大同의 학으로써 돌보아 주시기 바랍니다. 삼가 멀리서 문안드립니다.(『국청백록』2, 「진이부상서모희서陳吏部尙書毛喜書」제2서, 『대정장』46, 801중)

이처럼 자질구레한 가족의 사정을 알려줄 만큼 가까운 사이였다.

이 해 가을 7월에 큰 비가 계속 내렸다. 건강에는 대지진이 있었다고 한다. 혜일사慧日寺와 일전에 지의가 머물던 와관사가 흔들렸는데, 중문 밑에 깔려서 여자 하나가 죽었을 정도였다. 건강 쪽에서는 아직도 전쟁이 그치지 않았으며 6월에 북제가 멸망했지만 공포에서 벗어나지 못한 건강 시민들의 불안한 생활이 눈에 보이는 듯하다.

예순두 살의 노령에 접어든 모희도 이처럼 불안정한 도회 생활의 탓도 있어서 병이 들었고 탕약의 효과도 없이 매일같이 힘든 생활을 보내고 있었다. 누구와 상담할 수도 없어서 천태산에 있는 지의에게 하소연하는 것이다.

가을로 접어들기는 했으나 아직도 뜨겁기만 한 시절입니다. 옥체는 변함

없으신지요? 선예禪禮를 수행하시느라 고생스럽지는 않으신지요? 제자는 나이를 먹은 데다 병까지 겹쳐서 탕약도 효과가 없고 휴양조차 할 수 없으니 대단히 곤란한 지경에 있다고 할 수 있습니다. 불롱佛隴으로 거처를 옮기셨다고 하니 앞으로 영영 뵙지 못하는 것은 아닌가 싶어 슬프기 짝이 없습니다. 우러러 생각하건대 본래 널리 중생을 구제하는 일을 업으로 삼으면서 혼자 빈 암자를 지키고 있다면 이는 보살이 널리 은혜를 베푸는 정신에 어긋나는 것은 아닐까요. 최근 서단양徐丹陽을 비롯한 많은 선지식들과 함께 상의해 보았습니다만, 똑같은 산인데 왜 종령鍾嶺과 천태를 분별하시는지 모르겠습니다. 바라옵건대 거듭 생각하셔서 이것과 저것의 분별에 걸리지 마십시오. 성도에 있었다면 스승님께 직접 말씀드릴 수가 있었을 텐데 선사께 말씀드릴 일은 발사拔師가 자세히 아뢰올 것입니다. 그동안이라도 옥체를 편히 하시옵소서. 제자 모희는 인사드립니다.(동 제3서)

지의가 천태산의 불롱봉으로 옮기니 그러한 은거 생활도 괜찮기는 하지만 보살은 두루 구제한다는 정신에 어긋나는 것은 아닌지, 종산鍾山과 천태산에 어떤 구별이 있는지를 물으면서 거듭 삼사三思를 더하여 건강에서 그리 멀지 않은 종산으로 돌아와서 교화를 내려주면 좋겠다는 것이 어디에도 기댈 곳 없는 늙은 모희의 간절한 바람이었다. 또한 노령의 모희는 불안한 생활을 떨쳐버리기 위하여 지의에게 설법을 원했던 것일까.

부정不定에 관한 글은 육묘문六妙門과 같다. 부정의 뜻을 가지고 십이선十二禪・구상九想・팔배사八背捨・관련훈수觀練薰修・인연因緣・육도六度를

천태산의 법화경 강경처

거치면서 걸림 없이 선전旋轉하여 종횡으로 자유자재하게 된다. 이것은 진 陳 상서령尚書令 모희가 지자대사에게 청하여 나오게 된 글이다.(『마하지관』 서, 『대정장』46, 3상)

글을 보듯이 『육묘법문』은 모희의 간청에 의하여 만들어졌다고 한다. 이 글이 모희에게 도착하자 그는 답례의 편지를 썼다.

(모희의 서신. 법회를 경하함) 대중들은 설법을 듣고 그 가르침에 마음을 편히 하며, 도속들은 반야의 빛이 비추는 것을 감탄하며 맛보았습니다. 저의 졸렬한 언변으로는 이루 다 찬탄할 수가 없나이다. 제자 모희는 인사드립니다.(동 제5서)

수선사修禪寺의 창건

태건 9년(577) 겨울 10월, 진陳의 선제는 북주군이 북제를 멸망시켰다는 소식을 듣고 서주徐州와 연주兗州에서 내란이 일어난다고 하면서 남연주자사 사공司空 오명철吳明徹에게 조칙을 내려 모든 군대를 수습하여 그곳으로 진군시켰다. 아들 융소장군戎昭將軍 오혜각吳惠覺에게 뒤를 맡긴 오명철은 군대를 이끌고 오량吳梁으로 향했다. 서주 총관 양사언梁士彦이 이들을 맞아 격퇴했지만 19일(무오)에 오명철이 서주군을 격파하고 성을 포위했다. 선제는 "하남을 평정하라"고 명했는데, 옆에 있던 중서통사사인中書通事舍人 채경력蔡景歷이 만류하였다. 황제는 노하여 그를 예장豫章의 내사內史로 쫓아내면서 벼슬을 떼고 작위와 영토를 삭탈해 버렸다.[145]

이듬해 태건 10년(578) 2월, 승세를 탄 오명철은 북주령 팽성을 공격했지만 적지로 너무 깊숙이 진입했던 탓에 포로가 되고 말았다. 이를 탈환하기 위하여 선제는 오병상서五兵尙書 모희의 의견을 받아들여 북주와 조약을 체결하게 되었다. 그래서 채경력을 다시 불러 정남자의참군征南諮議參軍을 삼았으며 오명철도 석방되었다. 황제는 그를 회덕공懷德公에 봉하고 대장군으로 추켜세웠지만 오명철은 울분 끝에 죽고 말았다.[146]

일시적이기는 하지만 건강은 다시 평화를 찾았다. 5월이 되자 선제는 이미 천태산 불롱봉佛隴峰에 세워져 있던 사찰에 이름을 하사하였다.

> 좌복야 서릉이 삼가 아뢰옵니다. 지의 선사가 천태산에다 창건한 좌선을 하는 명악名嶽을 수선사修禪寺라고 부르도록 하겠습니다.[147] 태건 10년 5월 1일 신 경력.(『국청백록』1,「태건십년황제칙급사명」제10,『대정장』46,

799상~중)

뒷날 지의는 선제에게 다음과 같은 글을 보냈다.

도를 배우는 근원은 마음의 체성体性을 아는 것입니다. 정혜쌍수定慧雙修로써 마음의 무심無心을 터득하면 연화蓮華가 물속에서 생겨 물 위로 드러나듯이 속세에 사는 보살은 늘 묶임 속에 있으면서도 마음이 묶여 있지 않고, 항상 실상實相으로 돌아와서 마음이 일체 법에 머물러 조금도 움직이지 않는 것을 선정이라고 합니다.……삼가 성왕聖王께 올리노니, 엎드려 원하옵건대 본심을 잘 살피시고 오로지 무위無爲를 깨달아 같이 정각正覺의 세계에 오르는 것입니다.

이 글은 나중에 『증심론証心論』[148]으로 정리되었다.

방생放生의 연못

방생지放生池[149]

언젠가 지의는 산기슭이 강과 바다에 임한 곳의 주변을 걷고 있었다. 아마 탁발托鉢 때문이었을 것이다. 그 근처의 어부들은 고기를 잡아서 생활하고 있었다. 지의는 어부들이 살생하지 않으면 살아갈 수 없는 것을 딱하게 여겼으며 동시에 잡히는 고기들의 운명을 불쌍하게 여겼다. 어부들은 시냇물에 어전漁箭을 설치하는데 가을에 수량이 불어나면 어전에는 고기가 하나 가득 찬다. 또 바다에는 통발이라고 하여 물 속에 대나무를 나란히 세워서 그물처럼 만든 것을 설치하는데, 밀물이 되면 통발 안은 고기로 가득 찬다. 이런 장치는 어전을 설치한 장소가 63개소, 통발을 놓은 곳이 300여 리나 되었다고 한다. 이렇게 해서 잡은 고기는 헤아릴 수 없을 정도의 막대한 양이었다. 지의는 자신이 입고 있던 옷을 벗어서 어부에게 팔고 그 돈으로 통발의 입구를 열게 했다. 고기들은 은빛 비늘을 반짝이며 통발을 빠져나갔다고 한다.

그즈음 임해현臨海縣에서 내사內史라는 서기관 직을 담당하고 있는 계상아(計尙兒, 計誷)라는 사람이 지의의 명성을 듣고 공손하게 설교를 청했다. 지의는 이 지역의 생활과 관련하여 『금광명경』을 설법해 주었다. 이 경전의 「유수품流水品」 속에 유수장자流水長者라는 사람이 나오는데, 물이 말라 바닥이 드러나려고 하는 연못에서 죽기 직전에 있는 수많은 물고기를 보고 불쌍하게 여겼다. 그리하여 국왕에게 코끼리 20마리를 빌려다가 물을 날랐고 집에 있는 두 아들에게 먹을 것을 가져오게 하여 이것을 물고기에게 주었다. 또한 물고기를 위하여 12인연十二因緣의 법을 설하고 보승여래寶勝如來의 명호를 부르게 하였다. 이 재財와 법法 두 가지 보시의 공덕으로 물고기는 죽어서 도리천忉利天에 태어났고 은혜를 보답하기 위해 장자에게 많은 보물을 날라다 주었다고 한다.[150] 이처럼 살아 있는 생명을 불쌍히 여기고 방생의 공덕을 쌓았다는 이야기를 들려주었더니 어부들은 자연히 자신들이 저지른 살생의 죄악을 통감하지 않을 수 없었다. 어부들은 자신의 행위를 반성하고 63개소에 설치한 어전과 300여 리에 걸쳐서 놓았던 통발을 걷어서 지의에게 주었다. 지의는 그때 자신을 수발하고 있던 혜발慧拔이라는 승려를 심부름꾼으로 내세워서 진의 선제에게 보냈다.

3월 20일, 혜발이 건강의 태극전으로 올라갔다. 상서 서릉도 오랜만에 천태산에 있는 지의의 소식을 듣고 즉시 지의에게 편지를 썼다.

(서)릉이 엎드려 경의를 표합니다. 우러러 받드는 마음을 다 나타낼 수가 없습니다. 혜발慧拔공이 와서 3월 20일에 내린 어지御旨를 받드니 오랜 세월 동안 기울였던 마음에 위안이 되었습니다. 보리가 자라는 쌀쌀한 날씨인데 건강에 이상은 없으신지요. 하루하루 건승하시고 산중에서 보내는 세

월에 다른 장애나 번뇌가 없으시기를 바랍니다. 또 답장을 주셨으면 합니다. 제자는 이 2, 3년 이래 별안간 노쇠하여 눈은 어둡고 귀도 잘 들리지 않게 되었으며, 심지도 어두워져서 사람으로서 사는 것 같지 않게 되었습니다. 그런데다 작년에는 여섯째 아이가 요절하여 그 고통이 병이 되어 아직도 쾌차하지 못하고 있습니다. 이번 달에 들어서는 더욱 슬픈 일이 있었습니다. 근년에는 이렇게 괴로운 일들에 의한 심려가 너무 깊어지고 있습니다. 스스로 여생을 생각해 보면 앞으로 그리 많지는 않다고 봅니다. 예의를 갖추어 대접하고 앙모할 방도가 없으니 어떻게 공경하는 마음을 말할 수 있겠습니까. 지조智璪[151]공은 지금 돌아갔습니다. 두서없는 글을 아뢰어 올리며 제자 서릉은 문안드립니다.(『국청백록』2,「진좌복야서릉서陳左僕射徐陵書」제19 제2서)

그리고 지의가 부탁한 대로 선제는 조칙을 내렸다. "잡는 것을 엄격하게 금지시키고 영원히 방생지로 삼도록 하라." 곁에 있던 황태자도 서릉에게 "천태대사의 공덕을 기리기 위하여 누군가 비문을 만들어야 하지 않겠는가?"고 물었다. 그러자 서릉은 "바라옵건대 신필神筆 옥저玉箸에게 짓도록 하십시오."라고 대답했다고 한다. 혜발로부터 방생에 관한 이야기를 들은 서릉은 수백 리 물길에 걸쳐 물고기들이 생명을 보전하게 만든 일은 그 공덕이 무량하고 그 기쁨이 헤아릴 수 없는 것이라고 받아들여 이 뜻을 편지로 써서 지의에게 보냈다.

서릉은 인사드립니다. 방생의 일에 대해 조금 들었습니다. 조정에서는 지극히 이 일을 기뻐하고 있습니다. 이 일은 혜발慧拔공이 구두로 갖추어 전할 것이니 자세히 말씀드리지 않겠습니다. 다만 혜발공의 출발이 늦어질 것 같습니다. 수백 리 물길의 (물고기들이) 생명을 보존하게 된 것, 그 공덕이 끝이 없고 그 기쁨이 헤아릴 수 없는 것입니다. 이것도 자세히 말씀드리지 않겠습니다. 제자 서릉은 인사드립니다. (앞의 책, 제3서)

그러나 태건 14년(582) 정월, 선제가 붕어崩御하고 후주가 진의 제위에 올랐다. 이듬해 지덕至德 원년(583) 10월 정유일에 서릉도 77세로 숨을 거두었는데 후주는 선제의 뜻을 이어 서릉의 아우로서 문장에 능한 국자좨주國子祭酒 서효극徐孝克[152]에게 방생비문放生碑文을 짓도록 명했다.

무릇 태역太易은 체體가 없으므로 만물이 그 혜택을 입을 수 있고, 태일太一은 이름이 없기에 극치에 이른 사람이 이에 의하여 교화를 행할 수 있다. 우러러 하늘을 살피고 굽어서 땅을 본받으며 멀리서 취하고 곁에서 구하여, 삼재三才를 아우르고 만물을 북돋았다. 삼정승 등의 관리를 세우니 5악嶽이 진정되었고 사방을 지방 장관들이 다스리니 4대강江이 제대로 흐르게 되었다. 이궐伊闕을 열고 8방을 살피며 용문龍門을 뚫고 9택澤을 막았다. 곡식을 심고 재해가 있는 곳을 다스려 백성들을 이롭게 하고 상생의 이치로 도읍을 정하여 군주를 세우니 감坎의 유익함이 크도다. 우리 황제 폐하는 성군으로서 정신을 집중하고 있으니 사적에 길이 남을 분이시다. 무위無爲와 무욕無欲으로 다스리니 도는 분양汾陽에 들어맞고 손과 옷을 늘 어뜨리고 통치하니 덕은 태평성대처럼 융성하다. 해와 달은 바르게 비추고 계절은 순환이 정확하며 밖으로는 침략의 걱정이 없고 안으로는 질서가 잡혀있다. 중국과 외국이 문화 혜택을 입고 과거 어느 때보다 태평성대를 이루니 그 높고높은 공적은 다 말할 수 없다. 이러한 은덕에 힘입어 불법이 번영하니 십선十善으로 교화하여 중생들을 널리 제도하게 되었다.

천태산 수선사의 지의선사는 거친 음식을 먹으며 힘든 수행에 정진하는 분으로서 천자의 덕을 받들어 말법 시대에 총지總持를 얻으셨다. 선사의 속성은 진陳씨이고 영천潁川 출신이니 곧 규嬀씨의 후예이다. 네 명의 벗들이 놀라 일어났다는 소문이 멀리까지 퍼질 정도로 여섯 가지 기예가 모두 뛰어났다. 조상들은 대대로 벼슬을 하여 그의 조부이신 진전陳詮은 일찍 세상을 떠났지만, 부친 진기조陳起祖는 양나라의 사지절산기상시익양현개국후使持節散奇常侍益陽縣開國候에 봉해졌다. 선사는 어린 나이에 출가하였으나 천품이 총명하여 배우는 것을 쉽게 깨달았다. 형주 화용현에서 지냈고 유주幽州와 병주幷州를 유력하여 북으로부터 남으로 다녔으며 선禪과 지혜를 겸비하였다. 우왕禹王의 자취를 찾아보고 천태산에 거주지를 정했다. 백계로白鷄路를 나와 청수암靑髓巖을 열고 계수나무에 의지하여 암자를 엮으니 고요하여 머물 만하였다. 숲에는 다섯 그루의 버드나무가 가지를 교차하고 주위에는 전단나무의 향기가 가득했으며, 수정색을 띤 삼층탑이 모습을 드러내고 있다. 구름 걸린 벼랑에서는 하늘의 음악이 저절로 울렸고 석실에서는 형체 없는 금색 불상의 그림자가 어른거렸다. 빼어난 봉우리는 높이 솟았고 광대한 파도는 드넓게 넘실댄다. 큰 파도는 대합이 뿜어내는 기氣로 멀리 창공을 품고 있고 거대한 골짜기는 소나무들이 높이 솟아 구름과 햇빛을 가리고 있다. 새들은 날아오르고 짐승은 무리지어 달리며, 빽빽한 수풀은 진기한 보물들을 길러내니 땅 속에 감춰져 있는 옥은 구부러진 지팡이로도 쉽게 파낼 수가 있고, 연못에 가라앉은 보화는 물결의 소용돌이로도 쉽게 알아볼 수 있다. 신통력을 갖춘 보살이자 뜻대로 행하는 사문께서 석장을 흔들며 주문을 외니 샘물이 하늘까지 솟아나서 발우가 춤을 춘다. 선단을 복용한 신선 같은 자태가 급류 위에 떠서 때맞추어 오고 관직을 피하는 진인眞人이 회오리바람을 타고 되돌아 이른다. 그 땅은 넓고 아름다우며 신령한 예언이 얽힌 곳으로서 선사께서 복덕과 지혜를 닦는 도구로 삼으니 명성이 드높아졌다. 선맹장군宣猛將軍 임해내사臨海內史인 계상아計尙兒는 자작子爵의 훈공을 받은 집안의 후예이다. 방술方術과 신선이 되는 약을 파는 것으로 세상에 알려졌고 소문이 전한의 조정에까지 퍼져 태수에 임명되어 지금에 이르렀다. 그가 (선사에게) 법륜을 굴려 『금광명경』[153] 1부를 강의해 달라고 청하였다. 앞서 운기장군雲騎將軍 임해내사였던 진사전陳思展 및 그 조카 진요경陳要卿 등 화려하게 수놓은 옷을 입고 나라에서 녹을 받는 현지인들도 선사에게 귀의하여 『법화경』을 강의하는 자리에 참석하였었다. 상아 부채를 부치니 처음으로 율장의 법문이 열렸고 옥자루 불자를 흔드니 경전의 왕인 법화경의 게송이 널리 설해졌다. 옷 속에 묶어 놓은 구슬의 비유가 설해지니 가까운 벗들의 몽롱함이 비로소 제거되었고 하늘 북이 장차 울리려 하니 범천과 마왕의 의심이 사라졌다. 금계와 권면을 동시에 밝히고 재앙과 복덕을 자세히 분별하니 계상아는 통발을 친 엄속조와 양공하 등 여러 현인들을 깨우치고 권장하였다. 이에 수백 명의 군자들이 선업을 분별하여 열심히 행할 것을 진심으로 맹세하였다. 설법 듣는 복이 지나가고 어업을 하는 인연에 닿았음을 한탄하면서 각각 통발과 어전 등을 버리니 모두 63개소였다. 인연 있는 두 나무 아래에서 "훌륭하다"고 크게 소리치고 50일간 열린 법석을 멀리서 순식간에 들었다. 큰 바다는 끝이 없지만 일시에 평온해지고 중생은 무량하지만 동시에 즐거움을 얻었다. 손바닥으로 세계를 떠받친다는 것은 생각하기 어려운 일이 아니요 손으로 허공을 잡는다 해도 불가능하다고 말할 수 없다. 계양왕桂陽王 전하는 황제의 자손으로서 생각함에 평화로움에 힘쓰고 정리로는 유교와 불교를 숭상하시니 웅지를 토하시면 모두 무릎을 치면서 옳다 하고 반달의 형체를 보이시면 모두 마음 깊이 기뻐하였다. 귀족·영웅들도 비판하지 못하였고 노인이나 젊은이가 함께 환희하였다. 이를 책에 기록하면 파손되어 떨어질 것이지만 비로써 세우면 끊어지지 않을 것이다. 가령 산에 머물거나 바다로 운반해도 보시를 행한 아름다움은 여전히 전해질 것이요 거북과 산가지로 점을 쳐서 금석에 새긴 공은 훼손되지 않을 것이다. 나 효극은 재주가 천박하고 배움도 얕아서 봄가을로 수렵이나 하면서 오래도록 글을 쓰지 않았다. 띠에 글 쓰고 땅에 그렸을 뿐 일찍이 제대로 그리고 쓴 일이 없다. 비록 벼루에 물을 붓지만 정녕 묘한 글을 흉내낼 수 있겠으며, 벼루를 갈기는 하여도 감동을 줄 수 없을 것이다. 단지 마음에 훈습된 지극한 선을 앙모하고 산수山水의 맑은 소리를 부러워하며 작은 뜻과 부족한 말로 명銘을 짓는다.

지위를 설정하여 상을 관하고 / 태극을 쪼개어 혼돈을 열어 / 드넓음을 큰 것으로 삼고 / 푸르름을 존귀하게 여기네 / 윤택한 하천과 빠르게 흐르는 도랑 / 지맥과 강의 근원을 / 우임금 본받아 소통되게 이끌고 / 모두 취하여 나라의 질서를 바로 잡았네 / 훌륭하도다 물의 덕이여 / 지극하도다 땅의 덕이여! / 순박한 풍토의 안락한 국토에 / 임금께서 임하시어 / 밝고 밝은 효로써 다스리니 / 훌륭한 성군이로다 / 도는 지금까지 으뜸가고 / 공덕은 옛날보다 높도다 / 경사는 상서와 합하고 / 아름다움은 음악을 울리게 하며 / 인자함은 동식물에까지 미치고 / 은택은 먼 지방까지 이르도다 / 훌륭한 스님들은 / 한 바가지 물과 채소로 생활하고 / 지위를 바라지 않으며

/ 마음을 승복에만 기울이네 / 저 속세 일을 사양하고 / 깊은 계곡에 말을 베풀며 / 뜻은 소나무와 대나무에 의탁하니 / 형체는 마른 나무와 같구나 / 칠각지로 가르치고 / 오정심관으로 청정하게 하니 / 이르지 않는 곳이 없고 / 미치지 않는 생각이 없다네 / 문무백관이 / 벼슬을 맡아 죄를 없애고 / 남녀 백성들은 / 생업을 보물처럼 여기게 되네 / 십선을 함께 행하면 / 백배의 편안함이 따르니 / 욕심이 없고 / 기대하는 것이 없네 / 각자 재물의 샘을 버리고 / 함께 깨달음의 바다를 이루어 / 무지의 어둠을 끊고 / 바라보면 오직 공空일 뿐 / 구름신이 비를 뿌리고 / 불의 신이 바람을 몰아 / 곤륜鯤鱗의 북쪽 / 극외極外의 동쪽 / 머나먼 물에서 해를 머금어 / 높은 파도가 이리저리 밀리네 / 땅 위의 비괘比卦와 산 아래의 몽괘蒙卦와 같이 / 맑은 경수涇水와 탁한 위수渭水가 / 조종朝宗처럼 회동會同하네 / 천태산이 이곳에 자리하니 / 우거진 숲에 샘이 산재했고 / 정상에는 세 별이 늘어서며 / 드높은 봉우리는 아홉 번 굽이치네 / 높은 곳에서 쏟아지는 폭포는 / 신이 빚은 듯 아름답고 깨끗하여 / 소리는 우레 같고 / 밝기는 흰 눈 같은데 / 엄동에도 얼지 않고 / 폭염에도 마르지 않으며 / 돌다리가 까마득히 걸려 / 아침 태양은 더욱 빛나네 / 우러러 푸른 하늘에 머물고 / 굽어보아 붉은 토굴에 나아가며 / 새는 구름 사이를 날고 / 길조차 끊어졌네 / 발해는 가까이하기 어려워 / 위태롭고 시끄럽게 / 수없이 많은 물고기들이 / 아가미를 벌름거리고 꼬리를 흔들며 / 물결 따라 오르내리지만 / 서로 자연히 바라만 볼 뿐 / 그물은 쳐 있지 않고 / 드리운 낚시도 당기지 않으며 / 노래 부르던 고깃배도 조용히 움직이고 / 시끄럽던 도마도 비린내가 멈추었네 / 행을 채우는 업이 큰 것은 / 널리 살리는 것이 가장 크니 / 나무를 잘라도 정성껏 하고 / 새장을 치는 것도 경계해야 하리 / 쟁참噌嵾이 도와준 신령

한 학에게 / 명주明珠를 점지 받고 / 경강敬康이 놓아준 신통한 거북의 보은으로 / 관직을 얻었듯이 / 경사가 생긴 것은 / 거북과 학의 도움이라네 / 해질녘이 되면 / 파도가 일듯이 / 높은 언덕이 깊은 골짜기 되고 / 뽕밭이 바다 되겠지만 / 돌이 닳기까지 얼마나 스쳐야 하며 / 겨자씨 다하기까지 몇 년이리오 / 결국 대지는 무너지고 / 수미산이 텅 비며 / 큰 바람이 금륜을 기울일 때 / 대화재가 초선천을 불태우지만 / 아아 물이여! / 보전報轉함이 항상 원만하구나.
(『국청백록』2, 「천태산수선사지의선사방생비문天台山修禪寺智顗禪師放生碑文」 제21, 『대정장』46, 801하~802하)

영양왕永陽王과의 만남

천태산 교단을 이끄는 지의는 이 지방의 장관으로 새로 부임한 영양왕[154]이 주요 시주자가 됨에 따라 자연히 그와 깊은 교섭을 갖게 되었다.

진 문제文帝의 황태자인 영양왕永陽王이 구월甌越지방에 진무하기 위해 나갔는데 대사에게 여러 차례 간절한 서신을 보내더니 우혈禹穴에 찾아왔다. 몸소 방등참법을 행하고 권속들과 함께 청정한 계율을 받았다. 낮에는 강의를 듣고 밤에는 좌선을 익혔다. (『별전』, 『대정장』50, 193하)

일족이 모두 불교 신자인 영양왕은 진 세조 문제文帝의 열두 번째 아들인데, "어릴 적부터 돈후하고 기량이 있으며 널리 경사經史에 능통했다"

고 하니까 상당한 인물이었던 듯하다. 태건 연간(569~582)에 영양왕이 되었으며 지덕 2년(584) 여름 5월에 평동장군平東將軍·동양주자사東揚州刺史로서 회계會稽 지방을 다스리고 있었다. 천태산에 있던 지의에게 깊이 귀의하여 보살계를 받았고 '제자진백지弟子陳伯智' '보살계제자진정혜菩薩戒弟子陳靜惠'라는 법명을 받았다. 『별전』의 기록으로는 영양왕이 방등참법을 수행했는지 여부를 정확하게 파악하기 어렵지만 『속고승전』에 의하면 좀 더 명확해진다.

> 영양왕 백지伯智가 오흥吳興에 진무하러 나갔을 때 그 권속과 산에 가서 계 받기를 청했다. 또 7일간 밤에 방등참법[155]을 베풀었다. 왕은 낮에는 치세를 하고 밤에는 관을 익혔다. (『속고승전』17, 『대정장』50, 565중)

영양왕이 7일 동안 방등참법을 수행하였다는 것이 명기되어 있는데, 방등참법은 혜사와 지의가 일찍부터 수행했을 뿐만 아니라 와관사 시절 지의의 제자 법희[156]도 이를 수행하였고 또한 지의의 친형 진침[157]도 참법을 수행했다. 태건 14년(582)에는 보명普明[158]이 천태산으로 지의를 찾아가서 제자가 되었는데, "오로지 선법禪法을 구하고 겸하여 방등·반주般舟·관음참법觀音懺法을 수행했다"고 하니까 지의의 문하에서도 참법이 행해지고 있음을 알 수 있다. 그리하여 영양왕도 그의 처자 권속과 함께 7일간 방등참법을 수행했으며 지의의 문하생들 사이에서는 이 방등참법이 상당히 성행했다는 것을 알 수 있다.

지의는 인도 이래 행해져 왔던 모든 실천 수행법을 자신의 체험을 통하여 모두 통합하여 와관사 시절에는 『차제선문』에, 만년에는 『마하지관』

에 그 실천 체계를 수립하였는데, 밀주密呪를 외우며 행도하여 병이 치유되고 장생한다는 미신적인 방등참법도 사종삼매의 행법 속에 들어 있다. 그래서 실제로 수행하는 실천 요령이 필요해지며 이로 인해 지어진 것이 『방등삼매행법方等三昧行法』과 『방등참법方等懺法』이었다.

언젠가 영양왕이 사냥하러 나갔을 때 말에서 떨어져 크게 다쳤다. 그곳에 지의가 무리를 이끌고 나타나서 관음참법을 행하니 잠시 후 왕은 정신을 차렸다. 의자에 다가가서 앉자 범승梵僧 한 명이 향로를 받쳐 들고 왕 앞으로 다가와서 다친 곳은 어떤지 물었다. 왕은 땀만 흘릴 뿐 대답하지 못하였다. 그러자 그 승려가 왕의 주위를 한 바퀴 돌았더니 향기가 감돌면서 통증이 멎고 목숨을 건졌다고 한다. 이 이야기는 『별전』과 『속고승전』에도 나오는데 당시 사람들 사이에서는 유명한 이야기였던 듯하다.

대사께서 제자인 지월智越에게 말하였다. "내가 왕에게 권선하여 복을 닦고 화를 물리치는 재를 올리려는데 어떻겠느냐?" 지월이 대답하였다. "관청의 관리 중에 이런 전례가 없으니 반드시 냉소나 비난을 받을 것입니다." 대사는 말씀하였다. "세상이 싫어하고 의심하는 것을 잠재우는 것도 또한 선이 되느니라." 뒤에 왕이 밖에 나갔다가 말에서 떨어져 다 죽게 되었다. 지월이 이에 잘못을 느끼고 마치 자신이 다친 것처럼 근심하고 자책하였다. 이에 대사께서 직접 대중들을 인솔하여 관음참법을 행하고 마음을 가다듬고 뜻을 전일하게 하니 왕이 깨어나 약간 의식을 찾아서 의자에 기대어 앉았다. 왕이 보니 범승 한 명이 향로를 받쳐 들고 곧바로 와서는 왕에게 묻는 것이었다. "병세가 어떻습니까?" 왕은 땀을 흘리며 답을 하지 못하였다. 이에 범승이 왕의 주변을 한 바퀴 도니까 향기가 왕을 감싸며 오른쪽으로 돌더니 갑자기 통증이 모두 사라졌다. (천태대사가 영양왕을) 계와 지혜로써 먼저 그 마음을 물들이고 다음에는 영험으로써 그 눈을 즐겁게 하였으니 믿음을 내지 않으려 해도 어찌 될 수가 있겠는가?(『별전』, 『대정장』50, 193하)

영양왕과 범승의 대화는 어찌됐든 지의가 영양왕을 위하여 관음참법을 행한 것은 사실이었다. 이 관음참법은 『청관음경請觀音經』에 기초한 참법으로서 『국청백록』 권1(『대정장』46, 795중~796상)에 행법이 수록되어 있다.

이 참법은 열 명 이내의 행자로 삼칠일이나 칠칠일 동안 행하는데 육재일六齋日에 시작한다.

도량장엄道場莊嚴 ― 먼저 향기로운 진흙을 땅에 바르고 번개幡蓋를 걸며 불상을 남향으로 안치한다. 이와는 별도로 동쪽을 향하여 관세음보살상을 안치하고 날마다 양지楊枝와 정수淨水를 하고 향을 피운 뒤에 꽃을 뿌린다. 10명 이내의 행자는 서쪽을 향하고 앉는다. 깨끗한 옷을 벗고 화장실을 출입하며, 목욕이 끝난 뒤 깨끗한 옷을 입는다. 매일같이 정성을 다하여 공양해야 하며, 만일 갖출 수가 없다 해도 첫날에는 보시물이 없으면 안 된다.

작례법作禮法 ― 행자는 각기 향로를 잡고 한 마음 한 뜻으로 서쪽을 향하여 오체투지를 한 뒤 명료한 음성으로 "일심정례본사석가모니세존" "일심정례서방무량수세존" "일심정례칠불세존"······ "일심정례성문연각현성승一心頂禮聲聞緣覺賢聖僧"을 외우며 예배드린다.

분향산화焚香散華 — 예배가 끝나면 향을 사르고 꽃을 뿌리며 다음과 같이 공양문을 외운다. "시제중등是諸衆等 각각호궤各各互跪 엄지향화嚴持香華 여법공양如法供養 공양시방供養十方 법계삼보法界三寶." 염상이 끝나면 입으로 성언誠言을 발하여 "원차향화운願此香華雲 변만시방계遍滿十方界 공양일체불供養一切佛 존법제보살尊法諸菩薩 무량성문중無量聲聞衆 이기광명대以起光明臺 과어무변계過於無邊界 무변불토중無邊佛土中 수용작불사受用作佛事 보훈제중생普熏諸衆生 개발보리심皆發菩提心"하고 외운다.

계념수식繫念數息 — 이 공양이 끝나면 서쪽을 향하여 결가부좌하고 생각을 수식數息에 붙잡아 매어 마음이 흐트러지지 않게 하고 중생을 위하여 10념十念을 경과한다. 10념이 끝나고 이어서 "시방불 및 칠불세존七佛世尊의 색신色身, 실상의 묘신妙身은 마치 허공과 같다"고 깊이 생각하고 다시 일체중생을 자념慈念한다. 자념할 때는 상선上禪처럼 오랫동안 생각을 운용하고 안상安詳하여 서서히 깨어난다.

소청召請 — 한 사람이 향불을 정돈하고 각각 호궤하여 "일심봉청나무본사석가모니불一心奉請南無本師釋迦文佛"하며 소청하고 봉청奉請 전에 세 번 삼보三寶에 예를 올린다.

구양지정수具楊枝淨水 — 소청이 끝나면 "나는 이미 양지와 정수를 갖추었으니 오로지 바라건대 대비심으로 불쌍히 여기사 섭수攝受하여 주소서"하고 세 번 말한다.

송삼주誦三呪 — 이어서 "나무불타 나무달마 나무승가 나무관세음보리살타마하살타"라고 삼보와 관세음보살의 명호를 세 번 부르고 합장하여 다음 게송을 설한다. "원구아고액願救我苦厄"부터 끝까지. 그리고 게송 뒤의 마지막 네 구절의 장행長行 경문. 이어서 '소복독해주(消伏毒害呪, 十方衆

生救護衆生神呪)'와 7행의 경문, '파악업장소복독해다라니주破惡業障消伏毒害陀羅尼呪', 그리고 '대길상육자장구구고신주大吉祥六字章句救苦神呪'의 세 주문을 외운다.

피진참회披陳懺悔 – 다라니를 모두 외우고 나면 스스로 지력智力으로써 죄를 드러내어 참회한다. 범행梵行을 깨뜨리고 10악업을 지은 것, 모든 더러움을 깨끗이 쓸어버리고 청정을 얻기 위하여 발원한다.

예배 – 참회와 발원이 끝나면 일심으로 앞에서 청한 삼보께 예배한다. 이어서 여법하게 행도行道를 하는데 세 번이나 일곱 번 돌고 삼귀의를 한다.

이 의례는 매일 오전과 초야初夜에 두 번 수행하고 나머지 사시四時는 평소대로 좌선과 예배를 한다. 이것이 하루에 행해야 할 규범이며 이후 49일 동안 계속되는 것이다.

천태산을 내려오다

영양왕은 지의에게 깊이 귀의하고 부디 천태산을 내려와서 설법을 해달라고 재삼 간청하였다.[159]

가을 기운이 차갑게 감도는 계절에 편안하시기를 바랍니다. 제자는 덕이 없고 학식이 부족하며 잘 다스리지도 못합니다. 원하옵건대 스승님의 인도에 의지하고자 하오니 저에게 가르침을 주십시오. 지금 시신侍臣인 진문강陳文

強을 보내오니 자세히 알아듣도록 말씀해 주십시오. 진백지陳佰智가 인사드립니다. 8월 10일. (『국청백록』2「진영양왕수자서陳永陽王手自書」제15 제1서, 『대정장』46, 800중)

제자는 어릴 때부터 참되고 올바른 도를 받들어 왔고 장성하면서는 더욱 돈독하게 되었습니다. 주州의 정무를 돌보는 중에 시간을 내어 조금씩은 불도의 가르침에 마음을 기울이고 있습니다. 그러나 선사께서 머무신 이래 실로 흠모의 정이 생겼습니다. 이전의 서신에서 스승님께 이곳 관청東洋州廳 오셔서 설법해 주실 것을 부탁드렸는데 아직 답신을 받지 못했습니다. 실로 답답하고 법을 듣고 싶은 마음 때문에 잠시도 잊지 못하고 있습니다. 거듭해서 이 서신을 보내드리오니 부디 생각을 바꾸시기 바랍니다. 몇 분의 제자도 함께 와 주셨으면 합니다. 지난번에 말씀드린 것처럼 선착장에서 예의를 갖추어 맞이할 것입니다. 뵈옵고 말씀 나눌 수 있는 기회가 빨리 오기를 고대합니다. 제자 진백지陳佰智는 인사드립니다.(앞의 서신, 제2서)

사신을 산에 돌려보내니 고견을 들려주시기 바랍니다. 정성을 기울여도 생각처럼 되지 않은 것이 더욱 한이 됩니다. 본래 산천에서 본성을 얻어야 함을 알지만 중생을 위해 본 뜻을 잊으려면 모름지기 참아야 할 것입니다. 지금 선사님을 영접할 사신을 보내오니 부디 광림하여 주시기 바랍니다. 제자 진백지 인사드립니다. 고려에서 나는 곤포昆布와 인삼 등을 보내오니 이 물건들이 누추하다면 돌려보내십시오. (앞의 서신, 제3서)

제1서는 지덕 2년(584) 8월 10일자로 진문강陳文强을 사자로 보내며 쓴 것이며, 제2서에서는 도읍에 나와 강설함이 아직 실현되지 않아서 설법 듣기를 한 순간도 잊지 않고 기다린다고 언급하였다. 제3서에서는 지금 영접하여 광림光臨을 기다린다고 하니까, 영접할 사람을 보내면서 지참시킨 편지일 것이다. 이처럼 계속되는 간청으로 지의의 하산하기로 마음을 움직였다.

아무리 세상을 등지고 숨어 산다 해도 지의의 덕망과 명성은 여전히 금릉에서도 자자했다. 멀리 천태산까지 달려와서 제자가 된 사람도 적지 않았다. 진의 후주는 그런 이야기를 들었기 때문에 궁중의 고관들이 모인 자리에서 "불가佛家에서 누가 뛰어난 인물인가?" 하고 물었다. 이에 대하여 진훤陳暄은 다음과 같이 말하며 지의를 추천하였다.

> 와관사에 계시는 지의선사는 덕이 높고 선정이 깊습니다. 과거에는 멀리 도성에서 활동하여 뭇 현인들의 스승이 되었는데 지금은 천태산에 고고히 머물고 계시니 법의 구름이 동쪽에 자욱합니다. 영양왕께서 제자의 예로서 직접 가르침을 받았으니 원컨대 폐하께서 조칙을 내려 선사를 도읍으로 불러 법을 펴도록 하신다면 출가자나 재가자 모두 은덕을 입을 것입니다. (『별전』, 『대정장』50, 194상)

영양왕도 일찍이 지의에 대하여 스승과 제자로서의 예를 갖추던 사이였으므로 "그처럼 훌륭한 분이 산속에서 지내신다는 것은 안타까운 일입니다. 바라건대 칙령을 내리셔서 도시에서 불법을 펼 수 있도록 하심은 어떠한지요?"라고 했던 것이다.

지덕 3년(585) 정월 11일 진의 후주는 칙령을 내렸다.

봄이라지만 아직 추위가 계속되고 있는 시절에 건강은 어떠하신지요? 연좌宴座와 경행經行으로 힘드시지는 않으신지요? 도성에서의 불교 행사는 항상 잘 이루어지고 있지만 서로 도와서 널리 퍼지기를 바랍니다. 지금 선전좌우宣傳左右 조군경趙君卿을 파견해서 영접하고자 하오니 되는대로 바로 출발하시기 바랍니다. 정월 11일 신 채징蔡徵 신필神筆. 자세한 말씀은 조군경이 구두로 아뢸 것입니다. 빨리 상면할 수 있기를 바랍니다. (『국청백록』1「지덕삼년진소주칙영至德三年 陳少主勅迎」 제11 제1서, 『대정장』46, 799중)

진 후주는 조군경趙君卿을 천태산으로 보내 지의에게 금릉으로 나와 줄 것을 요청했다. 이에 대하여 지의는 뜻이 산속에 있으며 아울러 질병이 있어서 산사에 머물고 싶다면서 도회로 나가는 것을 사양하였다. 이에 후주는 2월 8일에 다시 글을 보냈다.

사신 조군경으로부터 보고를 들었습니다. 아울러 가지고 온 답신을 보았습니다. 대사께서는 산속에서 수도하는 데 뜻을 두고 있으시고 또한 자세히 설명하지는 않지만 질병이 있어서 산사에 머물면서 도성에 나오려 하지 않는다는 것을 알았습니다. 높은 산과 깊은 계곡에 사는 일이 수행자의 절개이겠지만 불법을 드러내는 일에는 반드시 이렇게 할 수는 없다고 생각합니다. 또한 도성에는 의사와 약품이 많아서 병 치료에는 더욱 좋다고 생각합니다. 그렇기 때문에 재차 이전의 주서主書 주주朱宙를 보내 영접하고자 합니다. 사신을 따라서 도성으로 내려오시리라 믿습니다. 오직 불법이 막힘없이 흐르도록 가까이서 만나서 말씀 듣기만을 바랍니다. 2월 8일 신 채징 신필. 주주가 자세히 아뢸 것입니다. (앞의 서신, 제2서)

금릉에는 좋은 의사와 약이 있으니까 몸이 아프다면 도시로 나와서 치료하실 것을 권하면서 주주朱宙를 사신으로 보냈다. 하지만 지의가 여전히 내려올 뜻을 보이지 않자 2월 28일, 후주는 지의에게 재차 글을 보냈다.

이전에 (조군경과 주주) 두 사신을 보냈습니다만 아직 만족할 만한 답신을 받지 못하고 있습니다. 삼보三寶를 흥하게 하고 싶다는 생각에 모시고 싶어 하는 것입니다. 이제 다시 한 번 용궁사龍宮寺의 도승道昪을 보내오니 직접 자세히 말씀 올릴 것입니다. 2월 28일 신 채징. (앞의 서신, 제3서)

후주는 다시 용궁사龍宮寺의 도승道昪을 보내서 뜻은 삼보三寶에 있으므로 영접하겠다고 세 번째 간청한 것이다.

3월 10일 진 후주가 동양주자사東陽州刺史 영양왕에게 조칙을 내렸다.

그대 영양왕이 주에서 지의선사를 맞이하여 법회를 크게 일으켰다고 들었다. 이는 지금 도읍에서 영접하려는 나의 뜻과 크게 부합하는 일이다. 그대는 선사께 말씀을 잘 드려서 나의 뜻을 알려 달라. 정월 10일 신 채징. (앞의 서신, 제4서)

진 후주는 영양왕에게 편지를 보내서 불법의 홍통弘通을 위하여 지의를 도시로 나오도록 알선해 줄 것을 부탁하였다. 지의가 진의 후주 숙보叔寶의 거듭되는 간청을 끝까지 거절하지 못하고 천태산을 내려와서 다시 금릉으로 갔던 때는 지덕 3년, 수의 개황開皇 5년(585) 3월 하순의 일이었다.[160]

그해 3월 24일 진의 후주는 지의를 맞이하기 위하여 황길보黃吉寶를 보내어 도중에서의 노고를 위로했다.

(오는 도중 능형진陵亨籲에서 영접하며 안부를 묻는 칙서를 내리다). 얼마 전에 영양왕의 보고를 통해 선사께서 마침내 뜻을 굽혀 짐이 보낸 사신과 함께 도성으로 나오신다는 것을 알았습니다. 대단히 기쁜 일이며 조금이라도 빨리 뵙기를 바랍니다. 길이 험해서 몹시 힘드시리라 생각됩니다. 지금 시신侍臣인 황길보에게 명하여 나가서 영접하도록 하였습니다. 그러나 어느 절에 머물고자 하시는지를 모르겠으니 생각하신 바를 사신에게 말씀해 주시면 곧바로 그 절을 정리하도록 하여 숙소로 준비하겠습니다. 곧 뵙게 되기를 바라며 자세히 말씀 드리지 않겠습니다. 3월 24일, 신 채징.(앞의 서신, 제5서)

3월 26일 후주는 주서主書 진건종陳建宗을 개양문開陽門으로 보내서 지경사至敬寺로 오도록 구두로 조칙을 내렸다.

선사께서는 배편으로 여행한 지 오래 되어 힘드시리라 생각됩니다. 지금 주서 진건종陳建宗을 수레와 함께 보내니 반드시 지경사로 가시기를 바랍니다. 3월 26일. (『국청백록』1 「지개양문사인진건종등선소주구칙至開陽門舍人陳建宗等宣少主口敕」 제12, 『대정장』46, 799중)

3월 26일, 황길보의 안내로 건강 시가지에 들어선 지의는 건강성 개양문津陽門에서 진의 후주가 보낸 주서 진건종의 영접을 받고 수레에 올라 부남국扶南國[161]의 수보리須菩提라는 외국 승려가 살던 지경사로 가서 여장을 풀었다.

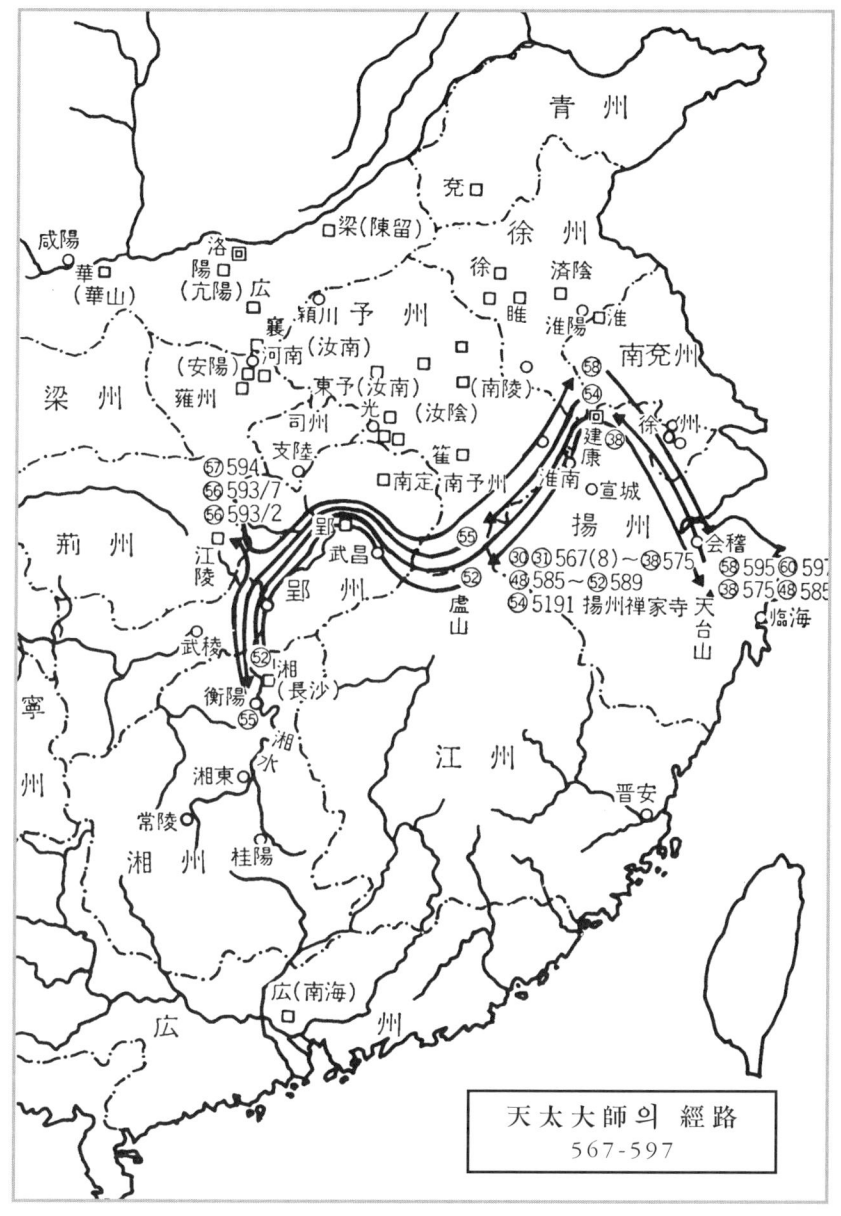

천태대사의 경로

제4장 천태산 시대 151

제 5 장

삼대부 三大部 강설 시대

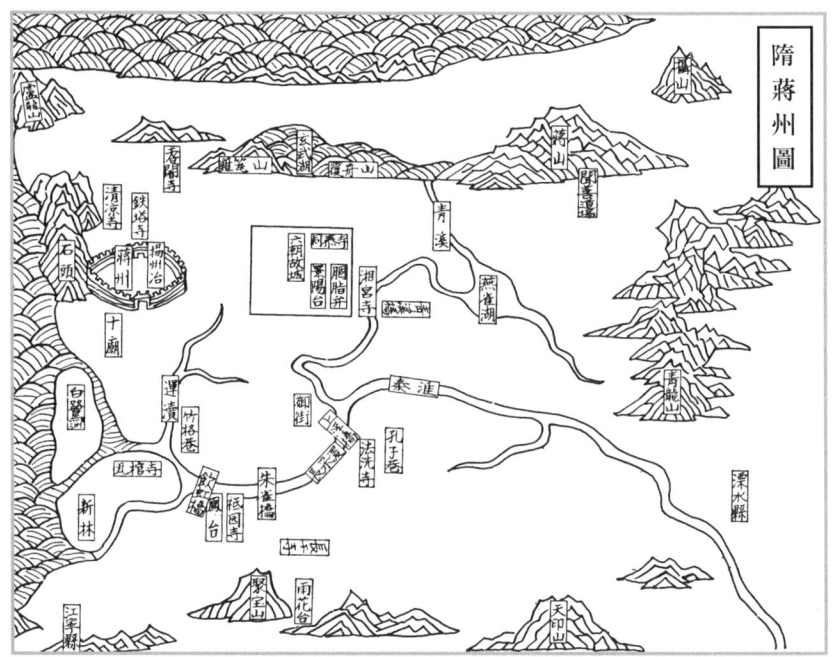

수장주도

 다시 건강建康으로 오다

옥수후정화玉樹後庭花

다시 보는 건강의 거리는 눈을 휘둥그렇게 하는 것이 있었다.

> 진陳의 치세 5대, 합하여 34년을 이어갔고 사찰은 1232개소가 있다. 국가에서 새로 지은 사찰이 17곳, 백관이 지은 것 68곳, 성 안의 대사찰이 300여 곳이다.(당唐 법림法琳 『변정론辯正論』3, 『대정장』52, 503하)

당 초기의 기록에 이렇게 적고 있다. 양의 뒤를 이은 진陳도 황폐해진 건강을 불과 34년 동안에 다시 300곳 이상의 대사찰이 즐비하게 늘어선 불교 도시로 부흥시켰던 것이다. 예전과 다름없는 번영을 보이고 있었지만 이 번영도 그렇게 생각해서인지 어두운 그림자를 드리우고 있는 듯이 비쳤다. 570년대의 선제宣帝(569~582 재위) 시대에는 북제를 공격하여 한때 양쯔강 이북, 회수淮水 이남을 되찾을 만큼의 힘을 보였지만 그것도 잠시 뿐, 577년에는 북주北周가 북제를 멸망시키고 화북을 통일했으며 581년에는 수隋의 창업 군주 문제文帝가 북주를 대신하여 양쯔강 북쪽에서 크게 세력을 팽창해 왔다. 그런 불안 속에서 582년에 선제가 죽고 후주 진숙보陳叔寶가 즉위하였다.[162] 진 나라의 운명은 이제 풍전등화와 같다는 것이 지의나 다른 이의 눈에도 역력했다. 찰나적 쾌락을 좇는 후주의 궁정 문화는 남조 문화 최후의 잔영을 꽃피우고 있었던 것이다.

지의가 천태산에서 은거하고 있던 사이에 세상은 몰라보게 변해 있었다.

진 나라 태건 7년(575), 북주의 건덕 4년 9월에 지의는 천태산으로 들어갔다. 입산 2개월 전에 북주의 무제 우문옹宇文邕(560~578 재위)은 국운을 걸고 북제 토벌 전쟁에 돌입하여 먼저 낙양洛陽을 공격했다. 전쟁은 일진일퇴, 그러다가 수세에 몰린 북제의 패색은 점차 짙어졌으며 북주는 이듬해 576년 12월에 진양晉陽에서 북제군을 대파하고 수도 업鄴으로 진격하였다. 북제의 후주는 577년 정월 초하루에 불과 여덟 살의 황태자에게 제위를 물려주고[163] 속속 압박해 오는 북주군을 피하여 정월 3일에 안지추顏之推[164] 등의 진언에 따라 궁을 버리고 산동 방면으로 탈출하였으며, 다시 남조의 진陳으로 망명하려고 하였으나 추격군에게 붙들리고 말았다.

건덕 6년(577)에 숙적인 북제의 토멸이 끝났다. 북주의 무제는 5대 28년으로 멸망한 북제의 전 지역에서도 성황을 누리고 있던 불교의 폐지를 엄명했고 북제의 여러 왕을 포로로 잡아서 장안으로 개선하였다. 북제의 사관史官인 위수魏收[165]는 업鄴에서 위 나라의 역사(『魏書釋老志』)를 썼는데 책의 마지막에 사찰 3만, 승려 200만이라고 적고 그칠 줄 모르는 불교 교단의 증가세에 탄식하며 붓을 내려놓고 있다. 비상시의 북주 무제는 그와 같은 대교단을 깨끗이 쓸어버리고 종교가 없는 화북에 군림하였다.

> 남조의 진을 제외하고 북중국 전체에서 4만 이상의 사찰이 왕공의 저택이 되었고 300만의 승려가 일반 백성의 호적으로 바뀌었다. 불상은 녹였고 경전은 불태웠으며, 무수한 삼보三寶의 복재福財도 나라에서 몰수하여 전쟁의 상급으로 주었다.(『속고승전』8 담연전, 『대정장』50, 489상)

승려 담연曇延은 이렇게 슬픔과 분노의 기록을 남기고 있다.

무제의 천하 통일의 꿈이 강남으로도 펼쳐져 실현될 것으로 생각되었지만 그는 불행히도 북제 토벌이 성공을 거둔 이듬해에 태자의 보필을 군신에게 유촉하고 겨우 서른여섯의 젊은 나이로 세상을 떴다. 이 유촉을 받은 대신 가운데 북주에서 혁명을 일으키는 양견楊堅, 뒷날 수의 창업 군주인 문제文帝가 있었던 것이다.

양견의 딸은 화북 통일의 영주 북주 무제의 뒤를 이은 선제의 황후였다. 양견의 아버지 충忠[166]도 북주의 창업 공신이다. 아버지의 공적을 등에 업고 황제의 의부義父가 된 양견의 권력은 점차 커져 갔다. 선제는 겨우 1년 만에 제위를 어린 태자靜帝에게 물려주고 스스로 천원황제天元皇帝를 칭하면서 무절제한 환락에 빠져들었다. 마침내 방탕한 은거 황제가 죽자 실권이 외척 양견에게 돌아갔을 뿐만 아니라 백성들의 신망마저 그에게 옮겨가고 있었다.

개황開皇 원년(581), 선양禪讓의 형식을 빌어 왕조 교체를 용이하게 끝낸 뒤에는 인자한 군주라고 일컬어지는 수의 문제도 다수의 북주 종친들을 죽이는 것을 잊지 않았다. 동시에 즉위하자마자 불교와 도교가 부흥하도록 조칙을 내려서 무종교 정치 아래서 잠재해 있던 백성들의 불만을 혁명 정부에 대한 경축으로 끓어오르도록 하는 것도 잊지 않았다. 문제는 또 옛 장안성이 빈약하다고 하면서, 그 동남쪽에 도시 계획도 정연하게 웅대한 신도시를 건설하였다. 이 새로운 도시 장안長安이야말로 대당제국으로 이어져서 세계의 문물이 드나드는 중심이 되었던 것이다.

새로운 황제 문제의 정치는 북조의 폐정을 혁신하고 중앙 집권을 강화하면서 민심을 끌어들이고 있었다. 스스로 근검절약의 모범을 보이면서 관청의 수요품을 새로이 만들지 않았고 지방 장관이 바친 값비싼 비단을 군신들이 보는 앞에서 불태워 사치를 경계했으며, 널리 관민들에게 절약과 검소함을 장려하였다. 수 나라의 역사서인 『수서隋書』에는 이 정황을 다음과 같이 전하고 있다.

문제의 치세 때 남자는 비단옷을 입지 않았고 금과 옥으로 꾸미지 않았으며, 무명옷을 평상복으로 했고 장식도 구리・철・골骨과 각角을 이용하였다.

문제는 군郡을 폐지하고 주현제州縣制를 정리하여 지방 행정을 쇄신하였고 위진魏晉 이래의 구품중정九品中正 제도, 즉 문벌에 의지하여 무능한 관리가 멋대로 행동하게 하고 재능 있는 미천한 가문의 선비가 진출하는 것을 막아온 귀족 특권의 제도를 폐지하였으며, 중앙의 이부吏部에서 관리를 관장하게 하여 중앙 집권의 내실을 기하였다. 또 호구 조사를 엄중하게 하여 조세와 부역을 면탈하고 있는 숨겨진 호적을 적발함과 동시에 북위 효문제孝文帝 이래의 균전제均田制를 이어받아 정년丁年에 달한 남녀에게 일정한 토지를 주어 토지 없는 백성이 없도록 하고, 징세를 경감하여 토지에 정착시키고 생산에 힘쓰도록 지도하였다. 그리하여 수 나라 초기에는 관청에 등록된 호구와 경작지가 증가하고 생산도 증대하였으며 산서와 하남 지방을 거쳐서 각 주로부터 장안으로 올라오는 납세 물자의 행렬이 줄을 이어 주야로 수 개월에 걸쳐서 끊이지 않았다고 기록하고 있다.

국력의 충실한 진전 속에서 오랜만에 남북 분립에 종지부를 찍고 전 중국을 통일하는 영광을 쟁취하기 위한 진 왕조 토벌의 준비도 진행되었다. 이처럼 북방에서는 새로운 국가가 등등한 기세로 발흥하고 있는 때에 태건 14년(582) 봄, 진 선제가 붕어하고 시흥왕의 내란 등이 있고 나서 진의 국위는 나이 서른의 젊은 황제를 보좌하는 약간의 현신들에 의하여 간신히 유지되고 있는 형편이었다. 게다가 지난해에 산기상시散騎常侍가 된 68세의 모희를 실각시키고 지방의 한 작은 군의 관리로 좌천시켰다. 이듬해인 지덕 원년(583) 10월 무술에는 시중 건창후建昌侯 서릉이 77세로 죽었다. 그리하여 조정은 어쩐지 위엄이 사라진 느낌이 들었다.

후주의 수계受戒

지덕 3년(585) 4월, 후주는 주서主書 나천羅闡을 보냈다.

(지경사에 있을 때 구두로 칙령을 내리다) 오래 기다리게 해서 걱정을 끼쳤습니다. 선정은 반드시 조용한 장소가 아니면 안 되기 때문에 지금 영요

사靈曜寺를 수리하여 좌선의 도량으로서 충분하게 하고 싶습니다. 주서 나천에게 명하여 보냅니다. 4월. (『국청백록』1 「지개양문사인진건종등선소주구칙至開陽門舍人陳建宗等宣少主口敕」제12, 제2서, 『대정장』46, 799하)

지의는 지경사至敬寺에서 장산將山의 영요사靈曜寺로 옮겼다. 이 절은 동진의 성제成帝 함강咸康 2년(336)에 창건되었고 역대의 고승인 도영道營·승심僧審·도혜道慧·지도志道·지수智秀·승성僧盛이 머물렀다. 강총江總(519~594)도 20세 때 이 절에 들어와서 종칙從則으로부터 보살계를 받은 일이 있었다.

같은 달, 조칙을 받들어 지의는 조정의 정전正殿인 태극전에서 호국을 위하여 『대지도론』을 강의하였다.

(영요사에 있을 때 구두로 칙령을 내리다) 호국의 힘을 키우는 데는 정법正法을 자주 설하는 것이 가장 좋습니다. 원컨대 태극전에서 오시어 『대지도론』의 제목을 설해 주시고 절로 돌아가서 강의하시기를 바랍니다. 지금 집사舍人 시문경施文慶을 파견하여 법보시를 열고자 하는 뜻을 전해드립니다. (앞의 서신, 제3서)

그리고 후주로부터 장산의 영요사로 돌아가서 『대지도론』의 설법을 속행하도록 구칙口勅을 받았다. 지의는 제자들과 함께 그해 4월부터 하안거에 들어갔다. 이를 위해서 후주는 주서主書 나천羅闡을 영요사로 보내 금불상 1구, 『대지도론』 1부 등을 비롯하여 장산에서 여름을 나는 데 필요한 물건 일체를 준비시켰다.

(영요사에서 주서 나천이 구두로 칙령을 전하다) 순금불상 1구(光趺 5촌), 『대지도론』 1부, 호랑이가 포효하는 모습을 금은보석으로 장식한 책상 1면, 산양의 수염으로 만든 불자 1개(상자 포함), 호랑이 얼굴 장식 향로 1면(상자 포함), 동전東田의 농군 2인을 보냅니다. (앞의 서신, 제4서)

(나천이 또 구두로 칙령을 전함) 농군 두 명을 사양하는 것은 허락되지 않습니다. 산속에 머물며 사역토록 하여 물건을 운반하는 데 힘들지 않게 해야 할 것입니다. (앞의 서신, 제5서)

(나천이 또 구두로 칙령을 전함) 매월 공양물을 보냅니다. 하복 1통, 장작 5단, 명주와 베 각 10필, 솜 10근, 황설黃屑 2말, 매달 필요한 백미 5섬, 동전 3천문, 과일과 채소는 부수적으로 매월 필요한 만큼을 보내드립니다. 학사 3인, 제자 30인 및 각 사람에게 하복과 매월 필요한 공급물자를 제공합니다. 이상은 예전의 예에 따릅니다. (앞의 서신, 제6서)

하안거도 끝나고 9월 24일에 후주는 장산에 공양을 계속하고 있었다. 그러던 어느 날, 진 왕실에서는 1년 전부터 국가적 행사로서 호국 경전의 하나로 일컬어지는 『인왕반야경』을 설법하는 인왕회仁王會를 개최하게 되었고 모든 법식을 지의의 지휘에 맡기도록 하라는 조칙이 내렸다.

(나천이 구두로 칙령을 전함) 빈랑檳榔 2000개, 절자節子 100매, 와구 1벌을 보시함. (제9서)

(나천이 구두로 칙령을 내려 설법을 요청함) 국가의 연중 행사로서 예전부터 2회씩 인왕회仁王會를 개최하고 있습니다. 부디 태극전에 왕림하여 강의해 주시고 인왕회의 방법과 절차에 대해 도움을 받고 싶습니다. 지금 주

서 나천을 파견하니 의견을 들려주십시오. (앞의 서신, 제10서)

지의는 주서 나천의 인도로 장산을 내려가서 건강성 태극전으로 들어갔다. 태극전에서는 진의 후주를 위시하여 황후, 황태자 등 황실과 고관들의 깊은 귀의를 받으면서 성대한 인왕회가 열렸다.[167]

『인왕반야경』을 강의하는데, 고승들은 좌측에 앉고 대신들은 우측에 앉았으며 진 황제도 직접 경연經筵에 참석하여 설법을 들었다. 승정僧正 혜항慧暅 과 승도僧都 혜광慧曠, 그리고 장간사長干寺의 혜변慧辯 등은 모두 황제의 칙명을 받들어 분발하였다. 그들의 질문은 한겨울의 얼음 같아서 모두를 꽁꽁 얼어붙게 만들었고 대사의 풀이는 한여름의 태양 같아서 뜨겁게 다 녹여 내었다. 이에 천자는 크게 기뻐하였고 신하들은 지극한 공경심을 갖게 되었다. 강의가 끝나자 혜항이 향로를 받쳐 들고 법석을 하례하면서 말하였다. "나라에서 10여 차례 재회齋會를 베풀어 제가 네 번 강의를 담당하였는데 경전의 문단을 나누고 이치를 분석하면 모두 '그 문을 얻었다'고 말하였습니다. 그런데 이제 해가 출현하면 별들이 숨어버리듯이 대사의 오묘한 설법을 들으니 그간의 해설이 얼마나 고루한 것인지 알게 되었습니다. 예로부터 여러 논쟁이 그치지 않았는데, 이 법좌에 참석하니 모두 온화하고 조용하여져서 남음이 있습니다. '일곱 밤이 고요하여 천 가지에서 꽃이 핀 것'은 모두 법왕의 힘이십니다." (『별전』, 『대정장』50, 194중)

참으로 진 나라 최대의 성대한 의식이었다. 설법이 끝나고 혜항慧暅[168] 승정僧正과 혜광慧曠 승도僧都, 장간사의 혜변慧辯 등의 학자가 조칙에 따라 여러 가지 어려운 문제를 질문했지만 지의는 막힘없이 하나하나 답변했고, 황제를 비롯하여 자리를 가득 메운 백관들은 아낌없이 칭찬의 박수를 보냈다고 한다.

그 뒤에는 영요사에 머물면서 선혜禪慧를 넓히고 있었는데 후주는 지의를 광덕전廣德殿으로 초빙하여 당시의 불교 사정에 관해서 상담하였다.

> 다만 불법만을 믿고 따를 뿐 아니라 원컨대 (믿음을) 세우지 못한 이들에게 가르침을 주소서. 진 시대에 승려들을 검속하였더니 승적이 없는 사람이 만 명에 이르러 조정에서 상의하여 경전을 책문策問하여 합격하지 못한 사람은 수도를 못하도록 하였습니다. (『별전』, 『대정장』 50, 194중)

이때 지의는 글을 올려 『관무량수경』 등의 예를 인용하면서 간언하였다.

> 제바달다는 날마다 경전 만 마디를 외웠어도 지옥을 면하지 못하였고 주리반특가는 한 줄의 게송밖에 외우지 못하였는데도 아라한과를 얻었습니다. 독실하게 논하는 것이 오직 도일 뿐, 어찌 많이 외우는가의 여부에 관계되겠습니까? (『별전』, 『대정장』 50, 194중)

당시 진 나라는 표면상으로는 번창하고 있었지만 재정적으로 불안이 늘고 있었다. 당연히 종교 교단, 특히 성대한 불교 교단이 정책의 대상으로 클로즈업된다. 불교 사원이야말로 금은보화와 온갖 화려한 장식품이 모여 있는 곳이며, 광대한 농장과 농노화된 다수의 소작인 및 노예를 소유하고 있는 곳이다. 게다가 엄청나게 증가한 소비 계층으로서 독신의 승려와 비구니가 있다. 만약에 이들을 모두 황제가 관할하는 전력과 재정으로 개편할 수 있다면 하는 의견을 거국적으로 전력화에 매진하고 있던 고관들이 황제에게 진언했을 것이다.

광택사光宅寺에서

그후 영요사가 불편하고 협소하다는 말을 들은 후주는 지의를 광택사로 옮기게 하였다. 광택사는 양의 무제가 천감天監 원년(502)에 자신이 살던 집을 희사하여 창건한 명찰이다. 관음상이 7일 동안 빛을 발했다고 하여 광택사라는 이름이 붙었다. 양의 3대 법사의 하나인 법운法雲(467~529)이 사주寺主가 되어 승제僧制를 정립하고 후세의 모범으로 삼았으며 『법화경』 강의를 시작하여 이 절의 이름을 천하에 알렸다. 또한 이 절에는 소장엄사에서 주조한 1장 8척의 금동 무량수불상無量壽佛像이 안치되었고 진대가 되어서는 담원曇瑗이 주석하면서 법을 이어가고 있다.

지덕 4년(586) 봄 4월, 34세의 후주는 궁성의 선양문을 열고 주작대로를 지나 주작문 밖의 광택사로 들어갔다.[169] 양 무제가 했던 것처럼 유명한 '사신捨身공양'을 행하였다. 호국 안온安穩의 『인왕반야경』 설법이 행해지자 후주는 대중 앞에서 지의에게 깊이 삼배를 하여 공경을 보였던 것이다.

'사신捨身'이라는 것은 자신을 광택사 교단에 희사하는 것, 자신을 불·법·승 삼보에게 기부하고 교단의 노역에 복무하는 노비가 되는 것이다. 노비는 이미 절의 소유물이다. 후주를 잃은 왕실과 신하들은 절에서 황제를 다시 사오지 않으면 안 된다. 황제를 사오기 위하여 거두어들인 막대한 재물이 광택사로 운반된다. 후주는 나중에 궁중으로 돌아오고 절의 노비에서 다시 세속의 황제로 복귀하였다.

지의에게 귀의한 사례는 후주뿐만이 아니었으니, 황후 심씨도 내사內師 허대범許大梵을 보내 '해혜보살海慧菩薩'이라는 호를 받고 있다.

> 묘각妙覺(지의)에게 인사드립니다. 지금 내사內師 허대범許大梵을 보내오니 향불 전해 주시기를 머리 조아려 바랍니다. 원하옵건대 보살명을 내려 주시어 이에 의지하여 수행에 훈습케 하시고 보리의 권속이 되게 하소서. 삼가 인사드립니다. 이에 답하여 해혜보살海慧菩薩이라고 호를 지어주었다.
> (『국청백록』2 「소주후심씨령서少主后沈氏令書」 제13, 『대정장』46, 800상)

심황후는 깊이 감사하며 광택사에 훈육熏陸과 침단沈檀 각 10근, 황설黃屑 1말, 세지細紙 500장, 양초 10자루, 적송간미赤松澗米 5섬, 동전 1000문을 공양하였다. (이것은 매달 광택사에 공양하였다. 3월12일)

황태자도 궁중의 숭정전에서 천승법회千僧法會를 열고 보살계를 받았다.

황태자가 계를 줄 것을 청하는 글에서 말하였다. "연淵은 합장합니다. 우러러 생각하건대 교화의 도는 정해진 방법이 없어서 근기를 따라 중생을 제도하는 것입니다. 국토를 보호하고 인간과 천신을 인도하시니 촛불을 밝게 비추고 행적을 스승과 도반들에게 의탁합니다. 비구가 꿈에 들어왔는데 꼭 들어맞는 형상이 오래도록 뚜렷하고, 화상和尙이 거동해 오셨는데 고승의 덕을 잡았습니다. 이 때문에 십지보살을 바라고 사의四依를 열망하며 대소 이승二乘과 내외 양교를 연구하며 스승을 높이고 도를 중히 여긴 지 오래 되었습니다. 엎드려 바라옵나니 아래로 중생을 이끌어 청하는 바를 따라 주소서. 세세생생 인연을 맺어 마침내 그 서원이 밤낮으로 커나가기를 바랍니다. 2월15일. 숭정전崇正殿에서 천승千僧법회를 베풀고 보살계를 내려주는 계사로서 받들어 청하고자 삼가 주서 유선劉璿을 보내어 맞이하고자 합니다. 운운…"[170] (『별전』, 『대정장』50, 194중~하)

천승재千僧齋 법회 뒤에 연호를 정명禎明으로 개원하였다.[171] 이 달에는 도시에 지진이 일어나고 불길한 조짐이 보였다.

이 해에 양쯔강 중류 이북에서 서위 이래 북조의 꼭두각시 정권으로 존속해 오던 후량의 인수궁人壽宮 안에 모시던 동불상銅佛像도 땀을 흘리는 이변이 있었다. 광배光背에 범문梵文으로 '아육왕조阿育王造'라는 명문을 가진 이 불상은 빛을 내면 길조, 땀을 흘리면 흉조라는 말이 전해지고 있었다. 후량의 국왕 소종蕭琮에게 입조하라는 명이 내린 것은 그 해 8월이었다. 소종은 수 나라의 수도 장안을 향하여 신하 200여 명과 함께 길을 떠났다. 이들은 그대로 억류되었고 후량국은 최종적으로 수에게 병합되었다. 양쯔강 북안은 이미 수 제국의 완전한 지배 아래 들어갔고 위로 사천성은 물론 아래로는 진의 수도 건강의 대안까지 이르렀다. 수 나라의 대군은 진국 토멸을 위한 포진을 끝내고 있었다.

이 사이에 건강의 광택사에서는 『법화문구』[172]의 강의가 행해지고 있었다. 이 강의에 관해서는 『별전』이나 『속고승전』에도 그 기록이 전혀 없는데, 『법화문구』 권두에서 관정灌頂은 "나는 27세에 금릉에서 들었고 69세에 단구丹丘(赤城山, 국청사의 남문)에서 이를 첨삭하였다."고 기록하고 있으므로 진 나라 정명 원년(587)의 설법인 것은 틀림없다. 광택사에서 행해진 것도 확실한 듯한데 『법화문구』의 설법이 지의 자신의 생각인지, 관정 등 제자들의 희망에 따라 열린 사적인 것인지, 관정이 받아 적은 것을 다듬은 것이 다른 장소章疏와 비교하여 훨씬 늦기 때문에 기록에 남지 않았을 것이다.

후주를 비롯하여 황실에서는 매년 광택사로 행차하여 『인왕경』 강의를 듣거나 법요法要에 힘쓰고 있었는데 공교롭게도 봉불근행奉佛勤行에 전념하고 있는 후주의 생명을 노리고 북방의 수 문제가 건강을 향하여 칼을 겨누고 쳐들어왔던 것이다.

북제 토벌군 총사령관에는 진왕晉王 광廣이 임명되었다. 수가 침입할 기세를 이처럼 노골적으로 드러내고 있었음에도 불구하고, 그리고 이에 대처하기 위해 필요한 조치를 지식인들이 진언했음에도 불구하고 진의 후주와 측근의 아첨꾼들은 이미 적절한 대책을 취할 수 없는 데카당스 상태에 빠져 있었던 것이다.

수의 천하통일

건강의 함락―여산廬山·장사長沙로의 여행

북주를 혁파하고 장안에 신도시를 건설한 수 문제가 화북에 군림한 지 8년, 남북의 통일을 목표로 하는 수의 군대 총 51만 8000명은 동쪽의 해변에서부터 서로는 사천에 이르는 모든 도로에서 진의 후주가 도성으로 정한 건강을 목표로 진격하였다. 때는 개황 8년(588) 10월 9일이었다. 총사령관은 문제의 차남이고 당년 20세인 진왕 광, 즉 뒷날의 양제煬帝였다.[173] 이 듬해(589) 정월에는 수군이 재빠르게 짙은 안개 속을 헤치며 건강으로 다가갔다. 진의 후주는 건강에 총동원령을 내리고 승려와 도사까지 각기 방어에 나서도록 했지만[174] 승세를 탄 수군을 저지할 힘은 이미 없었다. 황제는 배를 타고 도주할 준비를 했지만 그것도 불가능하여 수군이 입성하자 장귀비와 함께 우물 속으로 들어가서 몸을 숨기고 있었는데, 밤이 되어 수군에게 끌려 나와서 포로가 되었다. 황제 이하 제후 100명을 비롯하여 많은 문무백관이 포로가 되었으며 3월에는 멀리 장안으로 호송되었다.[175]

남조 멸망의 비극은 강남 문화를 대표하면서 번영을 누리고 있던 불교 교단의 비극이기도 했다. 건강성 안의 300이 넘는 대사찰은 왕실 또는 백관이 창건했거나 아니면 지지를 받는 곳이 많았는데, 진 왕실의 관료 귀족들과 연관이 깊은 다수 사원의 승려들은 수군 방어에 일제히 동원되었다. 또한 수군이 침입했을 때 진지가 되었던 기사사耆闍寺, 보전사寶田寺 등 전화戰禍로 파괴된 사찰도 적지 않았다.

남아 있는 사원 중에는 점령군의 병영, 관청, 주택으로 징발된 것도 있었다.[176] 진이 멸망하는 비극의 와중에서 광택사에 있던 천태 교단이 흩어지는 것을 본 지의도 여산으로 피신하였다. 그때가 52세, 스승을 모시면서 『법화경』강의를 붓으로 기록(후일의 『법화문구』)하고 있던 관정은 이 비극을 "금릉이 흙처럼 무너지고 스승과 제자가 빗발처럼 흩어졌다."(『대열반경현의(大涅槃經玄義)』권하, 『대정장』38, 14중)고 회고하고 있다. 짧은 기간에 패전, 멸망, 이산의 슬픔이 한꺼번에 일어났던 것이다.

나중에 지의는 여산에서 진왕 광에게 청원서를 냈다. "선덕先德의 유적인 동림사東林寺, 봉정사峯頂寺 두 사찰이 역도驛道와 가까운 탓에 여행자가 (왕래하여) 혼잡하고 청정도량을 손상시키고 있으므로 진왕 광의 힘으로 공사公私의 숙박을 금지시켜 주기 바란다"고 청원하였는데, 진왕 광은 이를 승낙하는 답장을 주었다. 경건한 신도의 숙박이라면 사찰은 오히려 환영할 것이다. 아마도 실제로는 관권을 등에 업고 강제적으로 사찰의 일부를 점거하거나 숙박을 하여 승려에게 불안감을 주고 가까운 백성들에게도 폐를 끼치는 수의 관료, 군인들과 말단 공무원이 적지 않았을 것이다. 이것도 어제까지의 적을 지배자로 모셔야 하는 망국의 백성과 교단의 피하기 어려운 현상이었다.

수隋 양제煬帝

지의는 여산에서 다시 양쯔강을 거슬러 올라가 고향 형주로 향했다. 과연 고향의 승려와 남녀노소는 이미 55세를 넘은 원숙한 고승 지의를 환영했고 법석法席으로 구름처럼 몰려들었다. 이때의 일을 관정은 다음과 같이 기록하고 있다.

저궁渚宮의 승속이 함께 목을 늘이고 기다리고 있다가 노인은 부축하고 아이는 안고서 앞다투어 계장戒場에 모여들었다. 젊은이, 늙은이들이 구름같이 강좌에 모여들어 청중이 5000여 명에 달하였다. 고향에 돌아가 지은地恩에 보답하였다. (『별전』, 『대정장』50, 195상)

당시의 상황을 약간 과장해서 전하고 있는데, 반면에 이 환희의 대전도大傳道가 비극으로 끝났던 사실은 숨기고 있다. 그러나 지의 자신은 임종에 임하여 진왕 광에게 보낸 유서 속에 출가 이래의 종교 생활을 반성하고 참괴慚愧 속에서 엄중하게 자기 비판을 가하면서 이 때의 일을 고백하고 있다.

형주의 결집에 모인 청중은 1000여 명의 승려와 선을 배우려는 자가 300여 명이었습니다…… 아침에는 구름처럼 모여들었고 저녁에는 비처럼 흩어졌습니다. 그러나 어렵게 싹이 튼 선심善心도 더 이상 성장하지 못하고 끝마쳤으니, 중생교화의 능력이 없음을 스스로 반성하며 부끄러워하였습니다. (『국청백록』3 「유서여진왕遺書與晉王」 제65, 『대정장』46, 809하)

관권은 1000명이 넘는 승속僧俗을 운집시켰던 60세의 노승 지의의 종교적 인격에는 머리를 숙이지만 국가의 법령에 위반된다면서 해산을 명했던 것이다. 여기에도 수의 통치 아래 놓여진 망국의 불교도가 자유를 구속당하고 감시를 당해야 하는 고난의 생활이 있었던 것이다.

지의는 주변이 수라장으로 바뀌고 지옥처럼 변한 것을 피하여 호남, 호북으로 지팡이를 끌며 정처 없는 여행을 계속했다. 어느 곳을 가도 망국의 백성은 유랑민이었고 백성들에게는 살아 있는 기색이 한 군데도 없었다. 남북조가 대립하는 150년의 진통기를 지나서 이제는 역사적인 전환기가 오고 있었던 것이다. 이런 희생 없이 평화를 얻을 수 없다는 것은 비참한 사실이라고 말하지 않을 수 없었다. 여행길에 심양강潯陽江에서 가까운 분성湓城에 머물렀는데, 지금의 강서성 구강현九江縣이다.

개운치 않은 여행지의 잠자리에서 꿈에 한 노승이 나타나 심양의 도간陶侃이라는 사람이 광주의 자사였을 때 바닷속에서 문수보살상을 얻고 여산에 제사 지내는 것을 보았다. 이 산은 현재 강서성 북부에 있으며 북쪽은 양쯔강, 동에서 남으로는 파양호鄱陽湖와 접하여 삼면이 물로 둘러싸여 있으며 물이 많으니 언제나 안개가 서려 있다. 산의 서북쪽과 남쪽은 깎아지른 절벽을 이루고 있으며 천하의 절경이다. 백거이白居易가 암자를 지었던 서북의 향로봉은 세이쇼 나곤淸少納言의 수필집 『침초자枕草子』에 인용되어 일본에서도 유명한데, 이 봉에서는 당의 이백李白이 "수직으로 떨어지는 폭포는 길이가 삼천 척[飛流直下 三千尺]"이라고 노래한 폭포가 멀리 보인다. 동남쪽으로는 오로봉五老峰이 줄지어 있다. 그 정상에 서면 양쯔 강으로 흘러드는 아홉 갈래의 지류가 안개와 구름이 길게 깔린 소나무 사이를 지나면서 햇빛을 받아 비단처럼 반짝이고 있다.

지의는 문수대文殊臺에 이르러 백련사白蓮社의 시조인 혜원慧遠의 초상화를 보고 비로소 꿈에 나타났던 노승이 사실은 혜원이었다는 것을 알았다고 한다. 석도안釋道安의 문하 가운데 가장 뛰어난 제자로 인정되는 혜원은 동진 효무제孝武帝의 태원 6년(381)에 양양襄陽에서 스승과 헤어지고 남하하여 여산으로 들어왔다. 그는 이 산에 은거하면서 벗들과 함께 절 부근에 연못을 판 뒤에 백련을 심고 염불행念佛行을 수행하면서 속세와는 완전히 단절되어 있었다. 그들을 백련사白蓮社라고 부른다.

지의가 여산에 들어앉자 때마침 가까운 심양에서 반란이 일어났고 수군隋軍과의 교전으로 부근의 사찰과 도관道觀은 대부분 전화를 입고 불타 버렸다. 하지만 지의가 머물고 있다는 소문이 심양에도 나돌자 여산의 여러 사찰만은 수군이든 반란군이든 손을 대지 않았다. 이 때문에 여산은 병란을 면할 수 있었다. 지의는 먼 옛날 혜원이 18명의 벗들과 함께 백련사를 결성하고 염불행을 수행했음에도 불구하고 혜원이 죽은 후 그 의궤儀軌가 인멸한 것을 애석히 여겼는데, 사종삼매四種三昧 가운데 상행삼매常行三昧를 재건하여 꿈에 나타난 혜원의 부탁에 보답했던 것이다.

진왕 광廣의 수계受戒─양주 선중사에서

강남의 젊은 진왕 광이 봉불奉佛함에 앞서서 먼저 아버지 문제가 일찍

이 개황 10년(590) 정월 16일에 지의에게 귀의하여 신뢰하는 칙서를 보냈다.[177]

당시 지의는 강남 불교계의 제1인자였다. 진 나라가 멸망하기 전 3년 동안 황제의 간청에 따라 광택사에서 법을 펴면서 왕실과 재상 이하의 신하에 이르기까지 지의를 스승으로 받들었고 또한 그를 지도자로 섬기는 승도들도 적지 않았다. 그가 수 나라 황실에 호의를 보이는지 아닌지에 따라서 수의 강남 통치에 미치는 영향은 매우 컸다. 또한 당시 문제와 황후는 열성적인 불교 신도였으며 홍불興佛 사업을 가장 적극적으로 진행하고 있던 때였다. 게다가 멸망 직전까지 친히 설법에 출석했던 진 황제 이하 지의의 최대 귀의자들이 다수 포로가 되어 장안으로 갔고 여기서 상당한 대우를 받고 있었으므로 지의의 학덕은 당시 문제의 귀에도 들어가서 문제 또한 지의를 주목하고 존경하기에 이르렀다. 따라서 개황 10년 정월 16일 문제가 지의에게 보낸 정성어린 친서는 불법에 대한 문제의 귀의심과 강남의 안정이라는 정치적 의도의 양면에서 나온 것이다. 문제에게 지의에 대한 존경의 의지가 있다 보니까 점령지의 통치 책임을 맡은 양주 총관 진왕秦王 준俊도 당연히 아버지 문제의 의중을 따랐다. 진왕 준은 이전부터 불교를 신봉하던 경력이 있었는데 전년도(589) 12월 17일에 진정으로 귀의하겠다는 뜻을 밝히고 지의에게 초청장을 보냈다.[178] 이어서 다음해(590) 5월 19일, 재차 시주물을 가져온 왕의 사자의 청을 받아들여서 지의는 양쯔강을 내려가려고 했는데 11월에 고지혜高智慧 등이 수에 항거하는 반란이 일어나서 가지 못하였다.[179]

이 반란 때문에 동생인 진왕秦王 준을 대신하여 양주 총관을 맡고 있던 진왕晉王 광廣도[180] 반란이 평정되자 동생에 이어 열심히 지의를 초청하였는데¹⁸¹ 양주의 선중사禪衆寺를 수선하여¹⁸² 그곳에 머물면서 법을 전하는 도량으로 삼도록 준비하였다.

여기서 진왕 광과 지의의 교섭이 시작된다. 즉 개황 11년(591) 11월, 진왕 광은 양주 총관부에서 천승재千僧齋를 베풀고 지의를 계사戒師로 삼아 보살계菩薩戒를 받고 '총지보살總持菩薩'이라는 법명을 얻었다. 왕도 또한 지의에게 '지자智者'라는 호칭을 올렸는데, 이후 지의에게 보내는 서신에는 스스로 '제자 총지'라고 쓰고 스승을 '지자선사智者禪師'로 부르게 되었다. 이때 진왕 광이 23세, 지의는 54세였다. 진왕 광의 「수보살계소受菩薩戒疏」(『국청백록』2 「왕수보살계소王受菩薩戒疏」 제26, 『대정장』46, 803상)에서는 이렇게 말한다.

지금 개황開皇11년 11월 23일, 총관總管의 금성전金城殿에서 천승재千僧齋를 열고 보살계를 받고자 경건히 선사를 모시나이다. 계戒란 효孝를 말하며, 또한 제지制止를 말합니다. 이는 반야바라밀을 닦는 방편이며 양친에 의탁하여 극성(極聖=佛)을 받드는 것입니다. 이 수승한 복으로 지존과 황후께 시주가 되어 대장엄大莊嚴을 짓는 것은 여래의 자비와 같아서 사생四生을 한 자식처럼 보는 부처님의 사랑을 널리 펴는 것입니다.¹⁸³

진왕 준과 진왕 광은 강남 통치를 위하여 부임하자마자 강남의 옛 진나라 승려 중에서 특히 부황父皇이 존경의 뜻을 보였던 지의에게 불사佛事를 맡길 것을 기획하였다. 진왕 준은 "황제를 위하여" 방등사方等寺를 짓고 행도行道해 줄 것을 청하는 것을 명기하였고, 진왕 광도 "황제, 황후를 위하여 양친에 의탁하여 극성極聖을 받드는" 수계의 뛰어난 복을 닦고 있다.

진왕 광은 문제와 황후 독고獨孤씨 사이의 네 아들 중에서도 어릴 적부터 거만한 미남이면서 현명했기 때문에 부모로부터 귀여움을 가장 많이 받았다. 차남으로서 황태자처럼 천자가 될 수 없는 신분임에도 불구하고 어떻게든 형인 황태자 용勇을 배제하고 자신이 황태자가 되려고 열망했다. 그래서 축첩을 몹시 싫어하는 어머니 앞에서는 후궁에게 아이가 생겼어도 전혀 돌보지 않았고 왕비 이외에는 여자가 없는 것처럼 가장하고 있었다. 그런데 황태자 용이 태자비 원元씨를 소홀히 하고 다른 여자와 사랑에 빠지고 원씨가 급사하는 사건이 일어났다. 황태자에 대한 어머니의 증오는 진왕 광에 대한 애정을 더욱 깊게 했다. 이와 동시에 양주를 중심으로 하여 수주壽州 총관 우문술宇文述,[184] 홍주洪州 총관 곽연郭衍 등과 함께 중앙의 양소楊素와 연락하여 황태자를 실각시키려는 모의를 추진하였다. 결국 개황 20년(600) 10월에 황태자 용 및 그의 자식들을 폐하여 서인庶人으로 떨어뜨렸고 11월에는 황태자가 되려는 열망이 성공을 거두었던 것이다. 요컨대 수도 장안에서 멀리 떨어진 진왕 광이 개황 11년 11월 지의에게 청하여 보살계 제자가 되고 황태자가 되기까지 만 9년의 총관 시대야말로 무엇보다도 '탈종奪宗의 계략'에 전념하고 또 추진하던 시기였다.

다시 형주로의 여행(여산→담주→형주)

지의는 양도揚都의 선중사에서 진왕 광으로부터 불사에 필요한 모든 공양을 받았고 아울러 일체의 생활 보장을 받으면서 제자 40여 명과 함께 머물렀다.[185] 그러나 그곳은 강도江都를 건설하는 도중이라서 평온하게 불도를 수행할 수 있는 곳은 아니었다. 또한 선禪을 구하고 혜慧를 원하는 자들이 오기를 기대했지만 진지한 구도자는 모이지 않았고, 신도들의 보시만 받는 것을 불편하게 여긴 지의는 진왕 광의 간절한 만류[186]를 뿌리치고 이듬해 개황 12년(592) 양쯔강을 거슬러서 서쪽으로 향했다.[187]

생각건대 개황 11년 말부터 이듬해 초까지 양쯔강 남쪽의 장주蔣州(건강)에서는 관권의 사찰 파괴 및 접수가 속속 행해져 옛 진 나라의 승려들은 불안에 떨고 있었다.[188] 진왕 광의 정치도 신뢰를 갖기에는 아직 미흡했기 때문에 강 북안에 있는 강도江都(양주 총관부 소재지)까지 수행을 위하여 외출하는 일은 그다지 많지 않았을 것이다.

지의는 양주에 머문 지 4개월 만에 작별을 고하고 여산으로 돌아왔다. 점령지 행정 아래서 고통 받고 있는 장주의 불교도를 위하여, 또한 여산의 사찰을 위하여 진왕에게 간청하여[189] 개황 12년에는 여산에서 하안거를 보냈다. 하안거가 끝난 후 8월에는 다시 형산에서[190] 스승 혜사의 영혼을 위로하였다. 그런데 혜사가 입적한 지 10여 년이 지났는데도 아직까지 비석을 세우지 않았으므로 지의는 진왕에게 비문의 찬술을 의뢰하였다. 그리고 혜사가 담주(潭州:長沙)에 건립했던 대명사大明寺의 미천도안彌天道安이 형주에 세운 상명사上明寺의 단월檀越(시주)이 되어 달라고 진왕 광에게 부탁하였다.

남악대사께서 입적한 뒤 아직까지 송덕비頌德碑가 없습니다. 이전에 스스로 만드는 것을 허락해 주신 가르침을 입었는데 부디 이 뜻을 잊지 말아주십시오. 남악대사는 담주에 대명사大明寺를 건립하였고 미천彌天 도안道安은 형주에 상명사上明寺를 세웠습니다. 앞서 가르침과 영향을 입었으니 원컨대 두 선덕을 기리기 위해 단월주檀越主가 되어 주십시오. 빈도는 세상에서 산 지 60년, 아직 훌륭한 불사의 공덕을 이루지 못하였고 나이 들고 힘도 없어 용심할 것을 많이 빠뜨립니다. (『국청백록』3 「유서여진왕遺書與晉王」 제65, 『대정장』46, 810상~중)

아마도 이 무렵 대명사와 상명사를 참배하고 황폐해진 모습을 직접 목격했을 것이다.

옥천사玉泉寺에서

옥천사의 건립 – 형주에서

개황 13년(593) 2월 22일, 진왕은 북향하여 조정에 들어가는 도중에 섬주陝州에서 사신을 보내 형주에 있는 지의를 위문하였다.[191] 또한 진왕은 연이어 들어오는 지의의 부탁을 잘 이해하여 자신의 의지로 '제자 총지'를 자칭하였고 실로 경건한 다수의 편지를 남기며 개황 13년 장안에 입조하였다.[192] 진왕은 당연히 강남 통치의 실정을 보고하는 가운데 봉불에 열성적인 부모에게 자신이 명승 지의와 사제의 인연을 맺었고 그의 지도를 받아서 각종 공덕을 쌓았으며 강남의 민심을 성공적으로 안정시켰다고 말하는 것을 잊지 않았을 것이다. 그것은 삼보를 흥륭하는 데 열심이었던 황제와 황후를 기쁘게 했을 것으로 생각된다.

한편 개황 12년 말 혹은 13년 초에 형주로 들어간 지의는 먼저 십주사十住寺를 수선하여 임시 거처로 삼고 이어서 옥천사 건립에 착수하였다.

지자선사는 덕망이 높은 분인데 근년에 청을 드려 정계(淨戒)를 받았다. 지금 그곳 형주의 십주사十住寺를 수리하고 서쪽으로 가서 옥천사를 건립하려 한다. (『국청백록』3 「왕여상주국기군공형주총관달계유서王與上柱國蘄郡公荊州總管達溪儒書」 제55, 『대정장』46, 808중)

그 무렵 지의는 호북성의 당양當陽으로 가서 그곳에서부터 서쪽으로 30리 정도 벗어난 곳에 있는 산세를 멀리서 바라보았다. 산색은 푸른빛이 감돌고 속세를 벗어난 도량을 세우기에 적합한 곳이었다. 이 산에는 유명한 물이 있는데 물빛이 희고 맛은 차가워서 옥천玉泉이라는 이름이 붙었으며 이 때문에 옥천산[193]이라고 부른다는 말을 들었다. 그러나 이 산은 예로부터 삼독산三毒山이라고도 불리듯이 요괴妖怪가 출몰하는 소굴이라는 이유로 사람의 흔적을 찾기 힘든 곳이었다. 『불조통기』 권6의 전기傳記에 다음과 같은 일화가 실려 있다.

속인들이 두려워하며 가까이하지 않는 산은 확실히 수업의 정역淨域으로 삼기에 적당하다고 생각하고 홀로 산을 올라갔다. 없는 길을 더듬어서 정상 부근의 금용지金龍池 근처로 갔다. 그곳에서 북쪽으로 100걸음 정도 되는 곳에 커다란 나무 한 그루가 있었으므로 그 나무의 빈 구멍에 자리를 정하고 좌선을 시작했다. 어느 날 큰 뱀 한 마리가 나타나서 지의를 집어삼키려고 하였으나 지의는 겁을 먹지도 않고 태연히 있었다. 그러자 뱀은 지운 듯이 사라졌다. 그런 일이 7일 정도 계속되었다. 그러자 비몽사몽간에 훌륭한 장수 복장을 한 두 사람이 나타나서 위의를 갖추고 인사하였다. "그대는 누구인가?"

지의가 물었더니 길고 아름다운 수염을 기른 거한이 답하였다.

"나는 한漢 나라 말기에 촉蜀의 유비劉備와 의형제를 맺고 무명武名을 날렸던 관우關羽194라는 장수요. 위魏 나라의 조조曹操는 의롭지 못한 사내입니다. 오吳 나라의 손권孫權은 자신을 지키기에 급급한 소극적인 남자이며 촉의 유비만이 쇠약한 한 나라의 종실을 부흥하려고 악전고투를 했습니다. 그래서 나는 형제의 약속을 맺고 싸웠소만 불행히도 유비는 뜻을 다하지 못하고 쓰러졌습니다. 하나뿐인 동생 장비張飛는 부하에게 암살되고 나도 오 나라 여몽呂蒙의 부하와 싸우다가 전사했소. 그래서 이 옥천산에 혼백이 머물고 있소."

지의는 관우 장군의 혼령과 이야기하는 도중에 무릎을 탁 치며 관우 장군이 형주의 태수였다는 것을 떠올렸다. 현세에 집착을 남긴 영혼은 쉽게 해탈할 수 없는 것인지도 모른다.

"그래서 나는 속인이 함부로 이 산에 들어오는 것을 좋아하지 않습니다. 벼락을 치거나 광풍을 일으켜서 놀라게 하면 대부분의 사람들은 겁을 먹고 접근하지 않습니다. 그런데 선사께서는 무엇 때문에 이 산에 올라왔소?"

"꿈에 계시를 받고 이 산에 도량을 세우려고 한다."

그러자 관우의 혼령은,

"원컨대 나의 영혼을 위로하여 7일 동안 좌선을 하고 황송하지만 설교를 들려주십시오. 그러면 선사께서 희망하시는 대로 따르도록 하겠습니다."

이렇게 말하는가 했더니 어느새 자취를 감추고 말았다. 관우의 말대로 7일 동안 좌선을 하고 앞을 바라보자 푸른 물이 가득했던 금룡지는 드넓은 평지로 변해 있었다. (『불조통기』6, 『대정장』49, 183중)

그리고 이 옥천산에 세운 절이 유명한 옥천사였다.

이상의 전설은 지의가 옥천사를 건립하고 고향의 태수였던 관우 장군의 속마음을 헤아리고 그의 혼령에게 제사 지냈던 일에서 비롯된 것으로 생각된다. 중국 도처에 관제묘關帝廟가 있으며 제사 지내는 사람들이 있었다.

이처럼 "그 땅은 원래 거칠고 험하여 맹수와 뱀이 들끓는다. 예로부터 삼독三毒의 늪이라고 불렀다"는 산 속을 개척하여 가람을 짓는 일은 쉬운 일이 아니었다고 생각된다. 그러나 "신심 두터운 시주자나 선을 쌓으려는 사람이 함께 일재一材 일와一瓦를 보시하였고, 이러한 대중의 힘에 의해서 불사는 신이 하는 일처럼 곧바로 이루어졌다."(『국청백록』4「옥천사비」제94, 『대정장』46, 820중)라는 기록처럼 많은 사람들이 초스피드로 공사를 진행하였다. 지의는 가람 건설의 도면이 그려진 것으로 보이는 개황 13년 5월 2일에 장안에 입조 중이던 진왕 광에게 제자 지수智邃에게 옥천사의 도면을 지참시켜서 가람 건립의 뜻을 밝히고 절 이름을 하사해 주도록 청했던 것이다.

이 새로운 가람은 처음에는 일음사一音寺라고 불렀는데, 개황 13년 7월 23일자 조칙에서 문제는 형주에 있는 지의를 위문하고 그가 세운 절에 '옥천사'라는 이름을 하사하였다.[195] 진왕의 중재에 의한 것임은 말할 것도 없다. 장안의 강남 출신 귀족인 후량주後梁主 소종蕭琮[196]과 예전에 진영군陳領軍이었던 채징蔡徵,[197] 그리고 장안 흥국사興國寺의 담섬曇暹[198]도 이를 기뻐하며 존경의 편지를 보냈다. 소종은 "옥천에서 머물면서 사찰을 창건하니 명승들이 구름처럼 모여들었고 도를 묻는 이들이 먼 곳에서 달려왔다는 것을 들었다"고 하였고, 담섬은 "명성이 높고 도가 뛰어나 불도

징佛圖澄 화상이 다시 오셨나 의심하였고 덕이 두텁고 지혜가 깊어 도안道安스님이 환생한 것이 아닌가 생각하였다"고 전하였다.

진왕이 장안에 들어가서 자신에게 계를 준 은사인 지의를 널리 소문낸 것은 상당한 영향을 미쳤다.

『법화현의法華玄義』 설법

형주는 『법화경』과 인연이 있는 땅으로서 지의가 이곳에서 『법화현의』[199]와 『마하지관』을 설한 것은 결코 우연이 아니다.

형주 옥천사에서 출가한 법름法懍은 틈만 나면 『법화경』과 『유마경』을 독송했으며 여행에 나설 때도 항상 법화경 한 상자를 지녔다고 한다. 형주 복주산覆舟山 동쪽 봉우리에서 법상法常과 함께 오랫동안 살았던 법은法隱은 『법화경』 『유마경』 『사익경思益經』을 항상 독송했다고 한다. 또 천황사天皇寺에서 출가한 법인法忍은 강릉 사람인데 『유마경』과 『법화경』을 수지受持하고 옥천산의 북쪽 동굴에서 숨을 거두었다. 십주사十住寺에서 출가하여 『법화경』 『유마경』 『승천왕경勝天王經』 등을 독송하던 혜성慧成은 여산에서 지의를 만나 함께 남악 혜사의 가르침을 받았는데 "지의는 먼저 삼매를 발한 뒤에 총지를 증득하였다. 혜성은 이에 반하지만 두 사람은 적조행해寂照行解를 성취했다"고 하며, 지강枝江에 선혜사禪慧寺를 세우고 지의가 옥천사에서 오자마자 함께 깊은 이치를 논했다고 한다. 그의 스승인 용천사龍泉寺의 나운羅雲은 도안道安이 지은 상명사上明寺에서 수십 편의 경론을 강의하였다. 등계사等界寺에는 법안法安이 주석하면서 가끔씩 혜성을 찾아가 담론을 나누었는데 이 절은 또한 유규劉虯가 『법화경』을 주해註解했던 고적으로 알려져 있다. 더욱이 지의가 옥천사를 세우기 이전에 건립했던 십주사가 있으므로 『불조통기』에 "개황 13년 여름 4월부터 옥천에서 법화현의를 설법했다"고 하면 이들 중 어느 절에서 『현의』를 설했다고 상정할 수 있을 것이다.

그러나 형주에 있어서 『현의』와 『지관』의 강의는 지의의 명성이 천하에 자자하던 때에 행해진 것으로서 옥천사는 많은 청중을 수용하기에 충분한 규모의 대사찰로 건립되었으며, 특히 공사를 서둘렀던 이유는 이 절에서 역사적인 의미를 갖는 『현의』와 『지관』을 강의하기 위한 것으로도 볼 수 있다.

이 무렵 도인사導因寺의 혜암慧巖은 가끔씩 십주사의 도진道臻법사를 지의에게 보내서 「도인사혜암등치서導因寺慧嵒等致書」[200]라는 편지로 『법화경』 강의를 간청하고 있다. 여기에는 날짜가 적혀 있지 않지만, 혜암은 다시 보살계 제자 진자수陳子秀 등과 함께 지의에게 『법화경』의 강의를 간청하는 편지 「형주도속청강법화소荊州道俗請講法華疏」[201]를 썼다. 이 편지에는 '개황 13년 8월 10일'이라는 날짜가 명기되어 있다.

> ……우러러 생각하오니 선사께서는 헤아릴 수 없는 위치에 계시고 널리 모든 곳에 미치는 마음을 품고 계시며, 도는 삼공三空을 꿰뚫으셨고 지혜는 백법百法을 인도할 수 있습니다. 부디 법화 1부를 선양해 주시기를 간청하옵니다.

다만 이 편지에는 『법화경』의 제목 또는 『법화현의』의 강의를 부탁하는 명문이 없으며 하안거 중에 『현의』의 강의가 끝났기 때문에 계속해서 경전 강의를 요청하는 편지라고도 해석할 수 있다. 하지만 개황 15년 6월 25일에 쓴 진왕의 편지(『국청백록』2 「왕중청의서王重請義書」 제50)에는 법화현의의 개강開講에 대해 "앞서 형주에 가서 법화경을 강의했다"고 하니 앞의 편지를 『현의』 개강을 위한 간청서라고 볼 수도 있을 것이다.

이렇게 보면 옥천사의 건립도 사액寺額을 하사받은 개황 13년 7월 23일로 일단락되었는데, 이 무렵 형주의 도속으로부터 8월 10일자의 법화경 강의 요청이 있었고 이것을 계기로 옥천사의 낙성 기념으로서 형주에서의 지은地恩에 보답하기 위하여 나무 향기도 새로운 새 강당에서 『법화현의』를 개강했을 것이다. 때는 개황 13년 8월도 지난 가을 무렵이었다.

큰 법이 동쪽으로 전해진 뒤 고승전에 기록된 스님 가운데 일찍이 강의를 듣지 않고 불승佛乘(법화경)을 스스로 깨우친 사람이 몇이나 되겠는가? 설령 깨달았다 해도 다시 삼매에 들어가 다라니를 얻은 자가 있었던가? 설령 선정과 지혜를 갖추었다 해도 황제의 수도에서 두 법을 전한 사람이 있었던가? 설사 청중이 가득 있어도 대중들을 떠나 깊은 산속에 은거한 분이 있었던가? 설사 세속을 피하여 심오한 도를 지켰다 해도 두 나라의 국사國師로 추앙받았던 분이 있었던가? 가령 황제에게 존경받았다 해도 태극전에서 황제를 상대로 『인왕반야경』을 강의한 사람이 있었던가? 가령 정전正殿에서 법을 폈어도 주상에게 삼배를 받은 사람이 있었던가? 가령 천자가 무릎을 꿇었다 해도 수많은 고승과 대신들이 찬탄하느라 순식간에 궁궐을 떠들썩하게 만든 사람이 있었던가? 가령 승속이 모두 공경한다 해도 『법화경』의 깊은 뜻을 깨우친 사람이 있었던가? 가령 경전의 뜻을 얻었다하여도 능히 문자 없이 요설변재로 주야로 유창하게 설할 수 있는 분이 있었던가? 오직 우리 지자대사만이 이러한 공덕을 모두 갖추시었도다. 나 관정은 다행스럽게도 옛날 건업建業에서 처음 경문 설하심을 듣고 두 번째는 강릉에서 『법화현의』 강의를 들었으나 만년에 천태산에 돌아와 곧 대사께서 입적하시고 말았다. 형주와 양주를 왕복하는 도정이 만 리나 되지만 전후에 걸쳐 연결하여 겨우 한 차례 강의를 들었을 뿐이다. 미처 설하지 않으신 것은 듣지 못했을 뿐 아니라 들은 것이라 할지라도 다 이해가 되지 않으니 들여다보고 살펴보아도 그 뜻이 심오하고 높다는 것만 더욱 느끼게 될 뿐이다. 그러므로 오직 한스러운 것은 인연이 얕아 강의를 두 번 세 번 다시 듣지 못한 것이고, 물어보려 하여도 물을 곳이 없다는 것이니 마치 송아지가 어미젖을 그리워함과 같다. 하지만 다시 생각해야 할 것은 이 강의 내용마저 없어지면 앞으로 애통하리라는 것이니, 마치 『열반경』에서 나무와 돌에 법문을 적어 전한 것과 같고 이 『법화경』에서 법문 들은 것을 마을에 전한다고 한 것과 같다. 그리하여 성전에 따라 글을 써서 후대에 전하니 『법화현의』와 『법화문구』가 각각 10권이다. 혹은 경전과 논서의 진실한 말을 이 오묘한 글에 덧붙였고 혹은 다른 여러 학설들을 들어 그들이 원만하지 않음을 보였다. 후대의 수행자들은 감로문이 여기에 있음을 알 것이다. (『묘법연화경현의』, 『대정장』33, 681상~중)

지의의 제자 관정灌頂은 『법화현의』에 이렇게 스스로 기록한 연기緣起를 덧붙이고 있다.

마하지관摩訶止觀 강의

개황 14년(594) 4월 26일, 지의는 형주 옥천사에서 『마하지관』[202]을 강의하였다.

관정灌頂은 다음과 같이 사정을 전하고 있다.

지관止觀은 밝고 고요한 것으로 전대前代에 아직 듣지 못한 것이다. 지자대사는 수 나라 개황 14년 4월 26일에 형주 옥천사에서 여름 한철 동안 하루 두 번 법을 펴서 자비의 비를 내려주셨다. 요설樂說은 끝이 없지만 '제견경諸見境'에 이르러 법륜 굴리기를 그치고 뒷부분은 설하지 않으셨다. 하지만 강물을 뜨면 근원을 알 수 있고 향기를 맡으면 뿌리를 찾을 수 있는 법이다. 『대지도론』에 "나의 수행에는 스승이 없다" 하였고 『서응경』에서는 "정광여래에게 기별을 받았다"고 하였으며 『논어』에서는 "나면서 알면 상등이고 배워서 알면 다음으로 좋다"고 하였다. 법문이 넓고도 묘하니 천연의 진여가 홀로 빛난 것인가, 아니면 쪽에서 나온 푸른색인가? …(중략)… 이 지관은 천태 지자대사가 자신의 마음속에서 나온 법문을 설하신 것이다. 지자대사가 태어나실 때는 빛이 방에 가득하였고 눈동자가 두 겹이었다. 법화경참법을 수행하여 다라니를 발득하고 법을 받은 스승을 대신하여 금자 『반야경』을 강의하였다. 진과 수 두 나라에 숭앙되어 황제의 스승으로 계시다가 편안히 선정에 든 채 입적하셨으니 계위는 오품제자위에 이르셨다. 그러므로 『법화경』에 이르시기를, "400만억 나유타 나라의 사람들에게 일일이 칠보를 주고 또한 교화하여 육신통을 얻게 한 공덕이 법화경 설하는 것을 듣고 처음 기뻐한 사람의 공덕보다 백천만분의 일에도 미치지 못한다"고 하였는데 하물며 오품제자위의 공덕임에랴. 글에서는 또, "즉 여래의 사자이고 여래께서 보내신 것이며 여래의 일을 행하는 것"이라고 하였고 『열반경』에서는 "이것이 초의初依보살"이라고 설하였다. 지자대사는 남악선사를 사사하였다. 남악선사의 덕행은 불가사의하니 10년간 오로지 송경誦經하고 7년간 방등참법을 닦았으며 90일간 상좌삼매를 행하여 일시에 원만히 증득한 분으로서 대소승의 법문을 밝게 꿰뚫으셨다. 남악은 혜문선사를 사사하셨으니 그는 제나라 때에 하회河淮지방에서는 독보적인 존재였다. 그의 법문은 세상에서 알 수 있는 것이 아니었으니, 땅을 딛고 하늘을 이고 있어도 그 두터움과 높음을 모르는 것과 같다. 혜문스님은 오로지 『대지도론』에 의거하여 용심하였는데, 이 논은 법장을 전한 제13조인 용수보살이 지은 것이다. 지자대사께서는 『관심론』에서 "용수대사께 귀의합니다" 하였으니 용수보살이 고조高祖가 됨을 증명할 수 있다. 이를 의심하는 사람이 "중론은 쓸어버리고 지관은 건립하는데 어찌 같을 수 있는가?"하고 말한다. 하지만 인도에서 논에 주석한 사람이 70여 명인데 청목만 옳고 다른 이들은 그르다고 하여서는 안 되는 것이다. 또 『중론』에서 "인연으로 생긴 법을 나는 공이라고 설하니, 이것은 또한 가명假名이며 또한 중도의 뜻이다"고 하였다. 운운. 천태는 남악으로부터 삼종지관을 전하였으니, 첫 번째는 점차지관이고 두 번째는 부정지관이며 세 번째는 원돈지관이다. 이들은 모두 대승이고 실상實相을 대상으로 삼으며 똑같이 지관이라고 부른다. 점차지관은 처음은 얕고 나중은 깊은 것이니 마치 사다리를 오르는 것과 같고, 부정지관은 앞뒤가 서로 바뀌는 것이니 금강보가 햇빛 중에 놓여 있는 것과 같다. 원돈지관은 앞과 뒤가 둘이 아니니 마치 신통을 얻은 사람이 창공에 날아오르는 것과 같다. 세 가지

근기와 성품을 위해 세 가지 법문을 설하고 세 가지 비유를 쓴 것이다. 이로써 개요 설명을 마치고 다시 자세히 설하겠다.

이 글에 이어서 『마하지관』의 핵심이라고 할 수 있는 246가를 설해진다.

원돈지관은 처음부터 실상을 대상으로 삼는다. 경계에 나아가면 곧 중도에 즉卽하니 진실 아님이 없다. 인연을 법계에 묶고 오로지 법계만 생각하면 하나의 색, 하나의 향도 중도中道가 아님이 없다. 나의 세계와 부처님의 세계, 중생의 세계도 그러하다. 오온 십이처가 모두 진여이니 버려야 할 고苦가 없고 무명과 번뇌가 보리에 즉해 있으니 끊어야 할 집集도 없다. 치우친 것이나 삿된 것이 모두 바른 중도이니 닦아야 할 도道가 없고 생사가 바로 열반에 즉해 있으니 증득할 멸滅도 없다. 고와 집이 없으니 세간이 없고 도와 멸이 없으니 출세간도 없다. 순전히 하나의 실상일 뿐, 실상 외에는 다시 다른 법이 없다. 법의 자성이 고요한 것을 지止라 하고 고요하지만 항상 비추는 것을 관觀이라고 한다. 비록 처음과 뒤를 말하지만 둘이 아니고 다른 것이 아니다. 이를 일러 원돈지관이라고 한다.(『마하지관』1상, 『대정장』46, 1상~2상)

관정의 필록을 보면 과연 살아있는 지의의 설법을 직접 듣는다는 생각이 든다.

한편 개황 14년 7월, 섬서 지방은 큰 가뭄으로 기근이 들었다. 8월 9일(신미)에 문제는 관중關中의 백성을 이끌고 식량을 찾아서 낙양으로 옮졌다.

 10월 무렵이 되자 진왕은 문제에게 태산에서 제사를 지낼 것을 권유하여 결국 개황 15년 정월 3일(임술) 황제의 태산 행차에 수종隨從했으며 제사를 끝내고 2월 말경 양주 총관부로 돌아왔다.[203]

제 6 장

만년晩年時代
시대

천태산으로 돌아오다

양주揚州 선중사禪衆寺로 돌아오다

개황 15년(595) 봄, 진왕으로부터 여러 번 요청을 받고[204] 지의는 다시 양주 및 천태산으로 돌아왔다. 여기서 그에게 남겨진 3년간의 만년 시대가 시작되는데 파란만장한 그의 생활은 겨우 안정을 찾아 전기작가傳記作家들에게는 이야기할 만한 것이 별로 남아 있지 않다. 이미 구도 시대의 끝 무렵에 가까웠으므로 교단 유지의 불안을 제외하면 그의 생활은 규칙적인 구도 생활로 평온했지만 천태산으로 들어온 후 진왕의 수완으로 이 마지막 불안도 사라졌다. 그의 생활은 오로지 구도의 세계로 집중되었다고 할 수 있다.

돌아온 지 두세 달쯤 되었을 때 장안 방면에서 지의의 명성이 높아진 것을 확인한 진왕은 지의에 대한 존경을 더하여 제자의 예를 표하였다. 교리에는 뛰어나도 선禪을 체험하지 못한 이곳의 학승들과는 달리 "유有에 걸려 있는 아비담학과 공空에 빠진 삼론학의 과실을 넘어서" 있는 지의의 가르침을 가장 완전한 것으로 보고 지의야말로 선정과 지혜를 모두 갖춘 고승이라고 성인처럼 여기기에 이르렀다. 하지만 이 무렵 진왕의 마음속에는 점점 더 황태자로, 천자로 향하는 야망이 고개를 들었으며 이를 위해서 모든 책략을 다 쓰면서 목적 달성을 위해서는 인륜까지 무시하며 방해자를 배제하려고 결심했다는 점도 간과할 수 없다. 개황 15년 6월 21일, 지의의 지도에 따라 보살의 천관天冠이 완성된 것을 기뻐하며 진왕은 지의에게 다음과 같은 편지를 썼다.

…… 관은 몸을 더욱 존엄케 하고 단정 엄숙하여 머리에 걸맞습니다. 무릎 꿇고 받든 뒤 거울에 비추면서 이리저리 다녀보니 누추한 용모를 잘 꾸며서 한결 화려해져서 볼 만하게 된 것 같습니다. 제자는 다행스럽게도 스승님의 가르침을 과분하게 받아 무시 이래로 깨달은 분에게 의지하게 되었으니 색色과 마음은 지음이 없고 …… 몇 년 전에 경건히 수계하였습니다. 육체는 허술하기 그지없으나 마음은 밝은 구슬을 보호하게 되었으니 여기에 여러 선정에 의해서 산란한 마음을 물리치면 고요함으로 돌아갈 것입니다. 하지만 복 없는 범부로서 나라와 지방을 책임져야 하고 또한 자식과 신하된 사람으로서 도리를 태만히 할 수 없으니 어찌 사연四緣에 의지하여 능히 삼매에 들 수 있겠습니까? …… 또 전광석화처럼 번뇌를 끊어 버린 사례는 매우 많고 혜해탈慧解脫을 이룬 도반들도 적지 않습니다. 즉시 번뇌를 끊고 지혜 얻는 것을 마음에 새겨 가르침을 앞장서 실천하여 영영 법의 흐름에 따르면서 아울러 나라를 다스리고 싶습니다. 하지만 모르겠습니다. 막힌 저에게 교화를 펴실 수 있을까요? 사도師道가 엄하고 귀한데 뜻을 굽히실 수 있을까요? 숙세의 근기가 얕은데 싹을 틔울 수 있을까요? 보살

이 중생의 근기에 응하지만 그 시간에 맞는 것일까요? …… 『국어國語』에 "백성의 생활은 부모와 스승과 군주에 달렸으니 이들을 하나같이 섬기라"고 하였는데, 하물며 불전에서 스승을 따르지 않을 수 있겠습니까? 지금의 말씀은 평소 품고 있던 진심을 피력한 것입니다. 일의 성취를 중히 여기시어 사양하는 겸사는 하시지 않기 바랍니다. 삼가 인사드립니다. 6월 21일.
(『국청백록』2 「왕사천관병청의서王謝天冠幷請義書」 제48, 『대정장』46, 807중)

천관을 받고 거울을 보며 기뻐하는 젊은 진왕에게서 그 마음속에 오가는 천자의 꿈을 읽을 수 있다.

진왕은 이 보살의 천관에 대하여 고마워하면서 아울러 『유마경소維摩經疏』의 저술을 의뢰하였다. 그는 유마거사를 재가불교의 이상적인 인물로 본 것이겠지만 지의는 이를 거절하였다.

빈도 산승이 본래 원하는 바는 예전부터 천태의 옛 거처에 있는 것입니다 …… 특히 깊은 산중에 몸을 의탁하며 수행을 하기 위해서는 도읍이 아닌 곳에서 해야 한다고 생각합니다. 최근 과분하게 사람들에게 스승의 대접을 받고 있으나 어리석은 자신을 돌아보면 적당한 때가 아닌 것 같습니다. 하물며 성은을 날마다 베풀어주시고 다시 이 명을 내려주시니 ……. (『국청백록』2 「양청의서讓請義書」 제49, 『대정장』46, 807중)

하지만 진왕은 6월 25일에 유고언柳顧言을 다시 보내어 간절히 청하니 결국 지의도 그 청을 받아들여 『정명소淨名疏』를 헌상하게 되었다.

제6장 만년시대晩年時代 195

제자 총지는 문안드립니다. …… 오직 원하옵나니 아직 얻지 못한 것을 얻게 하고 아직 제도하지 못한 중생을 제도하기 위해 끝없이 설법하여 법시法施를 무궁하게 베풀어 주옵소서. (『국청백록』2 「왕중청의서王重請義書」 제50, 『대정장』46, 807하)

그해 7월에는 『유마경소』 초권初卷을 진왕에게 올리고 천태산 입산을 요청했으며 가까운 서하사棲霞寺에 머물도록 하라는 말을 거절하고[205] 진왕으로부터 천태산 사찰의 수리와 조성에 시주가 되겠다는 승낙을 얻고 9월 말경에 천태산으로 들어갔다. 진왕도 다시 장안으로 향하였다.

제1회 『유마경소』의 헌상

개황 15년 7월, 58세의 노승 지의는 진왕의 야망을 알았는지 몰랐는지 『정명경소』 초권을 올렸다.

제자 총지는 문안드립니다. 보내 주신 초권 『의소義疏』가 도착하여 무릎 꿇고 법보를 받들었습니다. 대강 핵심을 살펴보니 실단悉檀의 가르침은 일찍이 안팎에서 모두 들어보지 못하였던 것입니다. 그러므로 용수는 부처님을 대신한 불가사의한 보살임을 알겠습니다. 지금 저술하신 것은 육안으로서는 그 명암을 알 수가 없어서 삼가 깊이 연구를 해야 하겠기에 알현하는 시기가 늦어질 것 같습니다. 삼가 인사드립니다. (『국청백록』3 「왕사의소서王謝義疏書」 제51, 『대정장』46, 808상).

이 편지에는 날짜가 없는데 개황 15년 6월 25일(『국청백록』 50)의 편지와 7월 27일의 편지(『국청백록』 52) 사이에 있으니까[206] 7월 상순이나 하순의 편지이다. 진왕은 이 법보法寶를 받고 전대미문의 사실단四悉檀의 이치가 설명되어 있는 것에 찬탄하였다.

지의는 『법화경』을 비롯한 모든 경전을 해설할 때 인연석因緣釋·약교석約敎釋·본적석本迹釋·관심석觀心釋 등 이른바 4종석四種釋을 이용하고, 그 교의를 논술함에 있어서는 명名·체體·종宗·용用·교敎 등 이른바 5중현의五重玄義를 사용한다. 4종석 중에서 인연석이라는 것은 부처님과 중생의 감응感應 인연에 기초를 두고 경전을 읽어 가는 해석법이다. 말하자면 가장 일반적으로 행해지고 있는 경전 해석법을 말한다. 다만 지의는 이 해석법에서 경전의 자구 하나하나를 해석할 때 이른바 4실단悉檀을 사용하는 것을 상규로 삼았다. 실단이라는 것은 범어(산스크리트) Siddhānta의 음역으로서 성취·종宗 등으로 번역되고 있다. 지의는 실단을 범어와 한문이 혼합된 단어로 보아 실悉은 편편이고 단檀은 단나檀那 dāna의 약어로서 널리 베풀어서 모든 것을 성취하게 하는 것이라고 해석하였다. 4실단이란 ①세계실단(世界悉檀, 樂欲悉檀)—사람들의 기호와 요욕樂欲에 응하여 편의대로 경전을 해석하고 흥미가 생기도록 하는 해석법 ②위인실단(爲人悉檀, 生善悉檀)—경전을 이해하는 사이에 자연히 사람들로 하여금 선한 마음을 일으켜서 선한 일을 하게 만드는 효과를 생기게 하는 것을 목적으로 한 해석법 ③대치실단(對治悉檀, 斷惑悉檀)—경전을 음미하며 읽는 사이에 사람들로 하여금 자연히 나쁜 마음을 버리고 나쁜 일을 그만두는 효과를 생기게 하는 해석법 ④제일의실단(第一義悉檀, 入理悉檀)—사람들로 하여금 항상 궁극의 묘리에 오입悟入하도록 하려는 것을 잊지 않는 입장에서의 해석법을 말한다. 이 4실단의 정신은 제각기 서로 어울려서 만인에게 이득이 되게 하려는 해석법의 기준으로서 지의는 제반 경전을 해석하는데 언제나 이 4실단을 자구 해석의 방법으로 삼고 있었다. 또한 『법화현의』에 있어서는 5중현의 그 자체의 총론인 이른바 7번공해七番共解는 이 4실단에 의하여 구성된 것으로 보았고 『마하지관』 전체도 역시 이 4실단의 원칙에 따라 조직되었으며 『유마경현소』도 마찬가지로 5중현의의 이름과 서열을 명백히 밝힌 총론 조條에 상세히 설명되어 있다. 따라서 극히 비중이 큰 천태 지의의 교의의 한 특색으로서 주목되는 것이다.

개황 15년 7월 27일, 진왕은 『유마현의』를 저술한 데 대하여 감사의 뜻을 밝히고 있다.

제자 총지는 문안드립니다. 형주의 옥천사와 십주사 두 절은 근자에 이미 명을 내려 조사토록 했고 지금은 칙서를 강릉의 총관에게 보냈습니다. 응당 관할 기관에 명하여 결국 승단에서 보낸 사자의 뜻대로 이루어질 것입니다. 제자(진왕)는 우러러 정계淨戒(보살계)를 받았고 속세의 인연으로 조금 의리를 알고 지智바라밀을 닦기를 희망하였습니다. 이에 허락의 뜻을 내려주어 『의소』를 저술해 주시므로 비로소 계발해 주신 데 의지하여 지혜의 문을 향할 수 있게 되었습니다. (『국청백록』3 「왕론형주제사서王論荊州諸寺書」 제52, 『대정장』46, 808상)

10년 만의 천태산 – 입제법立制法[207]

지의는 지덕至德 3년(585) 3월 하순, 진 후주의 청을 받아들여서 하산한 이래 10년 만에 다시 천태산에 올랐다.

이때 왕이 조정에 들어가게 되어 대사는 그를 사직하고 동령東嶺(천태산)으로 돌아갔다. 온 마을 사람들이 나와서 거리를 쓸고 도랑을 청소하였고 귀로歸路의 수령들은 번기를 걸어놓고 맞이하였다. 옛 절은 황폐하여졌다. 무릇 12년간 사람의 자취가 끊겼으니 온갖 나무들과 대나무가 자라 숲을 이루고 있었다. 돌아서 산 중턱에 이르렀는데 홀연히 한 사문이 보였다. 그는 눈썹과 머리털이 희었는데 손에는 지팡이를 쥐고 길 중간에 서 있어서 대중들도 모두 볼 수 있었다. 행차가 점차 가까워지자 조금씩 뒤로 물러서다가 자취를 감추어 버렸다. 이렇듯 성인도 받들어 맞이하는데 보통 사람들의 마음은 어떠하겠는가? 지자대사는 본래 산수山水를 좋아하여 지팡이를 짚고 한가히 거닐며 이렇게 읊조리며 찬탄하였다. "속세에 있어도 산천을 잊지 못하네. 그윽하게 깊은 골짜기에서 안온하고 고요한 한밤중에 정신을 맑게 하여 스스로를 비추어보면 어찌 즐겁지 않겠는가?"(『별전』, 『대정장』50, 195하)

사람이 살지 않는 암자는 완전히 황폐해졌고 앞뜰의 대나무는 자랄 대로 자라서 대나무 숲을 연상시킬 정도였다. 하지만 다시 산속의 사람이 되자마자 지의를 숭모하는 학승들이 꼬리를 물고 찾아와서 천태산 승려의 수는 급격히 증가하였다.

수백 명에 이르는 집단 생활, 특히 부처님의 가르침에 따라 해탈을 구한다는 높고 아득한 이상을 추구하며 쉴 새 없이 수학하는 동일 목적을 가진 동지, 동행으로서의 집단 생활에는 당연히 엄숙한 생활 규율이 필요하다. 더군다나 불도 수행에는 계戒·정定·혜慧 삼학三學을 필요로 한다. 지의도 계율의 중요성을 충분히 인식하고 있었다. 불도를 수행하는 데에는 게으름을 극력 경계하고 깨달음에 이르기까지 부단한 정신적 노력을 필수행必須行으로 강조하고 있으므로 당연히 지의의 교단원은 언제나 불도 수행에 정진하는 학도자學道者가 아니면 안 된다. 인도의 불교 교단은 계율로써 이러한 수행에 노력해야 하는 승려들의 생활을 규정하고 이를 엄수할 것을 요구하였다. 그러나 기후와 풍토가 다르고 생활 양식도 다른 중국 교단에서는 인도의 계율이 그대로 시행될 수 없었다. 때문에 천태산의 사찰에서도 수백 명의 수도자에 대한 생활 규정을 제정할 필요가 있었다. 제자 관정이 편집한 『국청백록』 제1권의 권두(『대정장』 46, 793중)에 있는 다음의 입제법立制法 10조가 그것이다.

　① 행도의 마음가짐과 그 구별
　첫째, 무릇 사람의 근성은 같지가 않다. 어떤 사람은 혼자서 수행을 하여 도를 얻고 어떤 사람은 대중의 힘에 의지하여 해탈한다. 만일 대중과 함께 수행할 때는 다음의 세 가지를 수행해야만 한다. 첫째는 선방에서 좌선을 하는 것, 둘째는 별도의 도량에서 참회를 하는 것, 셋째로 승단의 일을 관장하는 것 등이다(지승사知僧事 : 일을 맡은 승려. 승려들의 잡사 서무를 관장하는 역할. 천태산에서는 2시에 먹는 죽 담당을 가리킨 듯하다). 이 세 가지 수행인이 삼의육물三衣六物의 도구를 갖추어 어느 한 행을 수행하면 천태교단의 구성원으로서 인정된다. 그러나 만일 삼의육물 가운데 빠진 게 있거나 한 가지 행도 행하지 않는다면 함께 머물 수 없다.

② 참선행도자의 마음가짐

둘째, 선방에서 수행하는 승려는 원래 하루 네 번의 좌선과 여섯 번의 예불을 일과로 삼아야 한다. 열 차례의 좌선과 예불은 한 번이라도 결여해서는 안 된다.. 별도로 수행하는 승려의 행법도 3일을 넘을 수 없고 그 외에는 대중이 함께하는 10번의 수행에 따르지 않으면 안 된다. 만일 예불에 한 번 늦으면 벌칙으로 세 차례 예배하고 대중에게 참회해야 하고 한 번을 완전히 빠지면 열 번 예배하고 대중에게 참회해야 한다. 만일 여섯 번을 모두 빠지면 벌로써 1회 유나維那(승려들의 잡사를 관장하는 역할로서 건치犍稚: 나무로 만들어서 시간을 알리는 데 쓰는 기구)를 울리는 용례가 많다)의 일을 해야 한다. 네 차례의 좌선도 이와 같다. 질병 등의 장애가 있는 경우는 예외로서 미리 담당승에게 말하면 벌하지 않는다.

③ 예불행도자의 마음가짐

셋째, 여섯 차례의 예불 때에는 비구는 입중의入衆衣를 입어야 한다. 옷에는 인롱鱗隴이 없어야 하며 만의縵衣는 일체 안 된다. 종이 세 번 울리면 신속히 모여 방석을 깔고 향로를 손에 들고 호궤互跪한다. 독송은 대중과 함께 해야지 두드러지게 해서는 안 되고 말을 해서도 안 된다. 머리를 조아릴 때 손가락을 튀기거나 신을 끌거나 일어나고 엎드릴 때 흐트러져서는 안 된다. 이를 어기면 모두 벌로써 열 번 예배하고 대중에게 참회해야 한다.(인롱鱗隴: 물고기 비늘처럼 문양이 부풀어 오른 옷감의 법의. 만의縵衣: 조각으로 기운 모양이 없는 법의. 정규 법의가 아니라 사미·사미니가 입는 옷. 호궤互跪: 왼쪽 무릎을 세우고 오른쪽 무릎을 땅에 대는 예법으로 좌우 모두 땅에 대는 것도 허용된다.『법화삼매참의』에서는 호궤胡跪로 되어 있다. 사리履履 : 신발을 말하며 잘 신지 않고 끄는 것. 참치參差 : 가지런하지 않은 모습).

④ 별행행자別行行者의 마음가짐

넷째, 별행別行의 의의는 대중과 함께 수행하면 이완되기 때문에 정진하여 사종삼매를 힘써 수행하기 위하여 별도의 도량에 잠깐 의탁하는 데 있는 것이다. 그러나 이러한 본래 의미에 맞지 않게 별행한다면 사실을 조사하여 벌로써 유나의 일을 1회 하도록 한다.

⑤ 일을 관장하는 사람[知事人]의 마음가짐

다섯째, 지사의 위치에 있는 승려는 원래 승단의 안립安立과 이익을 도모하는 일을 해야 한다. 그러나 반대로 손해를 끼치거나 대중의 물건을 나누어 자기의 것으로 하거나, 자신의 온정에 따라서 사리에 맞지 않게 조금이라도 대중의 물건을 침해하면 안 된다. 비록 이것을 대중이 쓴다 하여도 고하지 않는다면 사실을 조사하여 교단에 함께 머무르지 못하도록 한다.

⑥ 식사의 마음가짐

여섯째, 두 차례의 식사 때는 몸에 병이 없거나 병이 있어도 몸져눕지 않을 정도이거나 병이 나은 사람은 모두 식당에 나가서 먹어야 하며 대중방에 음식을 청할 수 없다. 식기는 철제나 질그릇을 사용할 수 있다. 훈기薰器와 유기油器, 주발과 수저 등은 모두 뼈·뿔·대나무·목재 등으로 만든 것은 사용할 수 없고 옻칠을 하거나 방鮮을 입힌 바가지를 갖고는 식당에 들어갈 수 없다. 또한 자신의 그릇에 부딪치는 소리나 마시고 씹는 소리를 내면 안 되고 음식물을 입에 넣고 말해서도 안 된다. 개인적으로 장이나 채소를 지니고 들어와 대중 가운데서 혼자 먹어도 안 된다. 이를 범한 자는 벌로써 세 번 예배하고 대중에게 참회해야 한다(훈유薰油 : 불에 그슬려서 착색한 그릇. 방蚌 : 조개껍질로 만든 식기, 자개).

⑦ 어육신주魚肉辛酒의 금지

일곱째, 비구승大僧과 사미승小戒은 가까이 가거나 멀리 가거나 절 안이거나 밖에서 모두 생선·고기·오신채·술을 훔쳐 먹으면 안 되며 또한 식사 때가 아닐 때[정오 이후] 밥을 먹어서는 안 된다. 조사하여 이러한 일이 사실이면 함께 머물 수 없다. 단지 병이 위독하여 이를 진찰한 의사의 말대로 절 밖에 나가 치료를 받는 경우는 제외하여 벌하지 않는다(대승소계大僧小戒 : 구족계를 받은 대승大僧과 사미계를 받은 사미. 부동지不同止 : 광율廣律의 별주別住의 뜻).

⑧ 쟁론諍論의 금지

여덟째, 승僧이란 화합의 뜻을 나타낸다. 부드럽게 인내하는 것이 화和이고 의롭게 양보하는 것이 합合이다. 고성을 지르고 추악한 말을 뱉어내며 안색을 변하면서 싸워서는 안 된다. 싸우는 자는 두 사람 모두 벌로써 부처님께 30배하고 대중에게 참회토록 한다. 그러나 대응하지 않은 자에게는 벌하지 않는다. 신체나 수족으로 서로 가해를 한 자는 그 경중을 불문하고 모두 승단에 머물 수 없다. 그러나 손을 쓰지 않은 자는 벌하지 않는다.

⑨ 비방 금지

아홉째, 중대한 죄를 범한 경우에는 율에 따라 다스린다. 만일 멋대로 상대를 무고하였다면 무고를 받은 자는 벌하지 않고 무고한 자는 승단에 함께 머물 수 없다. 그러나 학인으로서 아직 대중에 속하지 않았을 때의 과오의 경우 중주衆主는 그것에 대해 묻지 않는다. 그 학인은 정식 승려가 아니기 때문이다. 그가 스스로 비구라고 말하면서 고의로 대중에 들어와 중죄를 범하거나 남을 무고하면 전술한 것과 같이 다스리거나 벌을 준다.

⑩ 참회출죄懺悔出罪의 한계

열 번째, 경전에 의하여 법도를 세우고 병을 보아 약을 처방하였지만 법도에 의거하지 않고 약을 토해 버린다면 무슨 이익이 있겠는가? 만일 앞의 아홉 가지 규제에 따라 참회를 해야 할 사람이 거듭 참회를 한다 해도 실제로는 참괴심이 없어서 스스로 새로워질 수 없다면 이는 약을 토해 내는 이와 같으니 대중에서 나가도록 함이 마땅하다. 그러나 능히 고친 뒤라면 되돌아오는 것을 허락할 수 있다. 하지만 규제를 범한 사람이 고집스럽게 참회하려 들지 않는다면 이는 법도에 의거하지 않는 사람이라고 할 수 있다. 대중의 규정을 따르지 않는다면 함께 머물 수 없는 것이다.

『유마경소維摩經疏』 헌상

가상사嘉祥寺의 길장吉藏

진陳 말 건강의 전란을 피하여 천태산과 가까운 회계會稽의 가상사에서 길장[208]이 수행에 매진하고 있었다. 지의가 천태산으로 돌아오자마자 길장은 제자 지조智照를 여러 차례 보내서 지의를 위문하였다.

길장이 아룁니다. 경상景上이 와서 선사의 뜻을 전해 받았습니다. 엎드려 내려주신 정에 감사드립니다. 아직은 그다지 더운 날씨도 아니건만 뵙고 인사드리지 못하고 있습니다. 존체는 어떠하신지요? 삼가 원하는 것은 서신 이후에도 침식寢食이 언제나 불편하지 않고 교화하시는 일에 건강이 손상되지 않기를 바라는 바입니다. 길장은 잠시 대중과 함께 지내고 있어 배알할 수 없지만, 부디 교왕만이라도 자주 했으면 하는 바람입니다. 부디 안녕히 계십시오. 지금 지조智照를 보내 아뢰면서 이만 줄입니다. (『국청백록』4 「길장법사서」 제102, 제1서, 『대정장』46, 821하)

제6장 만년시대晩年時代

또한 지의가 보낸 편지를 받아 들고 길장은 지의의 건강을 염려하고 있다.

길장이 아룁니다. 경상이 와서 선사의 자비로운 뜻을 전해 받으니 기쁘기 그지없습니다. 오래도록 감로를 맛보고 법교法橋를 정대하기 원합니다. 제 자신을 돌아보면 용렬하고 어눌하여 가르침을 감당하기 어렵지만 부처님의 해가 져서 중생들의 눈이 사라지려 하는데 대사의 가르침이 아니라면 어떻게 다시 홍기할 수 있겠습니까? 원하옵건대 널리 자비를 베푸시어 어둠을 열어 주소서. 저는 미력하나마 이 목숨이 다하여 멀리 영겁에 이르기까지 가르침을 받들겠나이다. 엎드려 원하오니 대사께서는 은밀히 중생에게 가피를 주시옵소서. 하안거가 끝나면 속히 대사님을 뵙게 될 것으로 생각됩니다. 이제 지조를 보내 문안을 여쭙니다. 근계謹啓. (앞의 서신, 제2서)

몇 차례 편지를 주고받은 끝에 지의가 보낸 편지를 받아 든 길장은 꼭 가르침을 받고 싶다고 쓰고, 여름이 끝나면 지의가 있는 곳으로 가서 만나고 싶다는 말을 하였다.

길장이 아룁니다. 경상이 아직 도착하지 않은 며칠 전에 그의 꿈을 꾸었습니다. 또한 경상이 도착한 후에도 다시 꿈을 꾸었습니다. 이에 대해서는 하나하나 지조가 아뢸 것입니다. 경상이 돌아오면 또 그에게 위탁하여 안부 여쭙겠습니다. 근계. (앞의 서신, 제3서)

길장은 지의의 심부름꾼인 경상景上이 오기 전후하여 꿈을 꾸었다. 그리고 이 일을 경상에게 전했다. 길장은 또한 이 해 8월 21일에 『법화경소』
의 강의를 청하고 있다.

오주吳州 회계현會稽縣 가상사의 길장이 머리 숙여 문안드립니다. 엎드려 듣자니 최외산(崔嵬山, 常山)은 도안이 올라 법을 설한 곳이고 광수봉(匡岫峯, 廬山)은 혜원이 머물면서 선을 수행한 곳이라고 합니다. 그러나 은하수와 무지개에 맞닿을 정도로 크고도 아름다우며 깊은 계곡에 떨어지는 폭포가 하늘의 해를 찌르는 듯한 이 천태산에는 미치지 못합니다. 붉은 물 흐르는 적성산은 선인이 살만큼 깊고 향로 같은 불롱봉은 성인의 과보를 얻을 수 있는 복지福地입니다. 대중이 모여 수양하는 곳이니 깨달음을 얻을 수 있는 곳입니다. 또한 경에서는 자연 그대로 아름답다 하고 손작孫綽의 「유천태산부遊天台山賦」에서는 기이함을 칭찬하였습니다. 지자 대사가 이곳에 계신 지 20여 년 선정과 지혜를 쌓은 문도들의 교화가 멀고 가까운 곳에 미치고 있습니다. 옛날 수명을 함께한 영현英賢들은 겨우 경전만을 이해하였고 법을 청정히 한 준걸들은 바로 선업禪業을 전하였습니다. 만일 도를 참구하고 학문을 연구하여 덕이 보처보살에 짝하는 이가 아니라면 어찌 능히 경론經論을 밝히고 정혜定慧를 겸하여 비출 수 있겠습니까? 주공단周公旦이 죽은 후에 공구孔丘가 세상에 알렸고 마명馬鳴이 교화를 마치자 용수가 뒤를 이었듯이 내전(유교)과 외전(불교)의 가르침은 도태됨 없이 점점 더 사람들 사이에서 널리 퍼지고 있습니다. 대승을 밝게 드러내고 비밀스러운 가르침을 개발하니 천년과 오백년을 지나도 참된 가르침은 오늘에까지 있게 된 것입니다. 남악南嶽선사는 성스럽고 천태대사는 명철하시어 옛날 삼업三業으로 세상에 머무셨던 것을 지금 두 존자가 잇고 계신 것입니다. 이것이 어찌 단지 중국에 감로를 뿌려주시는 것뿐이겠습니까? 응당 인도에까지 법고를 울리는 일입니다. 나면서부터 알아서 묘하게 깨달은 것은 위진魏晉 이래 전적典籍이나 노래에 실로 비슷한 부류가 없었습니다. 석가 교주께서 어려서부터 영민하여 의심을 일으켰고 노사나 법왕이 선재동자로서 도를 찾았던 것과 같습니다. 이에 감연히 앞의 자취를 말미암아 숭고한 진심을 깊이 생각하고자 삼가 100여 명의 선승들과 함께 지자대사께 『법화경』 1부를 강연해 주실 것을 부탁드립니다. 이 경전은 뭇 성인들이 중시하는 것이고 모든 경전의 관건입니다. 엎드려 원하옵나니 부처님 지견知見을 열어주시어 이 깊은 어둠을 밝혀주시고 진실한 도를 보여 주시어 이 검은 밤을 환하게 해주소서. 바라건대 삼천의 국토에서 듣지 못했던 진리를 전해 받고 백겁의 후생으로서 큰 이치를 받들 수 있도록 하소서. 계장(戒場)을 쌓아 제도를 삼가고 나무를 쪼개어 임하시기를 바랍니다. 잡초를 흔들어 떨어뜨리고 천지의 들을 고르게 하여 계암桂嚴에는 옥예玉蘂가, 국화는 언덕에 꽃을 피우듯이 널리 성문의 마음을 끊고 자못 연각의 뜻을 없애고자 합니다. 저 길장은 우러러 보내 주신 편지에 감사드리며 스스로 부탁만 드리는 것을 부끄럽게 여깁니다. 오직 경외심이 깊어지면서 그로 인한 기쁨에 전율할 뿐입니다. 삼가 청하옵니다. 개황 17년(597) 8월 21일. (『국청백록』4 「길장법사청강법화경소吉藏法師請講法華經疏」 제103, 『대정장』46, 822상)

선을 수행하는 승려 100여 명과 함께 지의를 초청하여 『법화경』의 강의를 부탁하였지만 다음에 언급하는 사정, 즉 『유마경소』의 집필과 병 때문에 지의는 이 초청에 응할 수 없었다. 3개월 후 지의는 세상을 떠났다.

뒷날 길장은 진陳을 평정한 진왕 광에게 초빙되어 그가 세운 양주의 혜일사慧日寺와 장안의 일엄사日嚴寺에서 교화를 펴면서 당 초까지 활동하였으며, 75세에 『사불외론死不畏論』의 집필을 끝내고 입적하였다. 구마라집이 번역한 인도 용수龍樹(나가르쥬나)의 대승불교 명저 『중론中論』『십이문론十二門論』과 제바가 찬술한 『백론百論』 등 삼론에 의거하여 그 교의를 요약한 『삼론현의三論玄義』는 일본의 불교 학계에서도 나라奈良 시대 이래 오늘날까지 오랫동안 읽히고 있는 불멸의 명저이다.

제2회 『유마경소』의 헌상

지의는 『유마현의』 10권을 제1회 헌상본으로서 진왕에게 올리고 개황 15년 가을에 천태산으로 돌아왔는데 이후에도 지의는 『유마경소』를 저술하는 일에 전념하였다. 그 후 1년 반의 세월을 소비하여 먼저 헌상한 『현의玄義』 10권을 고쳐서 6권의 『현의』로 만들고 여기에 『문구文句』 8축軸을 첨가한 것을 두 번째 헌상한 것은 개황 17년 봄이었을 것으로 추측된다.

총지는 문안드립니다. 4월의 청명한 날씨에 도체道體는 편안하신지요. 복덕과 지혜로 장엄하심이 날로 높아지시기 바랍니다. 제자는 돌아온 지 얼마 되지 않았지만 조금 행할 수 있게 되었습니다. 최근 두 책을 보내어 공덕을 보여 주셨습니다. 『현의』를 산삭하여 『문구』를 처음에 넣으셨군요. 옛 것을 새롭게 고쳐서 거친 것에서부터 묘한 것에 이르게 되었습니다. 그

동안 이해할 수 없었던 것을 이에 의해서 반드시 알 수 있을 것으로 생각합니다. 봄은 이미 지나가고 하안거가 곧 시작될 것입니다. 감히 경전의 가르침을 어기고 여름이 지나면 나아가서 영접할 예정입니다. 그것이 안 되면 백로가 지나 낙엽이 떨어질 즈음이면 반드시 배를 준비해서 강양江陽(양주)에 영접을 나갈까 합니다. 저술에 힘쓰신 지 이미 여러 해가 지나갔습니다. 반야는 장애가 많지만 가까운 시간 내에 공을 이루어 일취월장 하시길 바랍니다. 곧 가르침을 받고자 경솔한 일이지만 별첩別牒을 함께 보냅니다. 다만 정성을 표하고자 하는 것이니 큰 마음으로 헤아려 주십시오. 그 사이 옥체 보존하시고 전하고자 하는 바를 말씀드렸습니다. 삼가 인사드립니다. (『국청백록』4「왕견사입천태참서王遣使入天台參書」제61, 『대정장』46, 809상)

이 편지는 날짜가 없는데 "저술에 힘쓰신지 이미 여러 해가 지났다"고 하고, "봄은 이미 지나가고 하안거가 곧 시작된다"고 하니까 개황 17년의 봄이 지나고 하안거가 시작되려고 하는 4월경의 편지일 것이다. 양주 총관인 진왕은 매년 1회씩 빠지지 않고 임지를 떠나 장안으로 입조하는 것이 관례인데, 그 무렵 장안에서 양주로 돌아온 지 얼마 되지 않은 진왕은 근래에 도착한 『현의』와 『문구』두 책을 보고 "현의는 산삭刪削하고 문구는 초입에 들어가" 전에 보낸 『현의』가 새롭게 고쳐지고 거친 것에서 오묘한 것으로 바뀌어 있다고 말하고 있다. 이 편지를 전후하여 진왕의 비서감인 유고언柳顧言이 지의에게 보낸 편지가 있다.

제자 유정선柳正善은 성취를 갖추어 머리 숙여 문안드립니다. 화창한 날씨

임에도 뵙지 못하였는데 존체는 기거함에 불편하지 않으십니까? 엎드려 원하옵기는 선법禪法으로 기쁨을 느끼는 것일 뿐입니다. 작년에 경권으로 내려주신 가르침을 받았는데 지금까지 잘 간직하고 있습니다. 보내주신 10권의 『현의』를 받들어 인수궁仁壽宮에 나가서 여덟 번 읽었습니다. 덕분에 큰 의심들은 대략 풀었지만 미세한 의문들은 없애기 어렵군요. 『문구』 여덟 축을 넣어 새로 수정하신 6권본은 필사가 아직 끝나지 않았기 때문에 조금 시간을 두고 연구할까 합니다. 대왕퐅王은 지금 사인使人 소통국蕭通國을 파견해서 책의 뜻을 잘 이해하고자 몸소 가르침을 청하는 바람에 번번이 고문 역할을 하고 있습니다. 그래서 "반드시 오겠습니다."라는 대답을 들으려 하십니다. 엎드려 원하옵니다. 하안거가 끝나는 대로 곧바로 배를 기다리겠습니다. 남은 생애 동안 마음을 다하여 듣고자 합니다. 지난날의 게으름과 어리석음을 참회하는 바입니다. 삼가 인사드립니다. (『국청백록』4「비서감유고언서秘書監柳顧言書」제101, 『대정장』46, 821하)

이 편지로 개황 15년 7월의 제1회 헌상본이 10권의 『현의』였다는 것을 알 수 있다. 유고언이 『현의』 10권을 인수궁仁壽宮으로 가서 "받들어 읽기 여덟 번" 했다고 하니 『유마경소』의 문장을 몇 번이고 반복해서 읽고 그 뜻을 따라갔던 것이다. 「왕견사입천태참서」에는 "현의를 산삭하여 문구를 앞에 넣었다玄義刪削文句入初"라고 되어 있을 뿐 그 권수가 기록되어 있지 않은데, 제2회 헌상본은 "문구 여덟 축을 넣어 새로 수정한 6권新治六卷並入文八軸"이라고 하여 『현의』는 6권이고 『문구』가 8권이었다는 것이 「비서감유고언서」에 나타나 있다. 제1회 헌상본인 10권본 『현의』는 산삭하여 현재의 『유마경문소』와 같은 6권본으로 새로 다듬어졌으며 『문구』

7, 8권이 나왔다는 것을 알 수 있다. 그런데 현행 『유마경문소』 28권에서는 제1권에서 제8권까지가 「불국품佛國品」 제1석第一釋, 제9권에서 제10권까지 두 권이 「방편품方便品」 제2석第二釋이니까, '입문팔축入文八軸'이라는 것은 「불국품」 제1석이었을 것으로 생각된다. 그러나 이 제2회 헌상본은 지의에게 별로 마음에 들지 않았던 듯하다.

> 천태산에서 두 여름을 보내면서 오로지 『현의』를 썼습니다. 나아가 경문을 풀이하여 「불도품」에 이르니 31권이 되었습니다. …… 이 『의소義疏』는 구술한 것을 받아쓴 것으로 제가 한 번 살펴보기는 하였지만 경론을 다 찾아 대조하지는 못하였습니다. 때문에 잘못된 것이 자못 많을 것이니 유포시킬 만한 것이 못 됩니다. 대왕을 위해 만든 책이기는 하나 오히려 더 치졸하게 되지 않았나 합니다. 제자에게 후본을 필사하도록 유촉하였습니다. 그러니 전에 보내드린 문구를 넣은 현의는 제자에게 주시어 태워 버리시기를 간청합니다. (『국청백록』3 「유서여진왕遺書與晉王」 제65, 『대정장』46, 810상)

유서에서는 진왕에게 제2회 헌상본을 불태우도록 부탁했고 진왕은 지의의 유지에 따라서 헌상본을 소각하였다.

> 관정이 보내온 최후의 『정명의소』 31권은 「불도품」에 이르고 있군요. 삼가 잘 간수하고 부본을 만들어 습독하고 있습니다. 글을 넣어 해석한 이전의 『현의』는 제자에게 보내 불태워 버리도록 하라는 뜻을 전해 받았으므로 돌아가는 사자에게 시켜서 부탁하신 대로 태워 버렸습니다. (『국청백록』

3 「왕답유지문王答遺旨文」 제66, 『대정장』46, 811상)

이러한 사정으로 오늘에 이르러서도 어떤 내용이었는지 알 수가 없다.

제3회 『유마경소』의 헌상

개황 17년 3, 4월경에 『현의』 6권과 『문구』 8권의 유마경소를 헌상한 지의는 계속해서 이를 다듬는 것에 진력하고 있는 사이에 건강을 해쳐서 열병에 걸렸다. 100여 일 동안 병고와 싸우면서 유마경소의 개정에 매달렸다.

이 해 가을이 되자 예장豫章에서 정양 중이던 관정이 천태산으로 돌아왔다. 그는 『법화현의』와 『마하지관』의 정리본을 내놓았는데 지의는 이것도 참조하여 『현소玄疏』를 개정함과 아울러서 문소文疏의 구수口授도 「불국품」에서부터 「방편품」, 「제자품弟子品」으로 진행하여 그 해 10월에는 「불도품佛道品」까지 나갔다.

그러나 지의는 이 해 4월에 "백로가 지나 낙엽이 떨어질 즈음이면 반드시 배를 준비해서 강양에 대어 영접할 것"이라고 한 편지를 진왕으로부터 받았기 때문에 여름이 끝나 갈 무렵이 되면 언제 어느 때 호출을 받을지 몰랐다. 그래서 지의는 구술하여 받아쓰게 하는 틈틈이 개정 작업을 계속하고 있었다. 과연 생각했던 대로 10월 17일이 되자 왕행참王行參인 고효신高孝信이 천태산에 도착하여 하루라도 빨리 『유마경소』를 가지고 강도江都로 와 달라는 왕명을 전달하였다. 이러한 경우를 예상하고 있던 지의는 다음날 즉시 사신과 함께 하산하여 유마소를 헌상하러 길을 나섰던 것이다.

제3회 헌상본인 『유마경소維摩經疏』 31권은 현행 『유마경현소維摩經玄疏』 6권과 『유마경문소維摩經文疏』 28권이었다. 지의 자신이 유언 속에서 "이 의소義疏는 구술한 것을 받아쓴 것으로 제가 한 번 살펴보기는 하였지만 경론을 다 찾아 대조하지는 못하였습니다. 때문에 잘못된 것이 자못 많을 것이니 유포시킬 만한 것이 못됩니다."라고 겸손하게 말하고 있지만, 그 현소는 지의가 직접 붓을 들었던 10권 현의를 스스로 개정한 것이며 두 번째로 헌상한 6권본을 작성하고 이를 개정한 것으로서 비록 구수이기는 하지만 거의 완벽에 가까운 것이었다. 또 현존하는 『문소』 역시 제2회 헌상본의 「불국품」까지의 해석은 아마도 상당한 개정을 가한 것일 것이다. 다만 「방편품」에서 「불도품」에 이르는 석釋은 개황 17년의 하안거 중에 구수된 것으로 생각되는데 100여 일의 병고와 싸우면서 개정했다고 하니 이 유마소야말로 지의 만년의 결정結晶이었다.

이리하여 「왕답유지문王答遺旨文」에서 "관정이 보내온 최후의 『정명의소』 31권은 「불도품」에 이르고 있는데 잘 간수하고 부본을 만들어 습독하고 있다"고 하였으며 "개황 18년 정월 20일"이라는 날짜가 적혀 있으므로 그 직전에 헌상한 것으로서 대략 개황 18년 1월의 일이었다.

지의가 진왕 광의 간청에 따라 찬술한 『유마경소』는 개황 15년 6~7월경에 제1회 헌상, 개황 17년 3~4월경에 제2회 헌상, 개황 18년 1월에 제3회 헌상 등 전후 3회에 걸쳐서 헌상되었으며 지의가 입적한 뒤 3대부三大部가 관정의 손으로 다시 개정된 것과는 그 성립 과정에 있어서 차이가 있는 것이었다.

임종과 유언

『관심론觀心論』의 구수口授

　천태산을 내려온 지의는 섬령剡嶺을 지나 천태산의 서문西門인 석성사石城寺에 도착하였다. 그러나 이 여름 이래 100여 일간 병마와 싸우며 『유마경소』의 퇴고에 몰두했기 때문에 건강을 몹시 상했으며 끝내 더 나가지 못하고 임종이 임박하였음을 알았다.
　석성사에는 양 나라 태재太宰 남평원양왕南平元襄王이 만든 높이 100척의 미륵 석상이 있는데 지의는 자신의 의발衣鉢 도구를 균등하게 나누어 그 중 하나를 미륵상에 바치고 나머지 하나는 병을 간호했던 비구에게 주었다.
　11월 21일, 오현吳縣에 있는 유위維衛·가섭迦葉 두 상像의 복구와 무현鄮縣에 있는 아육왕탑사阿育王塔寺의 수리, 그리고 섬현剡縣에 있는 미륵석상의 장엄 등에 관한 「발원소문發願疏文」[209]과 진왕에게 보내는 유서를 구수하고 뒷일을 부탁하였다.

그때 제자 지랑智朗이 머리맡으로 다가가서 물었다.

엎드려 원하오니 자비를 내리시어 나머지 의심을 풀어 주옵소서. 잘 알지 못하겠습니다. 대사께서는 어느 계위까지 오르셨으며, 이곳에서 떠나가시면 어디에 태어날 것이며, 누구를 다음의 종사로 모셔야 합니까?

지의가 대답하였다.

너희들은 선근 심기는 게을리하면서 남의 공덕만 묻는구나. 마치 맹인이 우유 색깔을 묻고 앉은뱅이가 길을 묻는 것과 같으니 사실을 말해 주어야 무슨 이익이 있겠느냐? 사납고 서러워함으로 인하여 기뻐하고 성내고 꾸짖고 찬탄하는 법인데 자신은 돌아보지 않고 도리어 남을 나무라고 미워하는구나. 하지만 나는 이제 오래 머물지 않을 것이니 이 대중들을 위해 의심과 비방을 깨뜨려 없애 주리라. 『관심론』에서 이미 설명하였지만 다시 그대에게 답하노니, 내가 대중을 이끌지 않았으면 반드시 육근청정위六根淸淨位에 이르렀겠지만 남들을 위하여 나를 희생하였기 때문에 단지 오품제자위에 머물렀을 뿐이다. 그대는 내가 어디에서 태어나느냐고 물었는데, 나의 스승과 도반들이 관세음보살을 호위하고 나를 맞이하러 와 있다. 마지막으로 누구를 종사로 받들어야 하느냐고 물었는데, 내가 일찍이 말하는 것을 듣지 못했더냐? 계율이 그대의 스승이며 내가 항상 설하였던 사종삼매四種三昧가 그대의 밝은 인도자라고. (『별전』,『대정장』50, 196중)

지의는 스스로 선근善根을 쌓는 일에 게을리하면서 타인의 공덕을 궁금

해 하는 것은 무익한 일이며 또한 그는 제자를 두지 않았다면 자기 자신을 위하여 몰두하여 6근(眼·耳·鼻·舌·身·意)을 청정하게 유지할 수 있었을 것이라고 한다. 그러나 타인의 구제에 바빴기 때문에 뜻대로 되지 않았고 6즉위六卽位 중에서 관행즉위觀行卽位, 즉 5품제자위에 지나지 않는다고 하였다. 하지만 그의 스승과 벗들이 관음보살의 수행이 되어 영접하러 왔으니 극락세계로 갈 수 있을 것이고 스승을 다른 곳에서 구할 것이 아니라 실로 바라제목차波羅提木叉야말로 자신의 스승이며 사종삼매를 수행하는 것이 자신의 도사導師가 될 수 있다는 것이다.

여기서 『관심론』을 구수하여 제자들을 교화하고 있다.

"장사꾼은 길을 떠날 때 금을 기탁하고 의사는 떠나갈 때 약을 남긴다고 하였다. 내가 비록 영민하지는 못하지만 미친 자식이 불쌍하구나." 말을 마치고는 관심론觀心論을 구수口授하여 주었다. 이 책은 말씀하신 그대로 이루어진 것으로서 한 글자도 더하거나 윤색하지 않았다. 이 논은 다른 책에 있다. (앞의 책, 195하)

이어서 제자가 약을 권했더니 다음과 같이 답하였다.

"약으로 병은 제거할 수 있겠으나 수명을 늘일 수야 있겠느냐? 병은 몸과 합한 것이 아닌데 약이 어찌 없앨 수 있겠으며, 수명은 마음과 합한 것이 아닌데 약이 어찌 머물게 하겠는가? 지희智晞여, 지난날에 무엇을 들었느냐? 관심론을 설하면서 무엇이라고 하였더냐?" (앞의 책, 196상)

이러한 정황으로 보아 『관심론』은 제자들에 대한 유언으로서 구수되었던 모양이다.

지의가 입적한 뒤 관정과 보명이 진왕에게 지의의 유서를 올리기 위하여 양주로 갔을 때 『관심론』은 『유마경소』와 함께 헌상되었던 것이다.

유언

그는 개황 17년(597) 11월 24일에 입적하였다. 오후 2시였다. 임종에 관해서는 별로 기록할 만한 것도 없다. 편안한 죽음이었다. 입적 사흘 전에 임해臨海의 진장해발국鎭將解拔國[210]과 진왕 광 앞으로 보내는 유서를 썼고 당일 아침에는 "통곡을 하거나 상복을 입을 필요는 없다"고 제자들에게 엄중히 당부한 뒤 조용히 결가부좌하고 삼보三寶를 부르며 삼매에 들듯이 입적하였다.

유해는 제자들이 산 위로 운반하여 생전의 유언에 따라 불롱佛隴 땅에 안장하였다. 지의가 석성사에서 입적하였다는 말을 듣고 애통해하던 진왕은 유서가 도착하자 무릎을 꿇고 세 번 절한 뒤에 이를 받았으며, 흐느껴 울면서 유서를 읽었다.

빈도는 처음 좋은 인연을 만나 발심發心한 때부터 위로는 무생법인無生法忍 얻기를 기약하고 아래로는 육근청정위에 오를 것을 구하여 삼업三業을 극진히 하면서 일생을 지킬 것을 바랐습니다. 전생의 죄가 깊어 온갖 어려움을 겪었다고 말하지는 않겠습니다. 안으로 진실한 덕이 없는데도 밖으로 허명을 불러 학도들이 운집하고 시주자들이 스스로 오니 이미 멀리 떨어진 곳에서 홀로 수행할 수 없게 되었습니다. 이리하여 본 뜻을 어기고 그들을 따르다보니 스스로 근심과 어지러움을 불러 도는 퇴보하고 수행도 어그러져 얻어야 할 것을 얻지 못하고 말았습니다. 근심하고 후회한들 어떻게 보상하겠습니까? 위로는 삼보를 저버리고 밑으로는 본심에 부끄러우니 이것이 첫 번째 한입니다.

그러나 성인의 법이 이미 어긋난 뒤 그것이 내 분수가 아님을 스스로 살펴서 선사로부터 받은 선정과 지혜를 학인에게 전해주려고 생각하게 되었습니다. 그러므로 진陳의 성도에 머무르며 8년간 법을 폈는데 여러 학인들 중 어떤 이는 쉽게 깨닫고 일찍 잃어버리는가 하면, 어떤 이는 분수에만 맞춰 자신의 이익을 따르려 하였습니다. 이처럼 자타 모두에게 이익 되게 하는 재주도 없으면서 공허하게 교화를 펼쳐 (스승이 경계하였던) '최후 단종斷種의 인간'이 거의 되고 말았습니다. 앞에서 자신의 수행에 부족함이 있으니 뒤에 중생을 이롭게 하는 것도 허망하게 되어 다시 스승이 기탁한 귀중한 보물을 저버리게 되었다는 것이 두 번째 한입니다.

세월은 흘러 해는 이미 서쪽으로 기울었지만 언제나 묘도妙道를 아쉬워하며 더욱 밝은 때를 만나 외호자가 생기게 될 것을 원하게 되었습니다. 처음 네 가지四事를 공양 받고 노구가 힘을 얻어 학도 40여 명을 데리고 300일 정도 강도江都(양주)에서 도를 닦을 수 있었습니다. 한편으로는 속을 열어 도를 묻는 이를 기다려 혹시 쉽게 깨달으면 그로서 왕의 은혜에 보답하려 하였지만 한 사람도 선을 구하고 지혜를 구하려는 이가 없었습니다. 이처럼 중생과 인연이 없는 상황에서 지금에 이르고 보니 외람되이 보시를 받아도 교화하여 이끄는 공덕이 없다는 것이 세 번째 한입니다.

또 이렇게 생각을 하기도 했습니다. "이곳(양주)에는 인연이 없어도 다른 지역에는 혹 있을지도 모른다." 이때 형주와 담주에서 초청을 하였으므로 먼저 지은 地恩에 보답하고자 하였는데 마침 대왕께서 큰 자비를 비처럼 내려주시니 상담湘潭지방에서는 작으나마 공덕을 베풀 수가 있었습니다. 그러나 인연을 맺는 이는 많았지만 승업僧業에 몸을 맡기려는 이는 그 누구도 없었습니다. 처음에는 인연이 있는 이가 오지 않는다고 하였지만 지금은 가서 구해도 찾을 수 없게 되었으니 저의 추측이 틀렸던 것입니다. 이것이 네 번째 한입니다.

형주의 법회에서 청중으로 모인 승려는 1000여 명이었고 선을 배우려는 이도 300명을 헤아릴 수 있었습니다. 그러나 주사州司(관리)는 매우 당황해 하며 이러한 집회는 법에 어긋난다고 하였습니다. 어찌 대중을 모아 관리들을 괴롭힐 수 있겠습니까? 그 때문에 아침에 구름같이 모였다가 저녁에 비처럼 흩어져 버리게 되었습니다. 설령 좋은 싹이 있었다 해도 자라날 수가 없었습니다. 이는 바로 세상을 조화롭게 할 수 없었던 것이고 알맞게 화합하도록 하는 능력이 없었던 것입니다. 이것이 다섯 번째의 한입니다.

다시 강도(양주)에 가니 대왕께서는 불법을 중히 여기시어 『정명소淨名疏』를 저술하라는 명을 내리셨습니다. 스스로의 무지함을 헤아리지 못하고 곧 편협한 심회를 기술하여 『현의』가 막 완성되자 전하를 배알하기에 이르렀습니다. 그 후 다시 동쪽으로 돌아오는 일이 허락되어 오군吳郡과 회계군會稽郡의 승려들이 모두 배울 수 있게 되었다고 즐거워했습니다만 산중이 너무 좁고 궁핍하여 대중들이 모일 수 없었습니다. 마음을 묶고 나가서 법문 구하기를 기다렸지만 이미 나이가 들고 쇠약해져 개화의 시기가 당도했어도 이제는 이미 나갈 기회가 없고 법연도 끊어지고 말았으니 이

국청사에 모셔져 있는 지자대사 육신탑肉身塔

것이 여섯 번째의 한입니다 …중략… 또한 말법시대의 승려들은 행이 많아도 합당하지 않으면 오히려 사람의 뜻을 지닐 수가 없는데 하물며 경전과 율에 의거하는 사람이겠습니까? 대왕께서는 국법을 지키면서 더불어 불교를 바로잡아 죄 지은 자는 다스리고 죄 없는 이는 공경하여 평등하게 불가사의한 마음을 일으키신다면 공덕이 무량할 것입니다. 이러한 일들은 본래 직접 뵙고 말씀드릴 일이지만 일찍이 기회가 없었으므로 창졸지간에 유촉으로 남기게 되었습니다. 이것도 역시 불법과 국토와 중생을 위한 것이라고 봅니다. 만일 능히 이러한 뜻을 유념해 두신다면 반드시 공덕으로 보답될 것입니다. 임종에 이르러 구술하고 보니 말할 기운마저 쇠진해졌습니다. 때가 임박하였다고 연민의 정이 많아져서 너무 군소리만 늘어놓은 것 같습니다. 대선지식을 만나 보리를 기약할 수 있기를 바랍니다. 사문 아무개가. 개황17년 11월. (『국청백록』3 「유서여진왕遺書與晉王」 제65, 『대정장』46, 809하~810하)

제6장 만년시대晩年時代 221

부록 : 天台大師智顗傳 자료

1. 대사만의 傳記와 注釋
(1) 隋天台智者大師別傳(1)　　　　　隋 灌頂撰(605)　　　(『대정장』50, 191상 『傳全』4, 172)
　　①智者大師別傳新解(2)　　　　　　　　　　　　　　　(妙法院)
　　②別傳幻幻箋 詳解餘說(2)　　　靈空　　　　　　　　(寬永寺)
　　③隋天台智者大師別傳句讀(2)　　可透撰　　　　　　　(大正大・寬永寺・叡山十妙院)
　　④天台智者大師別傳考證(3)　　　忍鎧　　　　　　　　(寬永寺・十妙院)
　　⑤天台智者大師別傳翼註(2)　　　敬雄　　　　　　　　(寬永寺)
　　⑥智者大師別傳註(2)　　　　　　曇照　　　　　　　　(卍1-2-乙-7-4)
　　⑦智者大師傳論(1)　　　　　　　梁肅　　　　　　　　(『佛祖統紀』49『대정장』49. 卍1-2-4-1, 1-2-乙-7-4)
　　⑧天台智者大師傳論(1)　　　　　梁肅・敬雄註　　　　(寬永寺)
　　⑨天台智者大師別傳輯註(4)　　　曇照註　　　　　　　(正法院)
(2) 天台山國淸寺智者大師傳　　　　唐 顔眞卿撰(784)　　(『傳全』4, 205)
(3) 智者大師一期次第(1)　　　　　　　　　　　　　　　　(正法院)
(4) 天台智者大師紀年錄(1)　　　　如海　　　　　　　　　(生源寺)
　　①天台智者大師紀年錄詳解(2)　　如海篇　　　　　　　(大谷大)
(5) 天台大師略傳(4)　　　　　　　　慈本撰　　　　　　　(大正大・方廣寺・護國院・西敎寺・龍谷大・大谷大)
(6) 天台智者大師傳(3)　　　　　　　　　　　　　　　　　(明德院)
(7) 天台智者大師一代訓導記(2)　　　日詔　　　　　　　　(龍谷大・西來寺)
(8) 天台大師略傳(4)　　　　　　　　妙空　　　　　　　　(大正大)
(9) 天台智者大師傳略(1)　　　　　　慈薰　　　　　　　　(正法院)

2. 諸傳 안의 자료
(1) 習禪者로서의 智顗傳
　　① 續高僧傳(17)　　　　　　　　唐 道宣撰(645)　　　(『대정장』50, 564상)
　　② 景德傳燈錄(27)　　　　　　　宋 道元纂(1004)　　 (『대정장』51, 431하)
　　③ 五燈會元(2)　　　　　　　　　宋 普濟集　　　　　 (卍續2乙-11-1, 40左上)
　　④ 指月錄(2)　　　　　　　　　　明 瞿汝稷集(1595)　(卍續2乙-16-1, 24右上)
　　⑤ 敎外別傳(16)　　　　　　　　 明 黎眉等編　　　　 (卍續2乙-17-2, 196右下)
　　⑥ 五燈嚴統(2)　　　　　　　　　明 通容集(1650)　　(卍續2乙-12-1, 80右上)
(2) 天台宗 開祖로서의 智顗傳
　　① 天台九祖傳　　　　　　　　　宋 志衡編(1208)　　 (『대정장』51, 100상)
　　② 釋門正統(1)　　　　　　　　　宗鑑　　　　　　　　(卍續2乙-3-5, 368)
　　③ 佛祖統紀(6)　　　　　　　　　宋 志磐撰(1269)　　(『대정장』49, 125하)

(3) 法華經 信仰者로서의 智顗傳
　① 弘贊法華傳(4)　　　　　　唐 慧詳撰　　　　　　（『대정장』51, 22중）
　② 法華傳記(1)　　　　　　　唐 僧祥撰　　　　　　（『대정장』51, 56하）
　③ 法華顯應錄(1)　　　　　　宋 宗曉編(1198)　　　（卍續2乙-7-5, 413右下）
　④ 法華經持驗記(上)　　　　　清 周克復纂　　　　　（卍續2乙-7-5, 457左下）
(4) 淨土 신행자로서의 智顗傳
　① 往生西方瑞應傳　　　　　　唐 道詵撰(821～896)　（『대정장』51, 104하）
　② 淨土往生傳(中)　　　　　　宋 戒珠撰(1068～1077)（『대정장』51, 115상）
　③ 佛祖統紀(27)　　　　　　　宋 志磐撰(1269)　　　（『대정장』49, 274중）
　④ 廬山蓮宗寶鑑(4)　　　　　　元 普度編(1305)　　　（『대정장』47, 322중）
　⑤ 禮念彌陀道場懺法(4)　　　　元 王子成集　　　　　（卍續2乙-1-1, 92右上）
　⑥ 淨土聖賢錄(2)　　　　　　　清 彭席涑述(1783)　　（卍續2乙-8-2, 111右上）
　⑦ 往生集(1)　　　　　　　　明 袾宏集(1584)　　　（『대정장』51, 129중）
　⑧ 淨土晨鐘(10)　　　　　　　清 周克復纂　　　　　（卍續2乙-13-2, 149）
(5) 編年體 불교사서에 보이는 智顗傳
　① 隆興編年通論(9)　　　　　　宋 祖琇撰(1164)　　　（卍續2乙-3-3, 256左下）
　② 佛祖統紀(23, 37～9)　　　　宋 志磐撰(1269)　　　（『대정장』49, 247중, 352하）
　③ 釋氏通鑑　　　　　　　　　宋 本覺編　　　　　　（卍續2乙-4-4, 430）
　④ 佛祖歷代通載(10)　　　　　元 念常撰(1341)　　　（『대정장』49, 560）
　⑤ 釋氏稽古略(2)　　　　　　　元 覺岸撰佛(1354)　　（『대정장』49, 804하）
　⑥ 佛祖綱目(28)　　　　　　　明 朱時恩著　　　　　（卍續2乙-19-3, 229右上）

3. 『別傳』 이외의 大師를 주로 한 자료
(1) 智者大師年譜事跡(1)　　　　戒應　　　　　　　　（『國淸百錄』4, 『대정장』46, 823상）
(2) 天台山修禪寺智顗禪師放生碑文徐孝克　　　　　　　（『百錄』21, 『대정장』46, 801하）
(3) 玉泉寺碑　　　　　　　　　黃甫毘　　　　　　　（『百錄』94, 『대정장』46, 819중）
(4) 麓山寺碑　　　　　　　　　李邕　　　　　　　　（『支那佛敎史蹟』4, 제26圖）
(5) 天台國淸寺智者禪師碑文　　　柳顧言　　　　　　　（『百錄』9, 『대정장』46, 817상）
(6) 天台智者大師佛隴道場記　　　梁肅　　　　　　　　（『佛祖統紀』49, 『대정장』49, 438중）
(7) 國淸寺智者大師影堂記　　　　曇羿胡　　　　　　　（『傳全』4, 222）（『越州錄』）
(8) 天台山智者大師述讚　　　　　道澄　　　　　　　　（『傳全』4, 216）
(9) 天台山智者大師墳前左碑　　　萬齊融　　　　　　　（『台州錄』）
(10) 天台山智者大師墳前右碑　　　崙法師　　　　　　（『台州錄』）
(11) 天台山智者大師墳裏碑　　　　馬確　　　　　　　（『台州錄』）
(12) 天台山國淸寺石泉碑　　　　　　　　　　　　　　（『台州錄』）
(13) 天台智者大師十二所道場記　　灌頂　　　　　　　（『慈覺大師請來目錄』）
(14) 天台山智者大師碑文　　　　王相公　　　　　　　（『智證大師請來目錄』）
(15) 天台山佛隴禪林寺碑　　　　陳司馬　　　　　　　（『智證大師請來目錄』）
(16) 天台大師金光明齋碑文　　　　　　　　　　　　　（『智證大師請來目錄』）
(17) 智者大師畫讚註　　　　　　　　　　　　　　　　（『惠心僧都全集』2, 613쪽）
(18) 天台大師和讚　　　　　　　　　　　　　　　　　（『惠心僧都全集』2, 649쪽）

(19) 募建眞覺寺緣起附重興華頂寺碑記　　　　(上海版 別傳과 合本)
(20) 隋天台智者大禪師年譜　　敏曦　　　　　(　〃　〃　)
(21) 重刻天台智者大師別傳跋　　興慈　　　　(　〃　〃　)

4. 기타
　① 神僧傳(5)　　　　　　　　　　　　　　　(『대정장』50, 978상)
　② 釋文紀(42)　　　　　明 梅鼎祚編　　　　(『四庫全書珍本初集』)
　③ 六學僧傳(3)　　　　　元 曇噩述(1285)　　(卍續2乙-6-3, 336右上)
　④ 高僧摘要(2)　　　　　清 徐昌治編　　　　(卍續2乙-21-4, 353左上)
　⑤ 全陳文　　　　　　　　　　　　　　　　　(『全上古三代秦漢三國六朝文』
　　　　　　　　　　　　　　　　　　　　　　　3419~)
　⑥ 全隋文　　　　　　　　　　　　　　　　　(同上, 4104~)
　⑦ 僧傳排韻(34)　　　　　　　　　　　　　　(『日佛全』99, 342하)
　⑧ 國淸百錄(1~4)　　　　隋 灌頂纂　　　　　(『대정장』46, 793상~824상)
　⑨ 法華文句(1)　　　　　隋 智顗說 灌頂述　　(『대정장』34, 714・1상)
　⑩ 大般涅槃玄義(下)　　　隋 灌頂纂　　　　　(『대정장』38, 14중~하)
　⑪ 止觀輔行傳弘決(1의1)　唐 湛然述　　　　　(『대정장』46, 142중~하)
　⑫ 涅槃玄義發源機要(4)　 宋 智圓述　　　　　(『대정장』38, 37상~41하)

부록：天台大師 略年表

시대구분	西曆	年號			연령	事項 및 關聯人物	
		(西魏)	(東魏)	(梁)			
	538	文帝	孝靜帝	武帝 大同	1	⑦ 荊州華容縣에서 출생	(515)
	539			5	2		慧思
	540			6	3		
	541			7	4		
	542			8	5		
	543			9	6		
幼年時代	544			10	7	普門品 讀誦	30
	545			11	8		
	546			中大同	9	(武帝, 同泰寺에서 佛書를 강의함)	
	547			太淸	10	(武帝, 同泰寺에 捨身, 侯景의 降伏을 받음)	
	548			2	11	(侯景의 亂 勃發)	
	549		(齊) 文宣帝	簡文帝 予章 3	12	(侯景, 建康 함락시킴. 武帝死去/ 吉藏출생)	35
	550			大寶 13	13	(侯景, 스스로 漢王이 됨)	
	551		廢帝	天正 14	14	(侯景, 簡文帝를 죽이고 漢帝를 칭함)	
	552			元帝 承聖 15	15	父陳起祖,使持節散騎常侍・開國侯가 됨(侯景을 죽임)	
	553			2	16		
	554			3	17	⑫ 西魏梁帝를 죽임. 智顗一家落魄(江陵失陷)	40
	555	恭帝		敬帝 紹泰	18	長沙 果願寺 沙門 法緖에게 出家	
青年(修學)時代	556	(周)		(陳) 太平	19		
	557	孝閔帝		武帝 永定	20	具足戒를 받고, 慧曠을 따라 律藏・大乘佛典을 배움	
	558	明帝		2	21	(大賢山에서 法華經・無量壽經・普賢觀經・方等懺法 修業)	
	559		廢帝	文帝 3	22		45
	560	武帝	孝昭帝	天嘉	23	光州, 大蘇山으로 들어가 南岳慧思의 門下가 됨	
	561		武成帝	2	24	▲(灌頂출생)	
	562			3	25	法華三昧(普賢勸發品,安樂行品)	
	563			4	26	眞供養(藥王品)	
	564			5	27		50
	565		後主	6	28	金字般若經代講(三智一心中得)	
	566			廢帝 天康	29		
建康瓦官寺時代	567			光大	30	▼	
	568			2	31	⑥ 揚子江을 내려가 陳都金陵(建康)으로 나감	55
	569			宣帝 太建	32	▲法華經開題講說	
	570			2	33	大智度論講說	
	571			3	34	次第禪門講說	
	572			4	35		
	573			5	36	⑨(沈君理 사망)⑩王琳 사망	
	574			6	37	⑥(周弘正 사망)	60

부록 225

시대구분	西曆	年 號			연령	事項 및 關聯人物	
天台隱棲時代	575			7	38	⑨ 天台山 입산	慧思
	576			8	39	(華頂峰의 降魔―實諦)	
	577			9	40	⑥ 南岳慧思禪師 사망	63
	578	宣帝		10	41	⑤ 修禪寺創建	
	579	靜帝		11	42	↑	
	580	(隋)		12	43		
	581	文帝	開皇	13	44	放生池((金光明經講說)	
	582		2	後主 14	45	↓ 普明, 천태산 입산	
	583		3	至德	46	⑩ (徐陵 사망) 관정, 천태산에 입산	
	584		4	2	47		
三大部講說時代	585		5	3	48	봄, 下山,靈曜寺에 거주. 太極殿에서 大智度論講說	
	586		6	4	49	④ 光宅寺에서 仁王經講說	
	587		7	禎明	50	↑ 法華文句講說	
	588		8	2	51	↓	
	589		9	3	52	① 建康陷落 廬山 長沙麓山寺	
	590			10	53		
	591			11	54	⑪ 晋王廣에게 揚州禪衆寺에서 菩薩戒를 줌	
	592			12	55	② 廬山東林寺에서 夏安居⑧南岳으로⑪潭州로	
	593			13	56	② 荊州로 ⑦ 玉泉寺 賜額(法華玄義講說)	
	594			14	57	④ 摩訶止觀講說	
晩年時代	595			15	58	봄, 揚州禪衆寺로 ⑦ 維摩玄疏獻	
	596			16	59	上. 立制法	
	597			17	60	觀心論口授 靜名義疏 ⑪ 石城寺에서 入寂	

226 천태대사의 생애

後記

    천태대사 지의를 되살리려고 노력했던 나는 그의 우연한 죽음으로 인해 붓을 놓지 않으면 안 되었다.
    본서는 지의의 출가 이래 그가 몸을 두어야 했던 적과 아군, 승패와 흥망이 격변하는 혹독한 세상사의 한가운데를 강인하게 살아가면서 수도修道와 교화로 일관했던 40년간의 종교 생활을 통해 궁극적으로 천태종의 근본 교리와 실천을 행했던 그의 모습을 서술하였다. 삼제원융三諦圓融, 일색일향무비중도一色一香無非中道, 원돈지관圓頓止觀이라고 하여 서로 부정하는 상대 분별의 대립을 절대 부정하고 오히려 절대 긍정에 이르렀던 천태의 교리와 행증行證이 남악 혜사의 사상을 계승하고 또한 용수龍樹의 중관사상中觀思想과 『영락경瓔珞經』의 삼제설三諦說에서 이끌어졌다는 것은 말할 필요도 없을 것이다. 하지만 이와 동시에 40년간에 걸친 구체적인 종교 생활을 떠나서는 그의 교리나 행증도 성립하지 않는다고 생각한다. 그는 심산유곡에 고립된 철학적 사변주의자가 아니며 보다 중대한 것은 구체적인 현실 생활 속에서 자신을 응시하고 자기와 타인의 행증을 실현하려고 했던 종교인이었다는 점이다. 지의가 만년에 설한 『법화현의法華玄義』 속의 삼제원융三諦圓融의 가르침과 『마하지관摩訶止觀』 속의 원돈지관圓頓止觀의 경지는 결국은 하나이며, 그의 종교 생활과 이반되는 것이 아니라 그의 종교적인 행위를 합리적으로 설명하는 것이었다. 또한 그것이야말로 그의 설법이 당시 강력하게 지도력을 가지며 천태종 창시자로서의 지위에 오르게 했던 것이다.

40년간의 격변하는 정세 속에서 부정을 반복하고 모순을 반성했던 구도열정이 삼제원융·원돈지관이라는 '교관쌍조敎觀雙照'(智目과 行足)의 천태교의를 대성시키고 천태 개창의 역사적 의의에 부합되도록 노력했던 것이다.

『마하지관』 권3 상편에 "이와 같은 해석은 관심觀心에 기초하는 것으로서 실로 경전을 읽고 순서대로 안치한 것이 아니다. 억설이라는 혐의를 피하고 사람들이 더욱 믿도록 하기 위해 경전에서 합치되는 구절을 인용하여 증거로 삼은 것일 뿐이다."라고 말하고 있다. 그 목적에 도달하는 여정은 너무도 멀지만 조금이라도 지의의 진의에 다가갈 수 있었다면 다행이다. 위에서 언급한 문제 의식과 시각에 서서 조금씩이라도 연구를 진전시키려고 염원하고 있지만 좁은 시야와 빈약한 지식 때문에 많은 과오를 범했을 것이라 생각한다. 이 책을 서둘러서 마무리하느라 견강부회한 해석을 했던 점이 매우 많지만 이 책은 어디까지나 현재 단계에 있어서의 시론試論에 지나지 않는 것이며 장래에 보충·정정을 가할 생각이므로 가르침을 주신다면 참으로 다행으로 여기겠다.

출판에 있어서는 제3문명사의 야스다安田理夫씨 외에 야마다山田和父씨, 기타 만날 기회는 없었지만 출판에 이르기까지 참으로 많은 분들에게 신세를 졌기에 여기에 적어서 감사의 뜻을 표하고자 한다.

昭和 50년 음력 2월
교도 지코京戶慈光

주해註解

1. 武帝(464~549): 『양서梁書』1, 1~102쪽. 『전량문全梁文』2948下~92下. 森三樹三郎 『梁の武帝』平樂寺書店 1956. 山崎宏 「梁武帝の佛敎信仰に就て」(『齊藤先生古稀祝賀記念論文集』). 太田悌藏 『梁武帝の捨身奉佛について疑う』(『結城敎授頌壽記念佛敎思想史論集』1964. 內藤龍雄 「梁の武帝の捨道の非事實性」(『印佛硏究』V-2, 162쪽). Jacques Gernet : Les Aspects Economiques du Bouddhisme (Publications de L'Ecole Francaise D'extreme-Orient, Saigon, 1956).

2. 長干寺: 『양서梁書』3 본기무제전本紀武帝傳 下, 81쪽. 『자치통감資治通鑑』양기梁紀. 『금릉범찰지金陵梵刹志』31 취보산 보은사聚宝山報恩寺. 『금릉찰지金陵刹志』 남조범찰지南朝梵刹志 하. 『전량문全梁文』3007쪽. 塚本善隆 『中國佛敎通史』1 鈴木學術財團 1968, 159·406·408·420쪽. 森鹿三·外山軍治 『東洋の歷史』4 人物往來社 1967, 313~318쪽.

3. 陳詮: 『국청백록國淸百錄』2 「천태수선사지의선사방생비문天台修禪寺智顗禪師放生碑文」제21 (『대정장』46, 801하) "선사의 속세 성은 진씨이고 영천 사람으로서 유규有嬀씨의 후손이다. 사방의 친구들이 놀랄 정도로 온갖 뛰어난 재주가 많았는데 이것이 세상에 알려져 작위를 받았고 이를 대대로 승계하였다. 현인이었던 그의 조부 진전陳詮은 일찍이 세상을 떠났다."

4. 陳起祖: 『수천태지자대사별전隋天台智者大師別傳』(이하 『別傳』으로 표기, 『대정장』50, 191상~중) "부친 진기조陳起祖는 학문이 높아서 경經과 전傳에 두루 통달하였으며 언변이 뛰어나 대적할 이가 없었다. 게다가 군사 방면에도 지략이 있고 자못 용기와 결단력도 있었다. 이에 양梁의 상동왕湘東王인 소역蕭繹이 형주에 가서 그를 빈객賓客으로 대우하니 그는 하교를 받들어 조정에 들어갔다. 영군領軍의 직에 있던 주이朱异가 그를 보더니 '나라를 경영할 만한 인재가 아니라면 누가 영민한 왕에게 대접받겠는가?' 하고 감탄하였다. 효원제孝元帝가 즉위한 뒤에 그를 사지절使持節 산기상시散騎常侍 익양현益陽縣 개국후開國候로 임명하였다." 『국청백록國淸百錄』2 (『대정장』46, 801하). 『속고등전續高僧傳』17 (『대정장』50, 564상). 『불조통기佛祖通紀』6 (『대정장』49, 180하~181상). 『형주부지荊州府志』 (中國方志叢書·華中地方 118·3)61, 인물지人物志15 流寓·公安縣, 763쪽 上 "진계조陳啓祖는 양梁의 산기상시로서 익양공益陽公에 봉해졌으니 바로 지자선사의 부친이다."

5. 蕭繹(508~554): 『梁書』5 本紀元帝 113쪽. 『南史』8. 『全梁文』3035上~58쪽上. 『自治通鑑選』(中國古典文學大系 14) 平凡社 1970, 311쪽.

6. 『別傳』(『대정장』50, 191상) "모친 서徐씨는 온순하고 근검한 성격으로서 항상 계를 잘 지키기 위해 노력하는 분이었다. 하루는 꿈에 오색 광채가 나는 향기로운 연기가 마치 안개처럼 가볍게 날아와 가슴을 둘러싸는 것이었다. 모친이 그것을 떨어 없애려 하였더니 어떤 사람이 '숙세의 인연으로 왕도王道를 기탁하는 것이다. 복덕이 저절로 이른 것인데 어찌하여 떨쳐버리려 하는가?' 하고 말하는 소리가 들렸다."

7. 陳氏: 『陳氏族譜』(淸陳宗聯等) 1833. 『陳氏懸前支宗譜』(淸陳學藝) 1843. 『陳氏宗譜』

(清陳義賢等) 1868. 同 (清陳善慶等) 1877. 同 (清陳以昭) 1897. 『史記』36. 後藤均平「陳について」(『中國古代の社會と文化』).

① 滿(陶正逢子周武王封王封於陳謚胡公)―② 犀(申公)
　　　　　　　　　　　　　　　　　　└ 皐羊(相公)
③ 突(孝公)―④ 圉戎―⑤ 寧 …
㊼ 猛―㊽ 道臣(梁官至太常卿)―文瓚―㊿ 譚先
　　　　　　　　　　　　　　　└ 覇先

8 潁川 : 『潁川郡志』(明陳璉). 덧붙여서 영천 출신의 승려에 석혜소釋慧韶(『대정장』50, 470하), 석지념釋志念(同508중), 법림法琳(同636중), 도병道昞(『대정장』49, 266하) 등이 있다.

8 周 武王 : 『史記』4. 『尚書』. 『詩經』. 內藤虎次郎『支那上古史』1944.

10 川勝義雄『中國の歷史』3(魏晋南北朝) 講談社 1947, 117~208쪽 참조.

11 『別傳』(『대정장』50, 191상) "조상들의 찬란한 업적은 보록譜錄과 사서에 전하는 것이 많다. 진晉나라가 동쪽으로 천도할 때 집안이 따라서 남쪽으로 나와서 양쯔강과 한수漢水 부근에 우거하다가 이로 인하여 형주荊州의 화용현華容縣에 머물게 되었다."

12 두 겹의 눈동자 : 『별전』(『대정장』50, 191중) "눈에 두 겹의 눈동자가 있다. 부모는 비호하며 사람들이 아는 것을 원하지 않았다." '두 겹의 눈동자'는 눈동자가 두개씩 있는 성인의 상인데, 태고의 성스런 천자 순舜이 그랬다고 한다. 초楚의 항우項羽도 마찬가지였다는 전설이 있다(中國古典選『史記』楚漢篇, 項羽本紀論贊, 125쪽). 그밖에도 이중 눈동자의 승려로는 승실僧實(『대정장』50, 557하)을 들 수 있다. 그리고 원제(元帝, 蕭繹)는 타고난 눈을 고민하여 온갖 치료를 다 했지만 끝내 한쪽 눈을 실명했으며, 이 때문에 아버지 무제武帝가 더욱 가엾게 여겼다는 이야기가『양서梁書』원제기元帝紀에 보인다.

13 侯景(~552) : 『梁書』56, 833쪽. 『自治通鑑選』梁記 平凡社版 311쪽. 田中謙三『自治通鑑』(中國文明選Ⅰ) 朝日新聞社刊 1947, 133쪽. 吉川忠夫『侯景の亂始末記』(中公新書) 中央公論社 1974. 川勝義雄『侯景の亂と南朝の貨幣經濟』(『東方學報』32) 1962.

14 高歡(495~547) : 『北齊書』1. 『北史』6. 『全北齊文』3824上~5쪽上.

15 蕭淵明(貞陽侯) : 『自治通鑑選』平凡社版 312쪽. 『全梁文』2972쪽上.

16 徐陵(507~583) : 『陳書』26, 325쪽. 『南史』62. 『全陳文』3431上~66쪽上. 『徐孝穆集』世界書局印行 民國52년. 『玉台新詠』(岩波文庫). 『徐陵』(吉川忠夫『侯景の亂始末記』).

17 王僧辯(~550) : 『梁書』45, 623쪽. 『全梁文』3328쪽下. 『自治通鑑選』平凡社 311쪽.

18 陳覇先(503~559) : 『陳書』1・2, 1~44쪽. 『全陳文』3404上~6쪽下. 『自治通鑑選』平凡社 315쪽.

19 『江陵懸志』61 "簡文帝大寶二年(551)冬十月江陵城慈雲如蓋. 元帝承聖元年(552)冬十一月帝卽位江陵時有雨日俱見."

20 江陵 : 『南齊書』15 州郡志. 『水經注圖』(淸, 楊守敬)『東晋彊城志』2 荊州, 南郡江陵, 南蠻府條.

21　益陽懸：『益陽懸志』2 風俗 "春惑多雨 至夏則疏夏惑過炎 至秋則殺端陽始衣葛重陽後始 衣絮春潦之濕遇夏炎則蒸三伏之暑迎秋蕭則戰七八月間火多病療 秋多陰露 冬如厚雪亦少 堅水."

22　陳鍼：『별전』(『대정장』50, 197하) "梁의 晋安王, 中兵參軍 진침은 지의의 長兄이다". 『佛祖統紀』9(『대정장』49, 200상)『紀年錄』(10상).

23　『續高僧傳』17(『대정장』50, 564중) "학문에 뜻을 둔 선비였으나 양나라를 섬기게 되어 성군을 좇아 원제가 멸망하는 데 휩쓸리게 되었다."『國譯一切經』和漢撰述77, 史傳部9(48쪽)에는 "학문에 뜻을 둔 선비였으나 양나라를 섬기게 되어 성군을 좇았지만 원제가 멸망하자 북쪽으로 사주(砂州)를 지나 구씨(舅氏)에게 의탁했다."고 되어 있다. 浦井公敏「智顗に於ける天台敎觀の形成と梁末江陵の佛敎」(『史學雜誌』) 66・3).

24　蕭詧(～562)：『周書』48 列傳40.『全梁文』後梁宣帝 3357쪽上. 吉川忠夫「後梁春秋」『侯景の亂始末記』140～194쪽.

25　『江陵懸志』61 "三年(554)十一月江陵大風 流星墜城中."

26　吉川忠夫「後梁春秋」『侯景の亂始末記』140쪽.

27　『自治通鑑』165 承聖 3년 11월 조에 長沙寺, 天亘寺 등이 魏軍에게 쫓긴 元帝의 임시 거처가 되었다는 기록이 보인다.『江陵懸志』61 祥異地古(6면左).

28　吉川忠夫『侯景の亂始末記』145쪽.

29　『周書』2 魏 恭帝 원년(554) 11월 丙申 條에는 西魏가 元帝를 살해하고 백관 및 사민 10여만 명을 노비로 삼았다고 기록한 후, "立蕭詧爲梁王, 居江陵爲魏附庸"이라고 하여 西魏의 괴뢰국 後梁의 성립을 전하고 있다.

30　蕭巋(562～585)：『隋書』79 列傳44 "蕭詧 字仁遠 梁昭明太子統之孫也 (中略) 巋著孝經・周易義記及大小乘幽微十四卷 行於世".『續高僧傳』6 後梁荊大僧正釋僧遷傳(『대정장』50, 476상).

31　江陵防主：『周書』48 蕭詧傳.

32　昭明太子(501～531)：무제武帝의 장자, 휘는 소통蕭統. 유년에 유학을 공부하고 나이가 들어서는 불교를 숭상했으며, 재능있는 선비를 초청하여 문학과 정치를 논했다. 주周에서 양梁대에 이르는 문장과 시를 모아서 편찬한『문선文選』30권이 있다.『梁書』8 列傳 제2, 165쪽.『全梁文』3059上～74쪽上.

33　宗如周：『周書』48 列傳40. 吉川忠夫「後梁春秋」『侯景の亂始末記』173쪽.

34　甄玄成：『周書』48 甄玄成傳 "詧深信佛法 常願不殺, 誦法華經."

35　吉川忠夫『侯景の亂始末記』169～173쪽 인용.

36　長沙寺：東晋 중기, 장사 태수 등함이 강릉의 자택을 회사하고 도안의 제자 담익의 지휘에 따라 건립된 명찰이다.『江陵懸志』52 藝文5・碑記에 "荊州長沙寺阿育王像碑記 元帝"라는 기록이 있어 원제가 장사사에 깊은 관심을 가지고 있었다는 것을 알 수 있다. 同上 권64～65.『荊州府志』22(淸 乾隆).『晋書』57 藤含傳.『自治通鑑』143 齊紀 永元

2년(500) 11월 條. 『梁高僧傳』5 曇翼傳(『대정장』50, 355하). 『法苑珠林』39 (『대정장』53, 598상). 沙門慈本述『天台大師略傳』1, 11〜13쪽. 山崎宏『支那中世佛教の展開 淸水書店 1924. 常盤大定『支那佛教史蹟詳解』. 常盤大定『支那佛教史蹟踏査記』龍吟社 1936, 129쪽. 塚本善隆『中國佛教通史』제1권 鈴木學術財團 1968, 512쪽. 石田德行「東晋〜南朝時代の江陵長沙寺」(『東方宗教』41) 1973, 51〜74쪽.

37 上明寺: 『法苑珠林』39 (『대정장』53, 598상) "自晋 宋 齊 梁 陳氏 僧徒常數百人 陳末隋初, 有名者三千五百人 …… 大殿一十三間 …… 爨爐重疊 國中宗冠" 塚本善隆『中國佛教通史』1권 鈴木學術財團 512〜515쪽. 石田德行「東晋〜南朝時代の江陵長沙寺 - 附上明寺」(『東方宗教』41) 1973. 51〜74쪽.

38 浦井公敏「智顗に於ける天台敎觀の形成と梁末江陵の佛教」(『史學雜誌』66・3).

39 茅穗村・油河: 『別傳句讀』上, 12. 『天台大師略傳』1, 13〜15쪽 『水經注圖』(58면右).

40 王琳: 北齊 山陰 출신. 字는 子珩, 諱는 忠武. 양의 장군. 양 멸망 후 형주에서 永喜王 莊을 옹립하였으며 齊에 이르러 양 나라의 부흥을 꾀했다. 齊에서 巴陵郡王에 봉하고 侍中이 되었으나 陳의 吳明徹에게 패하고 죽었다. 無學이지만 善政이 많았으며 백성들 모두가 그의 죽음을 통곡했다. 『梁書』21. 『南史』64. 『北齊書』32. 『全梁文』3361쪽 上.

41 『속고승전』17 (『대정장』50, 564중) "성상을 따랐으나 원제가 몰락하자 북의 사주砂州로 와서 구씨舅氏에게 의탁했다. 유명한 스승을 찾아 그에 의탁하여 출가하고자 했다. 18세에 상주 과원사의 사문인 법서法緖에 몸을 의탁하고 출가했다. 처음에는 10계를 받아 이를 통해 율의(律儀)를 수행했다." 구씨와 법서와의 관계는 밝혀지지 않았지만, 『통기統紀』6 (『대정장』49, 181중)에는 담연湛然의 『止觀輔行傳弘決』권1의 1(『대정장』46,142하)를 인용하여 "본군에 있는 과원사 구씨의 법서에 의탁하여 출가했다"고 기술하고 있다. 『智者大師傳新解』(堯如, 소화30, 경도 묘법원). 『天台大師略傳』1, 17-18쪽.

42 〈역주〉『속고승전』의 원문을 보면 "聞恩光先路二大禪師千里來儀投心者衆"이라 되어 있는데 이는 "은광과 선로 등 두 대선사에게 와서 의탁하는 사람이 많다는 것을 듣고"라고 번역하는 것이 더 나을 것 같다.

43 道安의 僧尼規範佛法憲章三條: 塚本善隆『中國佛教通史』1권, 鈴木財團 516〜518쪽 인용. 『大宋僧史略』中, (『대정장』54, 241중〜하). 『法苑珠林』42 (『대정장』53, 612상〜중). 土橋秀高「中國に於ける戒律の屈折」(『龍谷大學論集』393) 昭45. 宇井伯壽『釋道安硏究』岩波書店 昭31. 橫超慧日『中國佛教の硏究』法藏館 184쪽. 도안에게는 그밖에 『法門淸式二十四條』(『佛祖歷代通載』6, 『대정장』49, 524중), 『鍵稚法』1권 (『出三藏記集』3, 『대정장』55, 18중)가 있다고 한다.

44 大賢山: 『佛祖通記』63 (『대정장』49,181중) 「荊州の南境」『句讀』권上, 14, "대현산은 통기에 있는 주에서 말하길, 형천(衡川)의 남쪽 경계에 있다. 『三寶感應綠』에서 말하기를 "지자가 살아 있을 때 땅속에서 한 산이 솟아나왔다. 이를 대현이라 불렀다. 그가 임종했을 때 그를 따라 들어가 버렸다. 그리하여 대현호가 되었다." 『天台大師略傳』1, 19〜20쪽.

45 無量義經: 1권, 『대정장』9. 蕭齊의 曇摩伽耶舍(Dharmagatayasas)의 번역(481). 法華三部經의 하나이며, 대개 法華經의 開經으로 중국에서 찬술된 것. 인간의 성품과 욕구는

무량하기 때문에 설법도 무량하며, 설법이 무량하기 때문에 뜻도 또한 무량하다. 無量義 라는 것은 一法에서 생기며 그 一法이라는 것은 즉 無相이라고 설명하고 있다.

46 觀普賢菩薩行法經 : 1권, 劉宋의 다르마미트라(Dharmamitra, 曇摩密多 ; 356~442)가 번역한 것. 入滅 3개월 전 바이샬리국의 大林精舍에서 佛陀가 普賢觀門과 六根의 罪의 懺悔에 관하여 설법한 것. 천태대사는 이 경전이 법화경의 「普賢菩薩勸發品」을 이었다고 적고 있기 때문에 結經으로 한다.

47 方等懺法 : 佐藤哲英『天台大師の硏究』百華苑 1961. 鹽入良道「懺法の成立と智顗の立場」(『印佛硏究』Ⅶ・2) 45쪽. 鹽入良道「四種三昧に扱われた智顗の懺法」(『印佛硏究』Ⅷ・2) 269쪽. 鹽入良道「中國佛敎儀禮における懺法の變容過程」(『印佛硏究』Ⅺ・2) 353쪽.

48 『天台大師略傳』1, 20쪽.

49 『次第禪門』2 (『대정장』46, 485하, 486상)

50 安藤俊雄「天台初期の禪法」(『天台學―根本思想とその展開』) 平樂社書店 1968, 423~424쪽 참조.

51 大蘇山 : 『水經注』「灌水出大蘇山」

52 慧思(515~577) : 혜사 「立誓願文」(『대정장』46, 786상), 관정 『隋天台智者大師別傳』(『대정장』50, 191하) 『續高僧傳』17 (『대정장』50, 562하) 『景德傳燈錄』27 (『대정장』51, 196) 『五燈會元』2 (卍二乙・11・1・4) 『五燈嚴統』2 (卍二乙・17・2) 『指月錄』2 (卍二乙・16・1・4) 『天台九祖傳』(『대정장』51, 98하) 『佛祖統紀』6 (『대정장』50, 179상) 『弘贊法華傳』4 (『대정장』51, 21하) 『法華傳記』3 (『대정장』51, 59상) 『法華顯應錄』1 (卍二乙・7・5) 『法華經持驗記』上 (卍二乙・7・5) 『佛祖歷代通載』10 (『대정장』49, 555하) 『釋氏稽古略』2 (『대정장』49, 803하) 『佛祖綱目』28 (卍二乙・19・3・5) 『神僧傳』4 『대정장』50, 974하) 『高僧摘要』2 (卍二乙・21・4) 『六學僧傳』3 (卍二乙・6・3・5) 『禪宗正脈』3 (卍二乙・19・1・2) 『僧傳排韻』4 (『日佛全』100, 70상) 梨谷淡泉「慧思禪師と其理想的人格」(『無盡燈』8卷5) 明36. 大川円鈴「南岳慧思」(『東洋大學論纂』) 1) 昭16. 平了照「南岳大師の著書の眞僞に就いて」(『山家學報』新1卷4) 昭6.「南岳慧思の學風」(『佛敎學雜誌』1卷3) 大9. 布施浩岳「南岳大師と天台學」(『宗敎硏究』3卷5) 大15. 苗村高綱「南岳惠思禪師の彌陀觀」(『宗學院論集』30) 昭14.「南岳天台と四安樂行」(『東方宗敎』6) 昭29.「南岳天台の四安樂行の歷史的必要性」(『東方宗敎』7) 昭30. 平了照「南岳慧思傳に就いて」(『山家學報』新1卷1). 仲尾俊博「慧思禪師の末法思想」(『印佛硏究』Ⅱ・1・157쪽) 福島光哉「南岳慧思の禪觀」(『印佛硏究』ⅩⅣ・1・201쪽) 幣記「南岳慧思の禪觀」(『印佛硏究』ⅩⅧ・1・217쪽) 佐藤哲英「南岳慧思の『四十二字門』について」(『印佛硏究』ⅩⅥ・2・40쪽), Leon Hurvitz p. 86.

53 『別傳』(『대정장』50, 191하) "대사는 멀리서 소문을 듣고 그의 덕화德化를 간절히 그리워하였다. 그 지역은 진陳과 북제北齊의 접경이어서 무력이 충돌하는 곳이므로 능히 생명을 가볍게 여기고 법을 중히 여길 수 있었고, '저녁에 죽는 것'을 경시하고 '아침에 도 듣는 것'을 귀하게 여기는 풍토였다. 대사는 험한 여로를 지나 그곳에 갔다." 『佛祖統紀』6 (『대정장』49, 181중) "陳 文帝 天嘉 元年(560), 그때 혜사선사는 광주 대소산에 머물렀다."

54 立誓願文：上杉文秀「讀『南岳慧思禪師立誓文』」(『無盡燈』7卷3) 明35. 惠谷隆戒「南岳慧思の立誓願文は僞作か」(『印佛硏究』Ⅳ・2) 213쪽.

55 武津懸：『河南通志』1 "東至頂城懸界一百二十里 西至西平懸界三十里 南至汝陽懸界三十五里 北至西華懸界四十五里……" "漢 - 汝南郡戶四十六萬一千五百八十七口 二百五十九萬六千一百四十八. 隋 - 汝南郡戶一十五萬二千七百八十五?"

56 옛성古城：『河南通志』8 "汝寧府城 上蔡懸城 碓山懸城 新蔡懸城 遂平懸城 眞陽懸城" 同卷21 "汝寧府 - 平興故城 宣春城 安成故城 富波故城 陽城故城 故蔡城 (在上蔡懸西南卽周蔡仲之地) 道城 朗陵故城 四望城, 西平故城……"

57 절寺院：『河南通志』35 "開元寺 淸戒寺 福興寺 觀音寺 北泉寺 福定寺 通慧寺 建禧寺 法隆寺 寶巖寺 興國寺 彌勒寺 普惠寺 淨居梵王寺 寶相寺 華嚴寺 大慈寺 崇福寺 慈氏寺 賢隱寺……"

58 妙勝定經：關口眞大『天台止觀の硏究』岩波書店 昭44, 379쪽. Hphags-pa tiṅ-ṅe-ḥdsin mchog-dam-pa 北京版 No. 805, 177-1-3. 192상 3～201 중 2. S. 198. 殘簡. p. 102.

59 慧思의 四弘誓願：『安樂行義』(『대정장』46, 702상) 『隨自意三昧』(卍2・3・4, 353左) 『無諍三昧』上(『대정장』46, 629하-630하) 『受菩薩戒儀』(卍1・2-10-1). 智顗의 四弘誓願은『法界次第初門』권下의上(『대정장』46, 685중-686상) 『次第禪門』1上(『대정장』46, 476중) 『摩訶止觀』1下(『대정장』46, 8상) 『四敎義』11(『대정장』46, 761하).

60 慧文：鳳氣至洪雄『慧文の原始天台に就て』(『無盡燈』5卷5・6) 明33. 同上「支那原始天台の先驅」(『無盡燈』5卷3) 明33. 平了照「慧文禪師の無師獨悟について」(『大正學報』37) 昭25.

61 『自治通鑑』160, 梁紀20,

62 泰山의 佛敎：宮川尙志『六朝史硏究(宗敎篇)』平樂社書店 1964, 255～278쪽. E. Chavannes; Le T'ai chan, Essai de Monographie d'un Culte chinois, Peking, 1941. pp.398～431. 酒井忠夫「泰山信仰の硏究」(『史潮』7의 2) 昭12.

63 信州：『河南通志』2 "北揚州部 陳留郡(浚儀, 雍丘・南燕) 信州(稜陵・西華) 許昌郡(許昌)."

64 陸法和：北齊 사람. 도술을 부렸으며 앞일을 잘 예언했다. 강릉 百里洲에서 은거했다. 梁 元帝 때 侯景의 장수 任約을 격파했으며 官은 都督郢州刺史, 封은 江乘懸公. 元帝가 敗滅하자 齊 나라로 들어가서 大都督이 된다. 文宣王은 그를 부를 때 臣이라 하지 않고 荊山居士라고 불렀다.『北齊書』32.『北史』89.『全北齊史』3834쪽 下.『神僧傳』4 (『대정장』50, 973중～974하).

65 生金藥：『本草綱目』金石部 제8권(139～146), "饒州・信州・南劍・澄州 등지에서 채취한 것은 각양각색인데, 산에서 나는 돌처럼 생긴 것도 있고 쌀이나 콩알처럼 생긴 것도 있다."

66 『河南通志』 "北齊天保八年(557)河北六州 河南十三州蝗."

67 지의의 법화삼매：橋本眞昭「智顗の法華三昧について」(『佛敎學硏究』7) 昭27. 津田左

右吉 「智顗の法華懺法」(『東洋學報』 31권1 『津田左右吉全集』 所收) 昭22. 橫超慧日 「法華三昧」(『大谷學報』 33卷4) 昭29. 橫超慧日「天台智顗の法華三昧」(『大谷學報』 35 권3) 昭30.

68 삼칠일三七日:『別傳』이 藥王品 독송을 二七日 뒤로 하고 있는 것에 대하여, 『續高僧傳』 17(『대정장』50, 564중)에서는 사흘 저녁 뒤로 하고 있다. 일본 천태의 口傳法門에는 나흘 밤으로 전해졌고, 傳教大師는 入唐 때 에 '宗의 大事'를 나흘 밤에 전수했다고 한다 (『傳教大師全集』5).

69 소신공양燒身供養:『법화경』이 유포됨에 따라 약왕보살의 선례를 모방하여 실제로 소신공양하는 풍습이 중국 불교계에 대두하였고, 姚秦의 法羽『高僧傳』12 亡身제6『대정장』50, 404하)을 시작으로 宋의 臨川 招提寺 慧紹(同上, 404하-405상), 宋의 廬山 招隱寺 僧瑜(同上, 405상), 宋의 京都 竹林寺 慧益(同上, 405중) 등 그 예가 적지 않다. M. Jacques Gernet: Les Suicides par le feu chez les bouddhistes chinois du Ve au Xe siècle, Mélanges publié par l'Institut des Hautes Etudes Chinoises, tome II, 1960, Paris, pp. 527~558. Jean Filliozat: La Mort vorontaire par le feu, Journal Asiatique, t. CCLI, fasc. No. 1, 1963, pp. 21~51.

70 橫超慧日 「天台智顗の法華三昧」(『大谷學報』35-1. 『法華思想の硏究』289쪽) 참조.

71 혜막慧邈과의 논쟁:『別傳』(『대정장』50, 192상) "이때 혜막선사라는 사람이 있었는데 그의 행은 보통 사람들을 속이며 언변으로써 듣는 이들을 미혹하게 하였다. 그는 스스로 제자들에게 '내가 펼치는 법이 진짜 사자후이며 다른 이들이 설하는 것은 이리의 울음일 뿐이다.' 하고 말하곤 하였다. 그러니 마음의 눈이 열리지 않고서야 누군들 현혹하지 않겠는가? 이에 대사가 바로 경문을 인용하고 종지에 의거하여 상세히 밝혀가며 질문을 하였다. 혜막은 곧 근거를 잃어버리고 말았다. 지혜의 바람으로 까부르니 쭉정이와 겨가 바로 구별되고 선정의 물로 일어내니 모래와 자갈이 쉽게 밝혀진 격이었다. 이에 혜막에게 현혹되었던 제자들이 오히려 나루를 물어 강을 건너는 법을 알게 되었다. 이날 밤 대사는 꿈에 3층 누각을 보았는데 혜막은 그 아래에 서 있고 자신은 그 위에 앉아 있는 것이었다. 또 한 명이 있었는데 그는 소매를 걷어올리고 성난 눈으로 말하기를, "왜 혜막을 홀대하고 법을 의심하는가? 이번에는 내게 물어 보라."고 하였다. 이에 대사가 질문을 하여 몇 차례 문답이 오고가니 마침내 성낸 사람이 이치가 막혀 입을 꾹 다물고 할 말을 잃고 말았다. 대사가 그에게 "모든 법의 실상實相을 제외하고 나머지는 모두 마구니의 장난"이라고 일깨워 주었다. 훈계하고 나니 혜막도 성내던 사람도 보이지 않았다. 저녁 때 곁에서 이것을 들은 사람이 그에게 잠꼬대를 하더라고 말하였다. 다음날 아침 대사는 혜사를 찾아가 자신이 겪은 현상을 모두 고하였다.

72 『法華經安樂行義』(『대정장』46, 699중).

73 진제眞諦(499~569)는 파라마르타Paramārtha를 번역한 이름인데, 일명 구라나타Kuranātha라고도 하며 친의親依로 번역한다. 그는 499년에 서북 인도 우선니Ujjaini의 바라문으로 출생했지만 인도에서의 학업과 수행 장소 등은 명확하지 않다. 다만 그가 인도에 머물던 무렵은 무착無著·세친世親의 몰후 백수십 년을 지나 유가행파瑜伽行派에서 뛰어난 학자가 배출된 시대이다. 즉 진나陳那(400~480)·덕혜德慧(420~500)는 이미 죽었을 테지만, 무성無性(450~530)·난타難陀(450~530)·안혜安慧(470~550) 등의 학자가 각기 주장을 펴고 있

던 시대이며, 그러한 학자들 사이에서 서로 다른 학설이 생겨나 제각기 학파가 분립하기 시작하던 시대이다. 따라서 진제는 이와 같은 인도 학계의 사정을 잘 알고 있었을 것이다. 또 이들 학파 중 어느 하나를 따르고 있었을 것으로 생각되는데 특히 중국에 전하는 이야기로는 안혜의 학풍을 받았다고 한다. 진제 자신도 그 당시 학계의 자유로운 연구 풍조에 편승하여 독창적인 해석을 하였으며 하나의 학파를 이루고 있었을지도 모른다. 진제는 불경의 한역漢譯을 목표로 2만 권에 이르는 범어 경전을 지참하고 바다를 건넜고, 부남국扶南國을 경유하여 중국 광동에 도착한 것은 546년, 48세 때였다. 548년에 다시 북상하여 건강에 도착한 뒤 양 무제를 알현했다. 그러나 마침 그 해에 후경의 난이 일어났으므로 난을 피하여 부춘富春(절강성 항주 부근)으로 갔고 대청大淸 3년(549)에 이곳에서 처음으로 불경 번역을 시작하여 이듬해(550)에 『십칠지론十七地論』 5권을 번역했다. 이어서 『대승기신론』 1권・『대승기신론소』 2권, 『중론』 1권・『중론소』 2권, 『여실론如實論』 1권・『여실론소如實論疏』 3권, 『십팔부론十八部論』 1권, 『열반경본유금무게론涅槃經本有今無偈論』 1권, 『삼세분열론三世分列論』 1권을 번역하거나 혹은 주석을 달았다. 551년에도 여전히 부춘에 머물면서 『결정장론決定藏論』 3권을 번역했다. 552년에는 건강으로 돌아가서 『금광명경』 7권을 번역하고, 이어서 『금광명경소』 6권을 지었다. 554년에는 예장(豫章, 강서성 남창)으로 가서 『미륵하생경』 1권・『인왕반야경』 1권을 번역하고, 『인왕반야경소』 6권을 저술했다. 여기서 경소警韶(508~583)를 만났으며 그에게 금광명경・유식론・열반경 등을 강의했다. 같은 해에 신오新吳(강서성 남창부 봉신현)로 갔고, 이곳에서 『구식의기九識義記』 2권, 『전법륜의기轉法輪義記』 1권을 지었다. 555년에 남방의 시흥始興(광동성 소주)으로 갔다가 다시 북방의 남강南康(강서성 공주)으로 옮겼으며, 한 곳에 머무는 일 없이 유랑의 세월이 계속되었다. 557년, 남강에서 『무상의경無上依經』 2권을 번역했고 『무상의경소』 4권을 지었다. 558년 60세 때 예장으로 돌아가서 『대공경大空經』 3권을 번역했고 이어서 임천군臨川郡(강서성 임천현)에서 『중변분별론中邊分別論』 2권을 번역했으며 『중변분별론소』 3권을 지었다. 이 해에 진안晉安(복건성 남안현)으로 갔다. 559년에는 남월南越(광동성 합포현)에 이르러 『입세아비담론立世阿毘曇論』 10권을 번역했다. 560년 남월에서 양안군으로 갔고, 다음해에 『해절경解節經』 1권을 번역하고 『해절경의소解節經義疏』 4권을 지었다. 562년 『금강반야경』 1권을 번역하고 『금강반야경문金剛般若經文義』 10권을 지었다. 이 해에 진제는 귀국을 계획하고 한 차례 귀국길에 올랐으나 폭풍우 때문에 어쩔 수 없이 남해(광동)에 상륙했다. 이상은 진제가 중국에 온 뒤부터 귀국을 결심하기까지의 17년 동안인데, 한 곳에 정주하면서 경론을 번역・강의・제소製疏하는 일에 전념하지 못하고 유랑하는 동안 여러 곳에서 겨우 1, 2부씩을 번역하거나 소疏를 저술할 수밖에 없는 상황이었다. 게다가 그동안 유식唯識 관계의 경론도 있었지만 다른 경론의 번역도 많았으며 그가 중국 불교사에 기여한 영향은 매우 크다. 더구나 만약에 진제가 그대로 무사히 귀국했다면 섭론종攝論宗은 일어나지 않았을 것이며 중국 불교사는 상당히 다른 모습이 되어 있었을 것이지만, 진제는 조난 때문에 인도로 귀국하는 것을 단념했다. 이 이후부터 그의 진정한 활동이 시작되는 것이다. 또한 혜광을 비롯하여 혜개慧愷・법태法泰・법인法忍・지의・조비曹毗・승종僧宗・법회法准・승인僧忍 등이 제자가 되는 것도 이때부터이다. 먼저 563년, 65세 때 광동의 제지사制旨寺에서 『대승유식론大乘唯識論』 1권을 번역하고 『대승유식론의소』 2권과 『주기註記』 2권을 저술했다. 이어서 『섭대승론』 3권과 『석론釋論』 12권을 번역하고 『섭대승론의소』 8권을 저술했다. 564년에는 『구사론』 22권과 『구사론의소』 53권을 냈고 565년부터 567년 동안에 『구사론』의 중역重譯과 교정・강의를 계속했다. 568년 70세 때 『율이십이명료론律二十二明了論』 1권을 번역하고 『주기註記』5권을 지었으며 이 해에 『구사론』을 강의했다. 그리고 569년, 71세로 광동에서 입적했다.
번역 장소와 번역 연도가 불명확한 것이 두세 개 있기는 하지만 번역은 51부(또는 52부), 찬술은 29부(또는 30부)에 이른다. 이들 중에서도 『섭대승론』이 가장 조직적인 저서였기 때문에 진제도 이 저술의 강의 및 전파에 힘을 기울였고, 제자들 역시 심의식설心意識說의 체계로서 새로운 교학에 관심을 기울이고 이 논저를 배우는 자가 많았다. 이윽고 『섭대승론』을 바탕으로 하여 섭론종攝論宗이 성립하기에 이른 것이다(『불교에 있어서 心識說의 연구』 勝又俊教 山喜房 昭36. 748~750쪽 인용-). 「眞諦三藏傳の研究」(『印度哲學研究』) 6) 宇井伯壽 岩波書店 昭40. M. Paul PELLIOT : LE FOU-NAN, Bulletin de L'Ecole Française D'Extrême-Orient Tome III-1903, pp.671~672. P.3792R°「眞諦三藏記」.

74 〈역주〉『별전』(『대정장』50, 192상).

75 『陳書』本紀 제4 廢帝傳 "五月癸巳 以嶺軍將軍 丹陽尹吳明徹爲安南將軍 湘州刺史. 乙未 以鎭右將軍杜稜爲嶺軍將軍 安南將軍, 湘州刺史華皎謀反."〈역주〉주석의 위치를 바로잡았다.

76 森鹿三 編「東洋の歷史」4 人物往來社 昭42, 313~341쪽.

77 塚本善隆 編『世界の歷史』4 唐とインド 中央公論社 昭43, 245~248쪽.

78 法濟(?~608) : 『속고승전』25 法安傳 (『대정장』50, 652상) "그때 석법제釋法濟라는 사람이 있었다. 약간 통한 바가 있어서 다름을 아는 승려였다. 진陳(557~589) 시대에 자취를 보이기 시작하여 수隋의 두 군주에까지 이르렀다……". 『별전』(『대정장』50, 192중) "한 노승이 있었는데 그의 이름은 법제이며 하개何凱의 종숙從叔이다. 그는 자신의 수행과 학식이 높다고 믿고 자리에 기댄 채 대사에게 물었다. '어떤 사람이 선정에 들어가면 산을 당기고 땅이 흔들리는 소리를 듣는다고 하오. 아는 스님이 이는 무상無常을 익히는 것이라고 설명하였는데 이것은 어떤 선정이오?' 대사가 대답하였다. '아직 선정이 깊지 않은 초입에는 삿된 것이 몰래 침입하기 쉽습니다. 만일 이것을 취하거나 발설하면 선정이 틀림없이 깨질 것입니다.' 법제가 깜짝 놀라며 일어나 감사하였다. '사실은 노승이 과거에 이 선정을 얻은 일이 있어서 영요사靈曜寺의 도칙道則법사에게 말하였소. 칙공은 이것이 무엇인지 알지 못하였는데, 말하고 나자 그 선정을 영영 잃어버렸소. 이제 일찍이 듣지 못했던 것을 들어 보니 다만 법상法相을 잘 알 뿐 아니라 남의 마음을 꿰뚫어 보기도 하는구려.' 법제는 이 일을 하개에게 고하니 하개는 관리와 주변 사람들에게 말하였다. 이로 말미암아 대사의 명성은 승속에 널리 알려졌고 그에게 가르침을 청하러 오는 사람이 줄을 잇게 되었다."
『智者大師別傳新解』21左. Leon Hurvitz, Chih-I: An Introduction to the life and ideas of a Chinese buddhist monk. Bruxelles; Juillet, 1962. p.113. 『불조통기』6(『대정장』49·181하) 외(『대정장』50, 418중, 488하, 516중, 535중, 652상, 678상, 709하, 784하, 938중, 1011상) 참조.

79 僧詮 : 『고승전』7 僧詮傳 (『대정장』50, 369하). 『속고승전』7 (『대정장』50, 477중, 480하). 『宋高僧傳』16(『대정장』50, 807중).

80 靈曜寺의 道則法師 : 영요사(『대정장』49, 463중 및 50, 380하)는 東晋 336년에 건립. 道則에 관해서는 『속고승전』6 僧遷傳 (『대정장』50, 475하), 『불조역대통재』16 (『대정장』

49, 631하) 참조.

81　長干寺 :『金陵鎖志』南朝梵刹志 권下, (4면 右) 長干寺-阿育王寺(天禧寺・慈恩旋忠寺・大報恩寺)『金陵梵刹志』31 聚寶山報恩寺. (『대정장』49, 93하, 339하-340하, 346하, 406상, 461하, 463하-464중, 782하) (『대정장』50・342하, 357상, 391상, 409중, 415하, 422중, 564하, 693상) 참조.

82　慧辯 :『불조통기』9 (『대정장』49, 199중~하).『속고승전』17 智顗傳 (『대정장』50, 564하) 關口眞大『天台小止觀の研究』第7章「筆受者淨弁の傳について」理想社 昭29. 關口眞大『天台止觀の研究』岩波書店 昭44 131쪽.

83　宋熙寺 :『金陵鎖志』南朝梵刹志 권下.『속고승전』5 (『대정장』50, 459하), 「鐘山宋熙寺沙門釋智欣」(『대정장』50, 343상, 344상, 381상, 460) 참조.

84　天宮寺 : (『대정장』49, 364상, 372중, 464상, 586하, 728하, 792중, 801상, 814하, 817중, 822상, 852상) (『대정장』50, 254상, 528중, 530하, 556하, 564하, 575중, 623하, 624중, 720상, 721중, 734하, 740하, 750상, 768상, 835중, 875하, 887하, 975상, 993) 참조.

85　僧晃(534~618 또는 542~642?) :『속고승전』29 (『대정장』50, 694중~하), (『대정장』50, 462하, 564하, 699중) 참조.

86　牛首山 :『洪武京城図志』(1권丁右).『金陵梵刹志』33 "中華門 밖 15리 되는 곳에 있다. 높이 400미터, 조당산祖堂山과 쌍봉, 소뿔처럼 마주보고 있으므로 우수산牛首山 또는 우두산牛頭山이라고 불렀다. 당대의 우두종을 주창했던 법융法融(594~657) 등이 말한 우두선牛頭禪의 근거지가 되었다. 春日禮智, 「南京の佛敎史蹟踏査報告」(『塚本博士頌壽記念佛敎史學論集』) 1961, 273~290쪽.

87　佛窟寺 :『金陵鎖志』南朝梵刹志 권下 (22丁左~24丁右)「佛窟寺-崇敎寺・宏覺寺……」『建康實錄』"天監二年, 置佛窟寺, 北去城三十里, 僧明廖造".『景定建康志』.『新解』(25丁右).『별전』(『대정장』50, 192중) "그때 장간사長干寺의 혜변慧辯이 불러들여 정희사定(宋)熙寺로 들어갔다. 천궁사天宮寺의 승황僧晃을 청하여 부처님의 굴正藏(新解에는 佛窟)에 있게 했다. 모두 강을 버리고 선을 배우기를 원했다. 그러나 인연의 차가 있음을 오래도록 한탄했다. 서원하며 말하기를 '지금 나의 몸은 장벽에 가려져 품승稟承을 좇지 못하고 있다. 후세에는 홍통(弘通)하여 반드시 이를 좇을 수 있기를 바란다.'고 하였다."

88　毛喜(516~587) :『陳書』29, 5상-9중.『南史』69, 9중-12상.

89　『天台大師略傳』2 (43~45쪽).

90　『自治通鑑』170 陳紀4 高宗宣帝 上의上.

91　東陽大士 傅翕(497~569) : 그의 저작에는 「心王銘」「獨自詩」「還源詩」등 단편적인 것과『善慧大士語錄』4권이 남아 있다. 또한 傅大士와 관계된 저작에『梁朝傅大士頌金剛經』1권 (『대정장』85, 1상~8. S. 1846, 110, 139, 3373. 北 4446), 涵虛堂 得通 編『金剛般若波羅密經五家解』(韓國・寶蓮閣版), 明洪 編『金剛經註解』4권 (卍續38・5), 松本文三郎『佛典批評論』(「善慧大士小錄並心王論」), 常盤大定『支那佛敎史の硏究』.『禪學思想史』上.『信仰實話全集』3 2~21쪽, 矢吹慶喜『鳴沙餘韻解說』, 羽溪了諦「傅大士に就て」(『臨濟宗大學學報』1.『羽溪記念論文集』721~739쪽).「傅大士傳」(『四明余霞』115) 明

30,「傅大士之伝並に輪藏の由來」(『大藏經報』1) 明35. 上杉文秀「傅大士の宗義」(『無盡燈』11권・3) 明39. 中村不折「傅大士金剛經序と其の頌文について」(『密敎』4권2) 大3. 石井亮薰「傅大士について」(『山家學報』新11) 昭12. 二宮守人「支那佛敎史上に於ける羅什三藏と傅大士」(『禪宗』349) 大13. 關口慧光「伝傅大士作の『行路難』について」(『大正學報』37) 昭25. 椎名宏雄「傅大士と『心王銘』」(『印佛硏究』ⅩⅥ・1, 2). 그리고 佐藤哲英『天台大師の硏究』에 "현행 善慧大士語錄에 天台大師 傳記가 보이는데……小錄에 기재된 것과 같은 史實이 있었다면 傅大士와 智顗 사이에는 사상적 연결이 있었다고 생각해도 좋을 것이다"(718쪽) 라고 하는데, 『語錄』4의 智者大師는 慧約(『속고승전』6, 『대정장』50, 468중~, 『神僧傳』4, 『대정장』50, 972상)을 말하는 것이며, 지의를 가리키는 것이 아니다. (졸고「傅大士の著作について」第15回天台宗敎學大會, 昭48 발표).

92 沈君理(525~573) : 『晋書』23, 1상~3중. 『南事』69, 12상~중. Leon Hurvitz, p.110. 『불조통기』24 (『대정장』49, 251상, 352하). 『별전』(『대정장』50, 192중, 443하).

93 王固(513~575) : 『晋書』21, 6중~8상. 『南史』23, 26상~중. 『불조통기』(『대정장』49, 181하, 194하, 200중). 『별전』(『대정장』50, 192하). 『속고승전』(『대정장』50, 498하).

94 孔煥(514~583) : 『晋書』21, 8상~13중. 『南史』27, 3중~6중. 『불조통기』(『대정장』49, 161하, 195상, 200중) 『별전』(『대정장』50, 192하).

95 周弘正(496~574) : 『晋書』24, 1상~7중. 『南史』34, 19상~22중. 『불조통기』(『대정장』49, 195상, 200중, 352상, 356하) 『불조역대통재』(『대정장』49, 558하). 『석씨계고략』(『대정장』49, 804하). 『별전』(『대정장』50, 192하). 『속고승전』(『대정장』50, 478하, 488중, 502하).

96 小莊嚴寺 : 『金陵鎭志』 南朝梵利志 권下 (26右), 『梁京寺記』, 『南史』 侯景傳 등. 『별전』(『대정장』50, 192하) 『고승전』13 (『대정장』50, 412하).

97 慧英 : 『속고승전』8 (『대정장』50, 487하~488상). 『불조통기』(『대정장』49, 244하). 『속고승전』(『대정장』50, 564하, 571하). 『別傳』(『대정장』50, 192하) "소장엄사의 혜영은 재주를 믿고(正藏과 新解에 '水'라고 되어 있는 것은 '才'의 오기이다) 남을 업신여기는 사람이었다. 이날도 의기양양하게 눈을 치켜뜨고 부채를 휘젓다가 그만 부채가 땅에 떨어졌다. 그가 수많은 질문을 쌍으로 만들어내도 질문이 [대사의] 재빠른 답변에 따라가지 못할 정도였다. 이에 그는 합장하여 '선정이 아니면 지혜로울 수 없다는 것을 보여주는 것이 오늘의 법좌인 것 같습니다.' 하고 감탄하였다. 이날 자리에 함께 있던 법장法藏 법사가 혜영의 등을 치며 조롱하였다. '종래의 뛰어난 용이 이제 엎드린 사슴이 되었구려. 부채가 이미 땅에 떨어졌으니 무엇으로 부끄러움을 가릴꼬?' 혜영이 대답하기를 '적을 가볍게 여기면 세를 잃는다고 하더니, (대사는) 업신여길 만한 상대가 아니오.'라고 하였다."

98 興皇寺 : 『金陵鎭志』 南朝梵利志 권上 (101左~)"興皇寺-宋明帝泰始之初 創寺於建陽門外 敕釋道猛爲綱領名寺曰興皇 創造工畢, 卽令于寺開講自榮暨 梁道堅 專鸞 慧敷 僧訓 道明 智藏皆住止此寺." 『불조통기』(『대정장』49, 199중, 339중, 346상, 350중). 『고승전』(『대정장』50, 420중). 『속고승전』(『대정장』50, 461상, 465하, 477중, 513하, 550하, 570중).

99 法朗(507~581) : 『속고승전』7 (『대정장』50, 477중~478상). 『역대삼보기』(『대정장』49,

95상, 124하).『불조통기』(『대정장』49, 369하, 453하).『고승전』(『대정장』50, 369하, 392하, 421상).『속고승전』(『대정장』50, 460상, 650중, 672상, 696상, 702상).『송고승전』(『대정장』50, 863중).『별전』(『대정장』50, 192하) "홍황사의 법랑은 용수의 법을 크게 펴는 사람이었다. 그는 다시(新解에서는 '차례로'라고 읽음) 자신의 수제자를 대사에게 보내어 질문하기를 수십 일간 하였다. (제자는) 거울을 닦아 점차 밝아지듯이, 금을 닦아 광택을 더하듯이 빈 채로 갔다가 가득 채워지니 돌아가는 것을 잊었다. 이기기 좋아하는 사람이 부끄러움을 품으면 말없이 혁신한다더니 바로 이를 두고 하는 말인가?"

100 建初寺 :『金陵鎖志』南朝梵刹志 권上 (4丁右) "建初寺-陳江總集有建初寺瓊法師碑".『역대삼보기』(『대정장』49, 59하, 60상).『불조통기』(『대정장』49, 331하).『불조역대통재』(『대정장』49, 579중).『석씨계고략』(『대정장』49, 777하).『고승전』(『대정장』50, 325하~327상, 402하, 413하, 416하, 419중, 421상, 422하).『속고승전』(『대정장』50, 473중, 479중, 480하, 493하, 509하, 605상).

101 寶瓊(504~584) :『속고승전』7 (『대정장』50, 478하~479하).『불조통기』(『대정장』49, 352중, 454상).『불조역대통재』(『대정장』49, 480상, 555하).『석씨계고략』(『대정장』49, 807하).『속고승전』(『대정장』50, 429하, 493하, 499하, 688상, 707상).『別傳』(『대정자』50, 192하) "건초사의 보경은 대사를 길에서 만나면 길을 양보하면서 말하였다. '어릴 적에 참선을 익히고 싶었지만 훌륭한 스승을 만나지 못하였고, 자라서는 비록 믿음이 있어도 강설하느라 장애가 되었소. 성숙해서야 비로소 현인을 만났더니 이미 나이가 늙어 버렸구려. 바라건대 나의 간절한 희망을 인하여 오랫동안 서로 이끌어 줍시다.'"

102 白馬寺 :『金陵鎖志』南朝梵刹志 권上.

103 警韶(508~583) :『속고승전』7 (『대정장』50・478하-479하).『별전』(『대정장』50, 192하) "백마사의 경소, 정림사의 법세, 선중사의 지령, 봉성사의 법안 등은 금릉의 고승 대덕들로서 지도적 위치에 있는 승려들이지만 스승으로서의 지위를 버리고 모두 대사에게 제자의 예를 갖추었다."

104 定林寺 :『金陵鎖志』南朝梵刹志 권上.『역대삼보기』(『대정장』49, 90중).『불조통기』(『대정장』49, 291중, 346하~347상, 349상, 356상, 466하).『불조역대통재』(『대정장』49, 544하, 548하, 549하).『석씨계고략』(『대정장』49, 795하, 798상).『고승전』(『대정장』50, 337상, 378하, 399상, 419하).『속고승전』(『대정장』50, 461상, 464하, 473하, 617하, 650중, 672하).『비구니전』(『대정장50, 942하~943상).『神僧傳』(『대정장』50, 975중).

105 法藏 :『불조통기』(『대정장』49, 194하, 251).『별전』(『대장경』50, 192하).『속고승전』(『대정장』50, 564하).

106 禪衆寺 :『金陵鎖志』南朝梵刹志 권上 (35丁左),『建康實錄』注察戰吳時.『불조통기』(『대정장』49, 248상, 360하).『불조역대통재』(『대정장49, 603중).『속고승전』(『대정장』50, 584중).

107 智令 :『속고승전』27 (『대정장』50, 682하~683상).

108 奉誠寺 :『고승전』(『대정장』50, 419하).『속고승전』(『대정장』50, 475상, 611상).

109 法安(518~615):『속고승전』25 (『대정장』50, 652상~중). 『불조통기』(『대정장』49, 181하, 194하, 250, 265중, 269중, 279하). 『불조역대통재』(『대정장』49, 681중). 『별전』(『대정장』50, 192하). 『고승전』(『대정장』50, 357하, 362중, 380상, 418중, 420상, 422하). 『속고승전』(『대정장』50, 493하, 678상, 684하). 『신승전』(『대정장』50, 958중, 978상).

110 瓦官寺: 동진의 興寧 2년(364) 혜력의 상주로 조칙을 내려서 陶官의 舊地를 주어 절을 세웠으며, 이로 인하여 瓦官寺라 칭했다. 이어서 혜력은 별도로 탑을 세우고, 竺法汰가 살기에 이르자 다시 堂宇를 개척했으며 重門을 세우고 僧業을 활발히 하였는데, 竺法敷, 竺道一, 支遁林 등이 거주하며 講席을 폈다. 太元 21년 7월에 불이 나서 집과 탑이 모두 타버렸다. 그래서 황제는 상서롭지 못하게 여기고 즉시 조칙을 내려 절을 부흥토록 했으며 戴安道의 손으로 만든 불상 5軀, 顧長樂이 그린 維摩像 및 師子國에서 바친 玉像을 안치했고 이어서 恭帝 元熙 원년에 丈夫釋像을 주조했다. 劉宋 이후 慧果·慧璩·慧重·僧導·求那跋摩寶意 등이 연이어서 이곳에 거주했으며, 혹은 經論을 敷揚하고 혹은 범협梵夾을 宣譯했다. 梁代에 이르러 瓦官閣을 짓고 僧供·道祖·道宣 등이 여기서 살았다. 『晋書』帝紀 10. 『宋書』列傳 53, 戴顒條. 『고승전』5, 6, 12, 13. 『속고승전』6, 17, 『金陵梵刹志』21. 『古今圖書集成』職方典, 661. 『支那佛教史蹟評解』4.

111 慧勇(515~583):『속고승전』7 (『대정장』50, 478중~하), 佐藤心岳「六朝時代における『大智道論』の研究講說」(『印佛研究』XVI·2·812~819쪽).

112 明舜(547~606):『속고승전』11 (『대정장』50, 511상).

113 禪門修證:『마하지관』序 (『대정장』46, 3상), 『止觀輔行』권1의2 (『대정장』46, 156상), 『불조통기』6, (『대정장』49, 182상), 『止觀私記』권1의本 (『日佛傳』807상), 佐藤哲英『天台大師の研究』昭36, 103~127쪽.

114 關口眞大『天台止觀の研究』岩波書店 昭44, 21~28쪽 인용.

115 〈역주〉『별전』(『대정장』50, 197중).

116 『自治通鑑』171, 陳紀5, 高宗宣皇帝 上之下. (일역 198중)

117 同上 (일역 201상).

118 同上 (일역 196상).

119 同上 (일역 200상).

120 北周의 廢佛: 본 항은 塚本善隆『世界の歷史』4 唐とインド, 中央公論社 1968, 300~306쪽 인용. 塚本善隆「北周の廢佛に就いて」(『東方學報』京都16·18) 昭23·25. 塚本善隆「北周の宗教廢毀政策の崩壞」(『佛教史學』1권1) 昭24. 野村耀昌「北周武帝破佛の原因について」(『印佛研究』III·2) 昭30.

121 『自治通鑑』168 陳紀2 世祖文皇帝 上.

122 『自治通鑑』171 陳紀 高宗宣皇帝 上의 下.

123 『自治通鑑』171.

124 『自治通鑑』171 "丙子, 周 나라가 佛·道 2敎를 禁하고 경전과 불상을 모두 부수었으며, 沙門과 道士를 파하여 환속시키고 모든 陰祀를 금지했으며, 祀典에 실려 있지 않은 것은 모두 제거하였다."

125 선제의 재위기간은 569~582년이다.

126 『續齊諧記』: 梁氏의 저작. 동종의 것으로서 陶淵明의 이름을 빌린 『搜神後記』, 劉義慶의 『幽明錄』(『東洋文庫』43 平凡社) 등이 있다. 인도 설화의 영향을 받은 흔적도 지적할 수 있다.

127 天台山의 道敎 : 常盤大定「天台山の古今」(『東亞之光』18권7 大12.『支那佛敎の硏究』所收, 267~274쪽) 井上以智爲「天台山に就ける道敎と佛敎」(『桑原博士記念論叢』) 昭 6. 常盤大定「天台山」(『支那佛敎史蹟踏査記』) 龍吟社 昭13 439~459쪽.

128 葛玄 : 『불조통기』35(『대정장』49, 338상) "建寧二年 老君降 天台山 以大洞靈寶經 授仙人葛玄……" 동52 (『대정장』49, 459하), 동54 (『대정장』49, 470상).『불조역대통재』12 (『대정장』49, 581중), 동21 (『대정장』49, 713하), 동22 (『대정장』49, 719중).『唐護法沙門法琳別傳』하 (『대정장』50, 209중) 宮川尙志『六朝史硏究(宗敎篇)』平樂社書店 1964, 86·107·113·115·121·124·149쪽. 武內義雄『中國思想史』岩波全書 190~193쪽.

129 顧歡 : 『불조통기』36(『대정장』49, 346중), 동54 (『대정장』49, 472상).『불조역대통재』8 (『대정장』49, 541하, 543상)『속고승전』4 (『대정장』50, 455중) Henri Maspero: "Le Taoisme et les religions chinoises, Bibliothèue des Histoires, Gallimard, 1971, p.57.

130 杜光庭(850~933) : 唐의 道士, 절강 출신. 字는 賓聖, 호는 동영자東瀛子. 진사에 낙제하고 분발하여 천태산으로 들어가서 도사가 되었으며, 僖宗 때 道門의 영수로 추앙되었다.『불조역대통재』20 (『대정장』49, 695중), 동21 (동 709상), 동22 (동 719하).『송고승전』6, 僧徹傳 (『대정장』50, 745상).

131 呂洞賓 : Henri Maspero: "Le Taoisme et les religions chinoises, Bibliothgue des Histoires, Gallimard, 1971, pp.167~168, 183~184, 581.

132 白玉蟾 : Henri Maspero: "Le Taoisme et les religions chinoises, Bibliothgue des Histoires, Gallimard, 1971, p.537.

133 曇猷 : 『고승전』11 (『대정장』50, 400하, 403중).

134 王羲之(322~379) : 字는 逸少, 王導의 제자. 官은 右軍將軍, 會稽內史에 이른다. 따라서 王右軍이라고도 한다. 詩書에 능하여 草書와 隷書에서는 고금 제일의 서예가이다.『晋書』80. 宮川尙志『六朝史硏究(宗敎篇)』平樂社書店 1964, 23·109·128·130·216·222쪽. L. Hurvitz, p.49.

135 支曇蘭(?~419) : 『고승전』11 (『대정장』50, 396하) "支曇蘭 靑州人 蔬食樂禪 誦經三十萬言 晋太元中遊剡 後憩始豊赤城山……"

136 孫綽 : 『별전』(『대정장』50, 193상),『불조역대통재』6 (『대정장』49, 524하).

137 德韶(891~972) : 『불조통기』43 (『대정장』49, 396중), 동51 (동 454중),『불조역대통재』

17 (동 655하), 동18 (동 656하), 『석씨계고략』3 (동 855중), 『송고승전』7 (『대정장』50, 752중), 동23 (동 860상), 동25 (동 867하), 동28 (동 887상), 『大明高僧傳』5 (동 914중).

138 『별전』(『대정장』50, 193중) "절의 북쪽에는 다른 봉우리가 하나 있는데 이름이 화정봉華頂峰이었다. 그곳에 올라 주위를 바라보아도 다른 산들을 볼 수 없고 따뜻하고 시원한 것이 다른 곳과는 완전히 달랐다. 대사는 대중들을 내버려두고 홀로 그곳에 가서 두타행을 하였다. 어느 날 깊은 밤에 홀연히 큰바람이 불어 나무가 뽑히고 천둥이 산을 울리면서 온갖 형상의 귀신 한 떼가 일제히 나타났다. 그 모양이 혹은 머리에 용이나 독사를 이고 있고 혹은 입에서 불꽃을 내뿜으며, 검은 구름 같은 형체에 벼락 같은 소리를 내면서 이루 셀 수 없는 모양으로 천변만화하는 것이었다. 대개 그림으로 그린 항마降魔 변상도와 같이 작은 것들뿐이지만 훨씬 무섭게 생겼다. 그러나 대사는 능히 마음을 편히 하여 담담하고 고요히 있으니 핍박하던 그 경계가 자연히 흩어졌다. 다음에는 부모님과 스승의 형체로 나타나 잠깐 가로막고 잠깐 껴안기도 하며 슬피 눈물을 흘리는 것이었다. 이번에도 대사는 다만 깊이 제법의 실상實相을 생각하며 본래 없는 것임을 통달하니 슬프고 괴로운 상이 잠시 뒤에 사라졌다. 이렇듯 강하고 부드러운 두 가지 경계가 모두 그를 동요시키지 못하였다. 샛별이 뜰 때 신승神僧이 나타나서 말하였다. '적을 제압하고 원수를 이겼으니 진정 용맹하다고 할 수 있다. 그대같이 이런 어려움을 능히 이겨내는 사람은 없었다.' 이렇게 찬탄을 한 뒤에 다시 대사를 위해 법을 설하는데, 그 말은 마음으로 얻을 수 있는 것이지 글로써 기록할 수 있는 것이 아니었고 말이 떨어지면 바로 구절을 따라 뜻이 분명하게 이해되었다. 마치 구름을 헤치고 샘물을 마시는 듯하니 물과 해로는 비유할 수가 없었다. 대사가 물었다. "대성大聖께서는 누구십니까? 그 법문은 어떻게 배워야 하며 어떻게 해야 널리 펼 수 있습니까?" 신승이 대답하였다. "이것은 하나의 참다운 진리一實諦라고 부르니, 반야로써 배우고 대자비로써 펴는 법이다. 지금 이후 만일 스스로 남을 아우를 수 있다면 나는 모두 그림자와 메아리가 되어 도우리라." 대사는 두타행을 마치고 불롱산으로 돌아왔다. 밖으로는 바람 불고 운무 끼는 산수가 있어 근심을 잊기에 족하고, 안으로는 오묘한 지혜와 깊은 선정이 충만하여 더욱 즐거웠다.

139 〈역주〉 진나라 때는 천태현을 시풍현이라 불렀다.

140 〈역주〉 지금의 석성石城현.

141 〈역주〉 衡山의 大明寺를 지칭.

142 〈역주〉 남경의 鍾山.

143 慧思의 입적 : 『속고승전』17 (『대정장』50, 563하). 玉城康四郎 『心把握の展開』昭36, 79쪽 참조.

144 四十二字門 : 『대품반야경』5 「四念處品」(『대정장』8, 256상~중). 『구화엄경』57 (『대정장』9, 418상~중). 『諸法無諍三昧法門』(『대정장』46, 628상). 『法華玄義』5上 (『대정장』33, 735상). 『大本四敎義』12 (『대정장』46, 764하), 『유마경현소』4 (『대정장』38, 542상). 『법화현의석첨』10 (『대정장』33, 890상). 『法華玄義私記』(佛傳21, 191상~중), 佐藤哲英 「南岳慧思の『四十二字門』について」『印佛硏究』ⅩⅥ-2, 佐藤哲英 「『四十二字門略鈔』の本文並びに解說」(『福井博士頌壽記念東洋文化論集』昭44, 501~530).

145 『자치통감』173 陳紀7 高宗 宣皇帝 中의下.

146 위와 같은 곳.

147 修禪寺의 창건 : 이 무렵 산에 오른 진군陳郡의 원자웅袁子雄과 신야新野의 유숭庾崇 두 사람은 종종 지의의 『정명경淨名經』 강의를 일심으로 들었는데, 원자웅은 발심하여 강당講堂을 개조했다고 하니까 수선사修禪寺의 구조도 차츰 정비되어 갔던 것으로 보인다. 『별전』(『대정장』50, 193중) "진군陳郡의 원자웅袁子雄이라는 사람은 숲길을 100리나 달려왔고 신야新野의 유숭庾崇은 백성들의 삼과三課를 걷어 두 명이 산에 올랐다. 그리하여 『유마경』을 강의하는 것을 보고는 재계를 지키면서 매일같이 일심으로 설법을 들었다. 원자웅이 보니 강당 앞에 산이 있는데 그 산은 투명하게 비치는 유리로 이루어져 있었다. 산의 북쪽에는 냇물이 굽이쳐 흐르고 있었는데 바닥에는 옥이 깔려 있고 온통 보배로 장식된 무지개다리가 걸려 있었다. 인도 스님 수십 명이 손에 향로를 들고 그 산에서 나오더니 다리를 건너 강당으로 들어오는 것이었다. 그들의 위엄 있는 모습은 눈에 가득 차고 향내는 코를 찔렀다. 원자웅이 이 사실을 유숭에게 말하니 유숭은 자신에겐 보이지 않는다고 답하였다. 자리를 함께 해도 천지만큼 어긋난다는 말이 바로 이를 두고 이른 것이런가. 원자웅은 이에 발심하여 강당을 고쳐지었다. 이 일은 오래 전에 있던 것이 아니니, 그 강당이 아직도 그대로 있다.

148 証心論 : 永明延壽(904~978)의 『宗鏡錄』100(『대정장』48, 952중)에 "지자대사가 陳宣帝에게 주는 편지에서 이르기를"이라는 내용이 있다. 龍谷大學이 소장하고 있는 敦煌 출토본 『西天竺國沙門菩提達摩禪師觀門法大乘法論』이라는 策子本에는 『証心論』 1권이 있다. 鈴木大拙 『禪思想史硏究』2, 關口眞大 『達磨大師의 硏究』 第2章 "証心論은 天台大師의 撰述을 논한 것이다" 春秋社. 關口眞大 「『証心論』(敦煌出土)について」『印佛硏究』Ⅰ·2, 203쪽.

149 放生池 : 지의는 소년 시절에 荊州에서 방생지를 경험했을 것이다. 『속고승전』16 法聰傳 (『대정장』50, 555하)에 다음과 같은 내용이 있다. "도살하는 사람들이 돼지 100여 마리를 몰고 가는 것을 법총이 보고 '해탈, 수능엄'이라고 세 번 말하였다. 그러자 새끼줄이 풀어지면서 돼지들이 흩어져 달아났다. 도살업자들이 크게 화가 나서 법총을 치려 하였는데 돌연 우뚝 서서 움직일 수가 없었다. 이에 그들은 자신들의 허물이라 여기고 죄를 참회한 뒤 살생하는 업을 끊었다. 또 한수에서 어부가 그물을 당기는데 (법총이) 이전처럼 세 번 고하니 그물이 당겨지지 않았다. 이에 어부들은 마음을 돌려 빈 그물로 돌아갔다. 또 형주에 모진 가뭄이 들자 장사사長沙寺에서 스님을 법총에게 보내어 비를 청하게 하였다. 심부름 갔던 스님이 돌아오자 비가 크게 내려 제방의 못에 물이 가득 찼다. (제나라의) 고조가 여릉왕廬陵王을 파견하여 수도로 영접하려 하였으나 사정이 생겨 이루어지지 않았다. 그후 상동왕湘東王이 형주와 삼협三峽을 다스리게 되자 강릉에 천궁사를 지어 법총을 맞아들여 거처하게 하였다. 결국 법총은 이 절에서 생을 마쳤으니, 양나라 태청 연간(547~549)의 일이다. 이 절에 비기碑記가 있음을 볼 수 있는데…" 『별전』(『대정장』50, 193중) "천태현은 큰 바다에 연하여 터잡고 있어서 주민들이 어업으로 생계를 잇고 있었다. 어량魚梁을 주로 하는 사람은 시냇물을 막고, 통발을 사용하는 사람은 바다를 덮었다. 가을에 물이 불으면 크고 작은 물고기들이 어량을 메우고 낮밤으로 두 번 조수가 들어오면 (물고기가 퍼덕거려서) 시끄러운 소리가 통발에 가득 찼다. 물고기 뼈가 산처럼 쌓이고 파리와 구더기가 들끓었다. 단지 물과 육지의 중생들만

가여워할 만한 것이 아니라 뱃사람들도 명을 못 채우고 죽는 이가 많으니 애통한 일이었다. 대사께서는 이를 위하여 널리 자비의 수레를 움직여 자신의 몸과 옷을 보시하였다. 아울러 여러 사람에게 조력할 것을 권하여 통발을 친 바다 한 곳을 사들여서 길이 방생하는 연못으로 만들었다. 이때 계후計詡가 군郡에 와서 대사에게 『금광명경』을 강의해 달라고 청하였다. 대사는 모든 중생을 평등하게 구제하기 위해 보명寶冥비구가 굴에서 나오듯이 경을 설하였다. 자비로써 신업을 닦으니 보는 이들은 환희하였고, 자비로써 구업을 닦으니 듣는 이들은 발심하였다. 잘 권하고 간절히 이끌어서 인과의 도리를 이해하도록 하니 온 지역의 어부들이 개과천선하여 살리는 것을 좋아하고 살생을 멀리 하게 되었다. 그 지역에 그물을 쳐놓은 바다는 300여 리에 달하고 강과 시내에 어량을 설치해 놓은 곳은 모두 63개소인데 이들을 동시에 치워 버려 모두 법의 연못이 되었다. 이렇듯 하루 동안 제도한 중생이 (어부와 물고기 등) 수만 억인데 어찌 십천十千에 그치겠는가. 강 위에 배를 띄워 『금광명경』 「유수장자품」을 강의하면서 또 물에 쌀을 뿌리니 재보시와 법보시를 동시에 행하는 것이 되었다. 배가 해구海口를 벗어나 부용산芙蓉山을 바라보니 가파르게 치솟은 봉우리들은 붉은 연꽃이 막 피어나는 것 같고, 외로이 가로놓인 바위는 시든 꽃이 막 지려는 것 같았다. 대사께서 말하였다. "옛날에 꿈에 바닷가를 돌아다닌 적이 있는데 지금 모습과 똑같다." 혜승慧承 스님과 군수 전현지錢玄智가 글을 써서 이 장면을 감탄하면서 읊은 것이 있지만 문장이 장황하여 옮겨 적지 않는다. 계후가 뒤에 도읍으로 돌아가 따로 다른 일에 연좌되어 정위廷尉에 구속되었다. 곧 형벌을 받게 되었는데 멀리 있는 대사를 생각하며 한 번만 구제해 달라고 소원을 빌었다. 그날 밤 이루 헤아릴 수 없이 많은 수억 마리의 물고기들이 꿈에 나타나 모두 물거품을 토하여 계후를 적셔주는 것이었다. 다음날 아침 계후의 죄를 특별히 용서하라는 칙명이 내려왔다. 오시午時가 되니 홀연히 황색, 자색, 적색, 백색 등의 상서로운 구름이 일어났다. 마치 달무리 같은 모양으로 허공에 응집하여 멀리 절의 꼭대기를 덮고 있었다. 또 꾀꼬리가 떼로 날아와 날개를 퍼득이며 지저귀더니 처마에 한나절 동안 모여 있다가 날아갔다. 대사가 말하기를 "강의 물고기가 꾀꼬리로 되어 이곳에 와서 은혜에 감사하는 것일 뿐이다."라고 하였다. 대사는 제자 혜발慧拔을 금릉에 보내어 왕에게 이 사실을 알리는 표表를 올렸다. 이에 진 선제는 다음과 같은 조칙을 내렸다. "고기 잡는 것을 엄금하고 길이 방생하는 연못으로 삼도록 하라." 진의 왕세자가 서능에게 물었다. "천태의 공덕을 누구를 시켜 비로 만들 것인가?" 서능이 답하였다. "원컨대 신필神筆인 옥저玉箸를 시키십시오." 그러나 선제가 붕어함에 따라 일을 성취시키지 못하였다가 (즉위한 뒤) 국자좨주國子祭酒 서효극徐孝克에게 명을 내려 높은 공덕비를 세우게 하였다. 이 비는 지금도 산에 있는데 이것을 보는 사람들은 (돌아가신 천태대사를 생각하며) 눈물을 흘린다." 이 외에 『속고승전』17 (『대정장』50, 567상). 『불조통기』6 (『대정장』49, 183하) 등 참조. 그리고 『金光明經』의 行規로서는 『金光明經懺法』 1권 (隋·智顗撰) 佚書. 『金光明經懺法補助儀』 1권 (宋·遵式集, 『대정장』46). 『金光明懺法』 1권 (宋·知禮集, 『대정장』46). 『長講金光明會式』 1권 (日·最澄撰, 『대정장』74). 苗村高綱 「智者大師の放生池について」 (『宗學院論輯』) 22) 昭11.

150 〈역주〉 『금광명경』4 「유수장자자품(流水長者子品)」(『대정장』16, 352중~).

151 〈역주〉 556-638 : 승려의 사자로 활약함.

152 徐孝克(527~599) : 진陳의 문장가 서릉의 셋째 아우인데, 서릉 일가는 모두 독실한 불교 신자이다. 서릉은 소년 시절에 보지상인寶誌上人과 광택사光宅寺 혜운慧雲으로부터 재사

才思를 칭찬받았는데, 후주後主가 태자였을 때 『대품반야경』을 강의하니 교학에 뛰어난 명승들도 먼 곳에서 운집했다. 장남 검儉은 불교 현학玄學의 대가인 주홍정周弘正의 딸과 결혼했고, 차남 빈份은 아버지가 병에 걸렸을 때 분향하고 『효경』을 암송하면서 쾌유를 빌었다는 유불일치儒佛一致의 효자이다(『陳書』26 · 建康實錄20). 후경侯景의 난亂으로 수도 건강에는 굶어 죽는 이가 열에 여덟아홉이었고, 효극은 생모 진씨陳氏에게 죽조차 줄 수가 없었다. 마침내 영군領軍 장돈臧盾의 딸인 아내를 속이고 그녀를 후경의 장군 공경행孔景行에게 시집보냈다. 아내는 거절했지만 재물을 노린 이 결혼을 성사시켰다. 효극은 자신도 삭발하고 사문법정沙門法整이라는 이름을 지었으며, 탁발로 얻은 것을 어머니에게 올리고 결혼 때 공씨가 보낸 곡식과 패물도 모두 어머니에게 드렸다. 장씨도 옛 은혜를 깊이 생각하고 종종 식량을 보내주었다. 얼마 후 공경행은 전사했고 장씨는 효극을 길가에서 기다리다가 며칠 후 재회를 하게 되었는데, 효극에게 "지난 일은 서로 등을 돌릴 일이 아닙니다. 이제는 이미 벗어났으니까 당연히 돌아가서 모셔야 합니다"라고 했다. 효극은 잠자코 있으면서 대답하지 않았으며 끝내 환속하여 다시 부부가 되었다. 그는 나중에 錢塘 佳義里에 살면서 승려들과 불경을 토론하고 三論에도 밝았으며 禮典을 강론하기도 했다. 처음에는 陳 나라에 봉사하지 않으면서 소식하고 재계를 지켜서 보살계를 받았고 『법화경』을 講誦했다. 고종은 그의 행실을 가상히 여겨서 國子博士에 임명했다니까, 전란 중의 행위를 세간에서 더 이상 비난하지 않게 되었던 것 같다. 그는 임관 후에도 남에게 베푸는 일을 즐겨서 가난을 면치 못했다. 後主는 특별히 石頭津의 세금을 지급했지만, 그는 모두 재를 베풀고 불경을 베끼는 일에 소비하였다. 그는 결국 隋로 들어가서 長安에 전염병이 돌 때 金剛般若經을 尙書都堂에서 강론하였다. 임종 때는 正坐念佛하면서 극락왕생을 이루었다. 『陳書』26, 『南史』62, 宮川尙志 『六朝時代の佛敎信仰』(『佛敎史學』4권2) 昭30.

153 (3) 『金光明經』의 漢譯과 주석서
【1】 金光明經 4권 18品(19品) 北涼 · 曇無讖(412~421) 譯
(1) 金光明經玄義 2권 隋 · 智顗(538~597) 說, 灌頂(561~632) 錄, 『대정장』39
　① 金光明經玄義拾遺記 6권 宋 · 知禮(960~1028) 『대정장』39
　　(ⅰ) 金光明經玄義記聞書 4권 日本 · 守篤本純(1751~17637) 述
　　(ⅱ) 金光明經玄義拾遺記聞書 1권 日本 · 慧澄癡空(1280~1862) 述
　　(ⅲ) 金光明經玄義拾遺記探賾 2권 日本 · 亮潤(1668~1750) 述 日藏方等部章疏二
　② 金光明經玄義文句科 1권 宋 · 遵式(963~1032) 撰
　③ 金光明經玄義順正記 3권 宋 · 從義(1042~1091) 述 卍續1 · 31 · 3
　④ 金光明經玄義文句科義 1권 明 · 明得(1531~1588) 排定 卍續1 · 30 · 5
　⑤ 金光明玄略抄 1권 日本 · 証眞述 日藏方等部章疏二
(2) 金光明經文句 6권 隋 · 智顗說, 灌頂錄 『대정장』39
　① 金光明經文句記 12권 宋 · 知禮述 『대정장』39
　② 金光明經文句新記 7권 宋 · 從義述 卍續1 · 31 · 3~4
(3) 金光明經疏 1권 隋 · 吉藏(549~623) 述 『대정장』39
(4) 金光明經照解 2권 宋 · 宗曉(1151~1214) 述 卍續1 · 31 · 5
(5) 金光明經科註 4권 明 · 受汰述 卍續1 · 92 · 1
(6) 金光明經品釋 1권 日本 良算(1201~　) 等述
(7) 金光明經聽聞抄 1권 日本 · 信空(1231~1316) 述
(8) 金光明經考 1권 日本 · 泰巖(1711~1763) 述 眞宗全書6

【2】合部金光明經 8권 24品 隋・寶貴合糅譯
(1) 合部金光明經疏 3권(內1권存) 唐・玄暢
【3】金光明最勝王經 10권 31品 唐・義淨(635~713) 譯
(1) 金光明最勝王經疏 10권 唐・慧沼(650~714) 撰『대정장』39
(2) 金光明最勝王經註 10권 日本・常騰(740~815) 述 日藏方等部章疏一
(3) 金光明最勝王經開題 1권 日本・空海(774~835) 述『대정장』56
(4) 金光明最勝王經玄樞 10권 日本・順曉(835~871) 等集『대정장』56
(5) 金光明最勝王經註釋 10권 日本・明一集『대정장』56

154 永陽王 : 진백지陳伯智라고도 한다. 세조 진문제(진천, 陳蒨)의 열두 번째 아들이다.『陳書』28 "永陽王伯智字策之 世祖第十二子也. 少敦厚 有器局 博涉經史. 太建中(569~582) 立爲永陽王. 尋爲侍中 加нап威將軍 置佐史. 尋加散騎常侍 累遷尙(582-3月 己巳『通鑑』)書左僕射 出爲使持節 都督東揚豊二州諸軍事・平東將軍 領會稽內史. 至德二年(584) 入爲侍中翊左將軍 加特進. 禎明三年(589) 入關. 隋大業中 爲岐州司馬 遷國子司業."(364쪽)『불조통기』6 (『대정장』49, 182중) 同卷9 (同 196하, 197하, 200상). 同卷37 (同 353중).『속고승전』17 智顗傳(『대정장』50 565중) 同卷19 智璪傳(同 585하).『神僧傳』5 智顗傳(同 983하).

155 方等懺法 :『국청백록』1 方等懺法 第六 (『대정장』46, 796중~798하).『方等三昧行法』(『대정장』46, 943상~949상),『마하지관』2상 (『대정장』46, 13상). 佐藤哲英「第六章 方等三昧行法」(『天台大師の硏究』190~221쪽) 百華社 昭36.

156 法喜 :『별전』(『대정장』50, 197중~하) "또한 항상 방등참법을 닦았는데 꿩이 와서 목숨을 찾으니 신왕神王이 막고서 '법희는 응당 서방에 왕생하여 다음 생에는 도를 얻을 것인데 어찌하여 그대의 목숨을 보상하려는가?' 하였다. 법희는 이에 와관사에서 좌선에 든 채 입적하였는데 이것은 건업建業 사람들도 다 보았고 하늘과 땅이 모두 아는 일이다."

157 陳鍼 :『별전』(『대정장』50, 197하) "양梁 진안왕晉安王의 중병참군中兵參軍인 진침陳鍼은 지자대사의 형이다. 나이가 오십에 이르렀을 때 장과張果가 그의 상을 보니 죽음이 조석에 달려 있었다. 대사께서는 진침에게 방등참법方等懺法을 닦도록 하였는데 그가 수행 중에 보니 천당의 문패에 '이곳은 진침의 집이니 15년이 지난 뒤 이곳에 날 것'이라고 적혀 있었다. 그리하여 마침내 수명을 15년 연장하였다. 장과 뒤에 진침을 보고는 놀라서 물었다. '그대는 무슨 약을 복용하였는가?' 대답하였다. '단지 참회법을 닦았을 뿐이다.' 장과가 말하였다. '만일 도의 힘이 아니라면 어찌 죽음을 뛰어넘겠는가?' 양의 방무方茂는 대사를 따라 좌선을 익혔는데 홀연히 몸에 신통력이 조금 생겨 가볍게 날아오를 수 있었다. 지자대사가 그를 꾸짖어 말하였다. '그대는 처자를 거느리고 있으면서 이런 것은 익혀서 무엇 하겠는가? 빨리 버려라.' 태중대부太中大夫 장첨매蔣添玫와 의동공儀同公 오명철吳明徹은 모두 수식관을 배워서 각기병이 없어졌다. 이러한 것들은 모두 법의 구름이 멀리까지 미친 사례이다."『마하지관』8하 病患境 (『대정장』46, 110상) "만일 사종삼매를 잘 닦아서 조화를 얻는다면 도의 힘으로 인해 반드시 뭇 병이 없을 것이다. 가령 조금 위반하더라도 숨은 가피를 입으면 저절로 나을 것이다. 가령 온갖 장애가 다투어 일어난다면 마땅히 죽을 때까지 남은 생을 다하겠다는 마음으로 도량을 마치겠다고 서원하여 잡념을 버리고 외길로 나아가면 어떤 죄가 없어지지 않겠으며 어떤 업이

전환되지 않겠는가. 진침과 개선사 장藏법사는 운운."

158 普明:『속고승전』12 (『대정장』50, 586상~하).『불조통기』9 (『대정장』49, 197중~하). Leon Hurvitz, p.175.

159 『국청백록』2 永陽王解講疏 제16 (『대정장』46, 800중) "보살계를 받은 제자 진정지陳靜智는 시방에 상주하시는 삼보와 유현명공幽顯冥空에 현전하시는 범성凡聖에게 머리 조아려 예배드립니다. 엎드려 원하옵건대 법왕께서는 법력으로 삼계의 어리석은 이들을 불쌍히 여기시어 무루無漏와 무위無爲로써 일승의 심오한 경전을 열어 주소서. 깊은 종지는 무어라 칭할 수 없어서 연꽃에 의지하여 이름을 세웠고, 실상의 지혜는 생각하기 어려우니 보주寶珠를 빌어 이치에 비유하여 간절히 교화를 행하였습니다. 처음에는 손바닥을 가리켜 일대사인연을 말로써 표현하였고 끝에는 소승인들이 깨닫도록 하였습니다. 수미산을 들고 세계를 던지는 것은 오히려 어려운 것이 아니요, 비밀장을 열어 중생을 인도하는 것이 참으로 쉽지 않은 일입니다. 천태 지의 화상께서는 법문에 자재하시고 선정에 통달하시어 유위의 번뇌를 이미 여의었고 무생법인이 현전하신 분입니다. 부디 왕림하시어 가르침을 펴주소서. 고광대실의 드넓은 강당에는 성중과 선인仙人들이 운집하여 함께 전등의 불빛을 받들고 폭포 같은 법문을 듣는다면 법의 반려들은 기뻐하고 신들은 환호할 것입니다. 제자는 업의 바람에 날리고 애욕의 물에 빠져서 비록 법회法喜를 맛보아도 어리석은 마음을 제거하지 못하고 선열禪悅을 바라기는 해도 끝내 산란한 마음을 떨치지 못합니다. 하지만 해는 고삐 없이 흘러가고 달은 머무름 없이 돌아가는데 마침 금함을 열었어도 곧 법보를 수장해 버려 법륜을 멈춘다면 영취산의 설법은 기약할 수 없으며 범음을 그친다면 어산漁山의 범패는 그치고 말 것입니다. 헤어짐이 있으면 만남도 있다고 탄식해야 무엇 하겠습니까? 법을 경애하는 마음만 그치지 않을 뿐입니다. 삼가 이번 달 13일에 개강의 공덕을 위해 법회를 열고 아울러 득도식得度式도 갖고자 합니다. 또한 중생들을 위험에서 구하시고 인천에 이익을 주시는 법신대사 관세음보살님의 상을 받들어 주조하기 위해 이날 쇠를 녹이려 합니다. 이 복으로 위로는 조상님들이 편안해지고 우리 황제 폐하께서도 항상 건강하시기를 바랍니다. 또한 안덕궁安德宮의 태후보살께서도 늘 즐거우시고 황태자께서는 만복을 누리시며 모든 왕·주께서 경사가 있기를 원합니다. 아래로는 저와 자식 등 내외의 권속들, 일체 인연 있는 사람들이 장수하고 신심이 쾌락하기를 바랍니다. 오직 원하옵건대 삼보를 현양하고 오승五乘에 통달하며 계는 가을 달과 같이 밝고 선정은 봄 연못 같이 맑아지다. 지적智積 왕자가 대통지승여래를 받드는 것과 같이, 약왕보살이 운뢰음수왕화지불 뵙는 것과 같이 세세생생토록 우리 스승님 및 강의를 듣는 도속 대중들과 함께 보고 들으면서 좋은 도반을 맺어 제도되어지이다. 그리하여 혹은 극락정토에 나고 혹은 도솔천에 나서 함께 삼승행을 벗고 일승도로 향하며, 항하사와 같은 보살들과 반려가 되고 항하사와 같은 국토가 불사가 되기를 원합니다. 법에 자재함을 얻고 마음에 자재함을 얻어 함께 7각지를 닦고 똑같이 아뇩다라삼먁삼보리에 나아가기를 바랍니다. 허공은 끝이 있다 해도 이 서원은 끝이 없으니 우러러 바라옵나니 제불보살님들이 증명하시어 법계의 모든 이들이 함께 서원의 바다에 들어가 얻을 것이 없는 일체지로 회향하게 되옵소서." 이 무렵(지덕2년 5월~지덕3년 4월) 영양왕 진백지는 진관眞觀과 혜배惠裴 두 법사가 천태산의 지의를 알현하고 싶어 한다는 내용을 편지로 보냈다. 그리고 천태산의 대중들을 위해 생활 필수품을 공양하고 있다. "정혜靜惠가 문안드립니다. 다시 눈이 내려 더욱 추워졌는데 예참하느라 피로하시지 않기 바랍니다. 제자는 미혹하여 이치를 모릅니다

만 진관眞觀법사가 천태산에 들어가 선정을 닦기 원한다고 합니다. 지금 그 편지를 올립니다. 혜배惠裴공 또한 행장을 차리고 날이 조금 개이기를 기다려 이 길에 동행하려 합니다. 진관공은 단지 학식만 깊을 뿐 아니라 법화경을 독송하여 이미 지혜의 등이 밝고 선정의 물이 맑은 분입니다. 스승께서는 덕은 도안道安·혜원慧遠스님을 짝하고 도는 정광定光·담유曇猷스님을 능가하면서도 멀거나 가깝거나 모두 마음을 기울이시니 석장을 흔들면 대중들이 구름처럼 모여듭니다. 장차 사라지려 하는 상법像法을 이어 어리석은 중생들을 구제하셨고, 불혜佛慧의 남은 빛을 비추어 경박한 세속을 건져 주셨습니다. 아울러 공산음孔山陰이 좋은 밭을 회사해 경작하도록 공양하고 요보姚寶의 딸이 정재를 보시하여 소찬을 올리니 선방은 수행을 마치면 수리하고 창고는 빌 것을 걱정하지 않아도 될 것입니다. 이렇듯 여러 좋은 인연들이 각각 수희동참하고 있습니다. 제자는 비록 미약하지만 정성을 다하여 공양할 것이니 부디 의식주에 신경 쓰시거나 제자들로 인해 심려하지 마십시오. 이 복업에 의지하여 번뇌가 사라지고 이러한 훈습으로 가피를 입기 바랍니다. 제자 진정혜는 인사드립니다. 왕이 경전과 불상을 천태산에 보냄. 금동좌상 1구, 열반경 1부, 초 1백 자루, 대번大幡 20장, 명주 1백 필, 정인淨人 백석白石과 아감阿廿."(『국청백록』2「永陽王手書屬眞觀惠裴二法師」제17 『대정장』46, 800하).

160 『별전』(『대정장』50, 194상~중).

161 扶南國 : M. Paul PELLIOT : LE FOU-NAN ; Bulletin du l'Ecole Françise D'Extrême-Orient Tome III, 1903. pp.248~303. Tome IV, 1904. pp.385~412.

162 塚本善隆 『世界の歷史』4, 唐とインド 中央公論社 昭43, 305~309쪽 인용.

163 『資治通鑑』173 陳紀7 高宗宣皇帝 中의下.

164 顔之推(531~) : 字는 介, 대대로 남경 부근에 거주하였다. 梁을 섬겨 散騎侍郞이 되었고 후일 北齊의 文宣帝에게 중용되어 平原太守가 되었으며 북제가 멸망한 뒤에는 周와 隋에 봉사하였다. 수십 년에 걸친 고난의 경험을 바탕으로 『顔氏家訓』이라는 명작을 남겼다. 『北齊書』45. 『北史』83.

165 魏收(506~572) : 北齊의 학자. 『魏書』30권을 완성. 『北齊書』37, 『北史』56.

166 『資治通鑑』卷175 陳紀9 高宗宣皇帝下의下, "周가 大定으로 연호를 바꿨다. ……을축일에 皇考(楊忠)를 追尊하여 武元皇帝로 하고, 廟는 太祖로 하고, 皇妣 呂氏를 元明皇后로 하였다. 병인일에 廟社를 개수하였다. 왕후 獨孤를 세워서 황후로 하였으며, 왕태자 勇을 황태자로 하였다." 아울러서 『國淸百錄』卷1 敬禮法第二, (『대정장』46·794하)에 "爲二武元皇帝元明皇太后七廟聖靈一. 願神遊二淨國二位入二法雲一. 敬禮常住諸佛"로 되어 있다.

167 仁王經 설법 : 『국청백록』1 「至開陽門舍人陳建宗等宣少主口勅」제12, 제11서, (『대정장』46, 799중) "[광택사에서 인왕경을 강의할 것을 구칙함] 지금 스님들이 큰 보시를 받도록 절에서 사신공양을 하려 합니다. 인왕경을 강의해 주시면 그날 청법하고 싶습니다. 지금 후합사인後閤舍人 이선경李善慶을 보내니 자세히 알려 주십시오."

168 慧眶 (515~589) : 속성은 周씨이고 義興陽羨(강소성 宜興縣) 출신이다. 18세 무렵에 출가하여 도시로 나갔고 陳의 永定 3년(559)에 白馬寺에서 『성실론』과 『열반경』을 강의하였

다. 매년 여름에는 궁중으로 초대되어 『대품반야경』과 『열반경』을 강의했다. 진 나라 말기가 되어 천하가 어지러워지자 徐州(강소성 銅山縣)로 가서 中寺에 거주하며 여러 대승 경론을 강의했는데, 특히 『열반경』은 20여 회 강의하였다고 한다. 『속고승전』9 (『대정장』50, 494중). 佐藤心岳「隋代における『涅槃經』の研究講說」(『印佛研究』ⅩⅩ・2, 611쪽중) 昭47.

169 光宅寺 : 『국청백록』1 「지개양문사인진건종등선소주구칙」 제11, 제12서, 『대정장』46, 799중) "(광택사를 수리할 것을 구칙함) 광택사는 양 무제가 황태자 시절을 보낸 곳인데 정비되지 못한 곳이 많다. 이제 명하노니 잘 헤아려 필요한 곳은 수리하도록 하라. 자세한 것은 나천에게 전한다." 『금릉범찰지』43 慧光寺. 『金陵鎖志』南朝梵利志 上.

170 『국청백록』2 「少主皇太子請戒疏」제14 (『대정장』46, 800상) "연연淵이 문안드립니다. 우러러 생각하건대 교화의 도는 정해진 방법이 없어서 근기를 따라 중생을 제도하는 것입니다. 국토를 보호하고 인간과 천신을 인도하시니 촛불을 밝게 비추고 행적을 도반들에게 의탁합니다. 비구가 꿈에 들어왔는데 꼭 들어맞는 형상이 오래도록 뚜렷하고, 화상和尙이 거동해 오셨는데 고승의 덕이 밝았습니다. 그러므로 십지보살을 바라고 사의四依보살을 열망하며, 삼귀의를 넓히고 오계의 법이 영영 강고하기를 바랍니다. 내외의 두 가르침과 대소승을 살펴보아 도를 중히 여기고 스님을 존중하는 것이 더욱 깊어졌습니다. 엎드려 바라건대 저의 청을 들어주시어 세세생생토록 인연을 맺고 저의 본원이 날마다 중장하기를 원합니다. 이달 15일에 숭정전에서 천승법회를 베풀어 스님을 보살계사로 모시고자 합니다. 삼가 주서 유선劉璿을 보내어 간략히 정성을 표시하지만 깊은 마음은 다 밝히지 못합니다. 제자 연은 인사드립니다. 정월 13일. 황태자가 매달 올리는 공양물. 훈륙향薰陸香 1통, 단향 30근, 중등지中藤紙 1타, 연유 1말, 동전 2000문. 이것은 매달 광택사에 올린다."

171 禎明元年 : 『晋書』6 本紀 제6 後主 "改至德五年爲禎明元年. 乙未, 地震……" 『자치통감』176 陳紀10 長城公 下.

172 『法華文句』 : 佐藤哲英 『天台大師の研究』 百華苑 昭36, 340〜363쪽.

173 『자치통감』176 陳紀10 長城公 下, "을미(23일)에 수는 회남행성(淮南行省, 行台)을 수춘壽春에 두었고, 진왕 광으로 하여금 상서령尙書令을 맡게 하였다. 황제는 겸산기상시兼散騎常侍 왕완王琬과 겸통직산기상시兼通直散騎常侍 허선심許善心을 파견하여 수 나라에 오도록 초빙하였다. 수나라 사람들은 객관客館에 머물렀다. 완琬 등은 점차 돌아가겠다고 청하였으나 들어주지 않았다. 갑자(9일)일에 수나라는 군대를 보내 태묘太廟를 돌보게 했고, 진왕 광·진왕秦王 준俊·청하공淸河公 양소楊素에게 명하여 모두 행군원수行軍元帥로 삼았다. 광은 육합六合에서 출발하였고 준은 양양에서 출발했으며, 소는 영안으로부터 출발하였고 형주의 자사 유인은劉仁恩은 강릉으로부터 출발하였다. 기주蘄州 자사 왕세적王世積은 기춘蘄春에서, 노주盧州 총관 한금호韓擒虎는 노강廬江에서, 오주 총관 하약필賀若弼은 광릉廣陵에서 출발하였다. 청주 총관 홍농弘農의 연영燕榮은 동해東海에서 출발하였다. 총관이 도합 90명, 병력 51만 8000 등은 모두 진왕의 절도節度를 받도록 했다. 동쪽으로는 창해滄海에 접했고, 서쪽으로는 파촉에 이르러 깃발과 군함의 행렬이 수천 리에 걸쳤다. 좌복야 고경高熲을 진왕의 원수장사元帥長史로 임명했고, 우복야 왕소王韶를 사마로 삼아 군대의 일을 모두 처결하였다."

174 『자치통감』177 隋紀1 高祖文帝 上의上. "무진(4일)에 진陳 황제는 조칙을 내렸다. '개돼지 같은 무리들이 방자하게도 우리 영역을 침범하였다. 벌과 전갈은 비록 작아도 독이 있으니 의당 저들을 소탕할 수 있다. 짐은 친히 전군을 통솔하여 사방을 깨끗이 하리라. 안과 밖을 모두 엄중 경계하라.' 표기장군 소마하蕭摩訶·호국장군 번의樊毅·중령군 노광달魯廣達을 도독都督으로 삼고 사공사마 소난消難과 상주자사 시문경을 대감大監軍으로 삼는다. 남예주자사 번맹樊猛을 파견하여 수군水軍을 이끌고 백하白下(강소성 금릉도 강녕현의 북쪽)에서 출발케 하고 산기상시 고문주皐文奏로 하여금 병사를 이끌고 남예주에 주둔케 하며 상을 무겁게 하여 승려와 도사들도 제각기 역할을 맡게 하였다."

175 『자치통감』177 隋紀1 "3월 기사(6일), 진숙보는 왕공 백관들과 함께 건강을 출발하여 장안에 갔다. 행렬이 길을 덮어 500리를 이어졌다. 황제가 명하여 장안 거주민들의 집을 나누어 맞이할 준비를 시키고 안팎을 정돈한 뒤 사자를 파견하여 이들을 맞이하였다. 진나라 사람들은 마치 집에 돌아가는 것과 같았다."

176 『자치통감』177 隋紀1 "신미(7일) 하약필은 북도京口에서, 한금호는 남도姑孰에서 동시에 진군하였고 강의 병사들은 바람을 살펴 전속력으로 나아갔다. 약필은 병사를 나누어 곡아曲阿의 요충지를 끊어 들어갔다. 진 황제는 사도예장왕 숙영叔英에게 명하여 조당朝堂에 주둔케 하고 소마하를 낙유원樂遊苑에 주둔토록 하였다. 또 번의는 기사사耆闍寺에, 노광달은 백토강白土岡에, 충무장군 공범孔範을 보전사寶田寺에 주둔하도록 하였다."

177 『국청백록』2 「수고조문황제칙서隋高祖文皇帝勅書」 제22 (『대정장』46, 802하) "황제는 삼가 광택사 지의선사에게 문안드립니다. 짐은 불교를 공경하고 믿는 마음이 깊습니다. 지난날에 주 무제가 불법을 파괴하였을 때 발심하여 반드시 불법을 지키겠노라 서원하였습니다. 천명을 받아 등극한 뒤에 다시 불법을 일으키니 신력에 힘입어 불법이 더욱 퍼지고 시방의 중생들이 모두 이익을 얻었습니다. 근래에 진 나라가 학정을 일삼으니 동남 지방의 백성들이 노역으로 고통을 받고 있었습니다. 그리하여 백성들의 피해를 없애고자 군대를 일으킬 것을 명하니 오월 지방이 깨끗해지고 도속이 모두 편안해져서 짐의 마음이 흡족해졌습니다. 짐은 정법을 존중하고 중생을 구제하기 위해 복전이 계속 이어지고 무궁하게 불법으로 인도하기를 바라고 있습니다. 선사께서는 이미 세속을 초탈하여 스스로 닦고 남을 교화하는 분이므로 반드시 승려들을 권면하고 계율을 잘 지켜 보는 이는 감복하고 듣는 이는 선심이 일어나도록 하시기를 바랄 것입니다. 무릇 대도의 마음에 부응하는 것이 출가자의 본업인데 만일 몸은 승복을 입고 있으면서 마음은 속세에 물들어 있다면 중생들이 귀의할 곳이 없는 일일 뿐 아니라 묘법의 문이 다시 원망을 받을지 모릅니다. 응당 서로 권면하여 짐의 뜻에 부합하기 바랍니다. 점차 따뜻해지는 봄날에 건강하시기 바랍니다. 개황 10년 정월 16일 내사령內史令 안평공安平公 신臣 이덕림李德林이 선포하고 내사시랑內史侍郎 무안자武安子 신 이원조李元操가 받들어 내사사인內史舍人 배구裴矩가 행하다." 『국청백록』2 「秦孝王書」23 (『대정장』46, 803상, 제2서) "앙모하는 마음은 나날이 깊어갑니다. 더위가 심한데 건강은 어떠십니까? 수행하느라 힘들지는 않으신지요. 계획을 펼 마땅한 방도가 아직 없습니다만 진실로 고덕을 뵙기 원합니다. 사신을 보내 간략히 전합니다. 제자 양준楊俊 인사드립니다. 5월 19일. 침향 등을 목록과 같이 받들어 올리니 받아주시기 바랍니다. 침향 10근, 전향牋香 10근, 훈륙熏陸 약간."

178 『국청백록』2 「진효왕서」 제23 (『대정장』46, 802하) "겨울 막바지에 추위가 심한데 건

강은 어떠하십니까? 불사에 힘쓰시느라 노고를 잊고 계신지요. 황제를 위하여 안주安州에 방등사方等寺를 건립하는데 법사를 그곳에 모셔 행도하고자 초청하지만 심히 말씀드리기 어렵습니다. 이미 담당관을 보내 공양물을 올렸습니다. 원컨대 공덕 닦는 것을 마음에 품어 이로움을 꺼리지 마십시오. 깊은 도와 덕을 공경하며 간략히 전합니다. 제자 양준 인사드립니다. 12월 17일."

179 『자치통감』177 隋紀1 "겨울 11월 신축(11일), 강남 지방은 동진 이래 형법이 느슨하여 세족들이 과문豪門을 능가하였다. 진을 평정한 이후 지방 수령들이 모두 이것을 바꾸었다. 소위蘇威도 오교五敎를 지어 노소가 모두 암송하게 하였다. 주민들이 원망하여 민간에 '수 나라가 이것을 쳐서 관關에 들어가려 한다'고 헛소문이 났다. 원근이 모두 놀라 이로 인해 무주婺州(절강성 金華縣)의 왕문진汪文進, 월주(越州:會稽郡)의 고지혜高智慧, 소주蘇州(강소성 吳縣治)의 심현회沈玄회 등이 모두 군사를 일으켜 항거하였고 스스로 천자라고 칭하면서 관리들을 두었다. 낙안樂安(절강성 仙居縣)의 채도인蔡道人, 장산蔣山(강소성 江寧縣 동북)의 이릉李릉, 요주饒州(강서성 鄱陽縣)의 오세화吳世華, 온주溫州(절강성 永嘉縣)의 심효철沈孝徹, 천주泉州(복건성 晉江縣)의 왕국경王國慶, 항주杭州(절강성 杭縣)의 양보영楊寶英, 교주交州(광동과 안남의 경계)의 이춘李春 등은 스스로 대도독이라 칭하면서 지방 정부를 공격하였다. 옛 진 나라의 영토는 모두 반란을 일으켰는데 큰 무리는 수만 명에 이르고 작은 무리는 수천 명의 규모였다."

180 『자치통감』177 隋紀1 高祖文皇帝 上의上 "병주총관 진왕 광을 양주총관으로 삼고 강도江都에 머물게 하였다. 또 진왕 준으로 병주총관으로 삼았다."

181 『국청백록』2「晉王初迎書」제24 (『대정장』46, 803상) "가을바람 불고 이슬 내리는 시절에 건강하시고 평안하신지요? 법사께서는 뜻을 명산에 감추고 마음을 선정과 지혜에 정하여 법문은 고요 속에 기쁨을 주고 계행을 잘 익히셨습니다. 저명한 지혜로 오래 음덕을 이어서 그 풍모를 공경함이 이미 쌓였고 도에 맞들임이 노고가 될 정도입니다. 그리하여 법사님의 배에 의지하여 무지의 운무를 헤치고자 하여 사람을 보내어 와 주실 것을 간절히 부탁드립니다. 부디 가볍게 거동하여 빈 마음 채워 주시어 그리워하는 마음이 어긋나지 않게 되기 바랍니다. 제자 양광 인사드립니다."

182 『국청백록』2「王治禪衆寺書」제25 (『대정장』46, 803상) "깊이 공경의 예를 갖춥니다. 도가 높은 도인이 다니시면 가는 곳마다 편안하시겠지만 법당과 승방은 엄정을 다해야 할 것입니다. 경전에 사사四事공양은 하나라도 빠질 수 없다 하였습니다. 이미 담당관에게 수리할 것을 명하였으니 원컨대 거리낌 없이 보시를 받아주소서. 제자 양광이 인사드립니다."

183 『국청백록』2「王受菩薩戒疏」제26 (『대정장』46, 803상) "사지절 상주국 태위 양주총관 제군사 양주자사 진왕 제자 양광은 머리 조아려 받들어 청하옵니다. 시방 삼세의 모든 부처님과 본사이신 석가여래, 이 땅에 내려오실 보처 미륵보살, 일체의 존귀한 경전 등 무량한 법보, 초발심 이상 금강심 이하의 존귀하고 큰 방편 지닌 마하살, 홀로 해탈하여 지혜 갖춘 연각승의 벽지불, 타심지 등 도안道眼을 갖춘 27현성 내지 삼유三有의 꼭대기에 계신 18범왕과 6욕천자, 제석천주, 4대천왕, 천선天仙과 용신들, 하늘을 날고 숨거나 나타나면서 세계를 다스리고 큰 이익을 주시며 불탑과 불법을 수호하고 신명을 지켜 주시며 정계를 보호하는 무량한 선신善神들께서는 원하옵나니 한 찰나에 부처님의 신력에 힘입어 다함께 도량에 모여 주소서. 그리하여 제자의 서원을 증명하여 주시고 제

자의 공덕을 거두어 주소서. 생각해 보면 식이 어두운 가운데서도 여래성이라는 싹이 자라나지만 무명에 떨어져 본래 있는 것이 드러나지 못하는 것입니다. 하지만 이치는 바른 곳에 돌아가고 만물이 끝까지 가면 되돌아오는 법이니 미래의 과보가 드러나려면 반드시 선한 인과를 쌓아야 할 것입니다. 그러므로 조어장부·세웅께서는 생사를 거치신 것이 초목으로 셈하여도 다 셀 수 없습니다. 항하의 모래처럼 일어나는 번뇌는 참으로 불가사의하여 깊이 먼지처럼 물들게 하지만 능히 여읠 수 있습니다. 법왕께서 정각을 이룬 뒤 본래 보살을 교화하셨으니 마치 해가 뜨면 먼저 높은 산을 비추는 것과 같습니다. 근기의 마땅함을 따라 권도로 방편을 베푸시니 마치 뭇 강물들은 모두 대해가 근본인 것과 같습니다…(중략.『별전』과 같음)…제자는 그날 라후라와 같은 업을 심고 세세생생 부처님 집안에 다시 태어나기 원하오니 마치 일월등명불의 여덟 왕자나 대통지승불의 열여섯 사미와 같이 권속의 인연으로 법으로 이루어진 도반이 되어 함께 삼계를 벗어나 무위의 경지에 이르고자 합니다. 육바라밀을 똑같이 닦고 사무량심에 안주하여 끝없는 중생들을 끝없이 제도합니다. 처음 발심할 때 사홍서원을 세워 끝에는 대비심으로 중생고로 나아가서 법계와 같이 넓고 멀며 궁극에는 허공과 같이 모두 성취하는 것이 모두 서원의 바다를 채우는 것입니다. 양광은 인사드립니다. 왕이 계사戒師께 의복 등을 시주함. 성종납가사聖種納袈裟 1연緣, 황문사륵黃紋舍勒 1요腰, 솜 30둔屯, 울니남포가사鬱泥南布袈裟 1연, 황사포黃絲布버선 1구具, 명주 40필, 울니사포편단鬱泥絲布福袒 1벌, 황주黃紬침구 1벌, 베 30선襈, 울니사포 방석 1구, 오사문주烏紗蚊幬1장, 종이 200장, 울니사포 속옷 1요, 자연화紫綖靴 1량量, 동전 50관, 울니운룡능피鬱泥雲龍綾被 1연緣, 용수석龍鬚席 1령領, 밀랍초 10자루, 울니라두모鬱泥羅頭帽 1령, 수미전須彌氈 1령, 구리벼루 1면面, 고려청좌포靑坐布 1구具, 검은가죽신 1량量, 먹 2자루, 황사포배당黃絲布背襠 1벌, 남류베개 1매枚, 화향和香 1갑, 철석장 1자루(남아있음), 상아관 1관管, 불자 1자루, 흑광택 철발우 1벌(자루포함), 반죽筆竹붓 2자루, 동수저 1벌, 서각여의犀角如意 1자루(갑포함), 백단곡궤白檀曲几 1매 … 동촉경銅燭擎 1구具, 유석장시심鑠石裝枕心경받침 1구具, 물소장식 서도書刀 1구口, 백단선白團扇 1병柄, 사업교존師嚴敎尊(이 네 글자는 爪), 희사공양(喜捨供養: 龍), 습뇌여기(習惱餘氣: 懸針), 연각침단(緣覺侵斷: 垂露), 함등상락(咸登常樂: 飛白), 기여보살(豈如菩薩: 倒薤), 능시소수(能施所受: 魚), 성문시증(聲聞是證: 科斗), 계정혜만(戒定慧滿: 篆), 고집멸도(苦集滅道: 大篆) 닥종이 병풍 1구(爪 篆 龍 魚 科斗 飛白 垂露 倒薤等書), 노복 선심善心 11세. 이상 명부. 개황 11년 11월 23일. (왕은 총지보살이라는 계명을 받아서 서소書疏에서는 '제자 총지 인사드립니다'고 법휘를 사용하였다)."

184 『隋書』張衡, 宇文述, 楊素, 郭衡 등의 傳 참조. 권61 宇文述傳 "진왕 광이 양주를 다스리고 있었을 때 우문술을 몹시 좋게 여겨 그를 가까이 두고자 주청하여 수주자사총관을 시켰다. 진왕은 당시 왕통을 빼앗으려는 뜻을 몰래 가지고 있어 문술에게 계략을 청하였다. 그가 말하였다. '황태자는 총애를 잃은 지 이미 오래고 덕이 세상에 알려지지 않습니다. 그러나 대왕께서는 어질고 효성스러운 것으로 유명합니다. 재능이 뛰어나고 군대 통솔도 많이 하여 큰 공로를 세웠습니다. 주상과 황후께서 사랑스럽게 여기시고 사해 백성들의 희망도 실로 대왕에게 모여 있습니다. 그러나 (황태자를) 폐하고 세우는 것은 국가의 대사로서 부자父子 골육의 사이에 처한 사람으로서 실로 쉽게 도모할 일이 아닙니다. 그러므로 능히 주상의 마음을 바꿀 수 있는 사람은 오직 양소楊素밖에 없고 양소의 참모는 오직 동생인 양약楊約 밖에 없습니다. 저는 본디부터 양약을 알고 있으니 청컨대 도읍에 들어가서 양약과 만나 함께 폐립廢立을 도모하게 하십시오.' 진왕은 크게 기뻐하며 우문술에게 금은보화를 많이 주어 도성에 들어가게 하였다."

185 『국청백록』2「王謝書」제27 (『대정장』46, 804상) "유고언柳顧言이 돌아와서 여섯[육십] 종류의 보시물은 받는 것을 보류하겠다고 하신 가르침을 잘 받들었습니다. 제가 하루 보시한 것은 보잘것 없어서 오히려 오래도록 품은 마음에 흡족하지 않습니다. 답신에서 보시를 가난한 이에게 하면 공덕이 더욱 늘어날 것이며, 비전悲田과 경전敬田은 평등한 복전이라고 말씀하셨습니다, 하지만 참으로 소견이 어두운 저로서 능히 살펴보지 못하였으니 일마다 의지해야 하겠습니다. 받지 않겠다고 하신 물품은 별로 많은 것이 아니니 원컨대 그냥 쓰시기 바라며 이 뜻을 묻는 바입니다. 삼가 인사드립니다." 『국청백록』2「王參書」제28 (『대정장』46, 804상).

186 『국청백록』2「王請留書」제29 (『대정장』46, 804상). 지의는 진왕晉王 광廣에게 淨戒(보살계)를 준 뒤에 江都에서 荊楚(荊州) 지방으로 갈 것을 희망했지만, 진왕 광은 이를 만류하고 2월 28일까지 기다렸다가 함께 서하산棲霞山까지 가서 그곳에서 작별하자고 하였다. 『국청백록』2「王重留書」제30 (『대정장』46, 804상).

187 『국청백록』2「王許行書」제31 (상동).

188 『국청백록』2「蔣州僧論毀寺書」제32 (상동). Leon Hurvitz, p.147.

189 『국청백록』2「述匡山寺書」제35 (『대정장』46, 805상),「王答匡山書」제36 (『대정장』46, 805중),「述蔣州僧書」제33 (『대정장』46, 804하),「王答蔣州事」제34 (상동),「王與匡山三寺書」제37 (『대정장』46, 805중),「王謝法門書」제38 (『대정장』46, 805하),「王遣使往匡山參書」제39 (상동),「王重遣匡山參書」제40 (상동).

190 『국청백록』2「王遣使潭州迎書」제41 (『대정장』46, 806상).

191 『국청백록』2「王遣使荊州迎書」제42 (『대정장』46, 806상).

192 『국청백록』2「王入朝遣使參書」제43 (상동).

193 玉泉山『荊門玉泉志』,『玉泉志』.

194 關羽(~219): 삼국 蜀漢의 武人. 河東 출신. 字는 雲長. 張飛와 함께 劉備의 홍기 이래 수족과도 같은 신하이며, 한때 조조의 포로가 되었으나 漢壽亮侯에 책봉되었다. 赤壁大戰(208) 뒤 유비가 益州를 공략할 때 荊州를 방어하고 있었는데, 吳와 魏가 손잡고 관우를 협공한 탓에 패하고 吳의 포로가 되어 죽었다. 그의 忠勇스런 행적은 후세 사람들에게도 친숙하여 관우묘가 많이 세워졌다. 『三國志』36. 井上以智爲「關羽祠廟の由來並に變遷」(『史林』26, 1・2).

195 『국청백록』2「文皇帝勅給荊州玉泉寺額書」제44 (『대정장』46, 806하). "황제가 공경히 수선사의 지의선사에게 문안드립니다. 편지를 통해 깊은 뜻을 알았습니다. 열기가 남아 있는 초가을에 건강은 어떠하신지요. 선정의 즐거움을 익히면서 어려움은 없으십니까? 요청하신 절의 액호는 지수智璪스님 편에 보내드립니다. 개황 13년 7월23일. 겸내사령촉왕 신 수秀가 명을 전하고 내사시랑 무안자 신 이원참李元慘이 받들어 내사사인 장탄남長坦男 신 장자량鄭子良이 행하다."

196 『국청백록』4「後梁主蕭琮書」제95 (『대정장』46, 820하).

197 『국청백록』4「前陳領軍蔡徵書」제96 (상동).

198 『국청백록』4「長安曇暹禪師書」제97 (『대정장』46, 821상).

199 法華玄義: 佐藤哲英『天台大師の研究』百華苑 昭36, 302~340쪽. 玉城康四郎『心把握の展開』山喜房, 昭36.

200 『국청백록』4「導因寺慧嵩等致書」제98 (『대정장』46, 821상).

201 『국청백록』4「荊州道俗請講法華疏」제99 (『대정장』46, 821중).

202 摩訶止觀: 佐藤哲英『天台大師の研究』百華社 昭36, 364~399쪽. 安藤俊雄『天台學』平樂寺書店 昭43. 關口眞大『天台止觀の研究』岩波書店 昭44. 關口眞大校注『摩訶止觀』上下 岩波文庫 昭41.

203 『자치통감』178 隋紀2 高祖文皇帝 上의下.

204 『국청백록』2「王在京遺書」제45 (『대정장』46, 806하) "제자 총지(總持)가 문안드립니다. 헤어진 지 오래 되어 그리움이 실로 깊습니다. 정초가 멀지 않았습니다. 정성껏 예배드릴 수 있게 되기를 간절히 바랍니다. 3월이 되면 사람을 보내 안부를 여쭙겠습니다. 삼가 인사드립니다. 9월 24일." 「王從駕東嶽於路遺書」제46 (상동). 「王還鎭遺迎書」제47 (『대정장』46, 807상).

205 『국청백록』3「重述還天台書」제53 (『대정장』46, 808상). 佐藤哲英『天台大師の研究』61쪽. Leon Hurvitz, p.158. 『국청백록』3「王答書」제54 (『대정장』46, 808중). Leon Hurvitz, pp.159~160. 『국청백록』3「王與上柱國蘄郡公荊州總管達奚儒書」제55 (상동). 『국청백록』4「蔣山棲霞寺保恭請」제100 (『대정장』46, 821중). 『국청백록』3「王迎入城書」제60 (『대정장』46, 809상). 『국청백록』3「答放徒流書」제57 (『대정장』46, 808하).

206 이 사이에 7월 15일 진왕 광으로부터 향로 등을 공양 받았으며, 7월 19일에는 진왕 광이 법사를 일으켜서 소년 5명을 출가시키고 지의의 제자가 되었다. 7월 26일에는 진왕이 지의를 성 안으로 초대하였지만 비가 와서 연기하는 등의 일이 있었다. 『국청백록』3「답시물서(答施物書)」제58 (『대정장』46, 808하). 동「답도인출가서(答度人出家書)」제56, 同「왕영입성애우이일서(王迎入城礙雨移日書)」제59. L. Hurvitz, p.159.

207 立制法: 土橋秀高「中國における 戒律の屈折」(『龍谷大學論集』393) 昭45, 27~60쪽. 池田魯參「天台智顗の立制法」(『駒澤大學佛敎學部論集』39) 昭49, 88~103쪽. 鹽入良道「初期天台山の敎團的性格」(『日本佛敎學會年報』39) 昭49, 133~149쪽.

208 吉藏(549~623): 橫超慧日「慧遠と吉藏」(『結城敎授頌壽記念佛敎思想史論集』) 大藏出版社 1964, 433~450쪽. 山川智應「嘉祥大師の法華經觀の再檢討」(『宗敎硏究』101) 昭14. 中田源次郎「嘉祥大師の般若觀」(『宗敎硏究』新10卷 2) 昭8.

209 『국청백록』4「發願疏文」제64 (『대정장』46, 809중). 『全梁文』劉勰「剡懸石城寺彌勒石像碑銘」3309쪽 下.

210 『국청백록』4「지자유서여임해진장해발국술방생서智者遺書與臨海鑛將解拔國述放生池」제104 (『대정장』46, 822중).